本书为 2010 年度教育部人文社科规划项目（10YJA740137）"清代汉语东北方言语音系统研究"的研究成果。

本研究为 2012 年度国家社科基金项目（12BYY065）"清及民国东北方言与北京官话语音关系研究"的阶段性成果。

本研究为国家社科基金重大课题（12&ZD178）"东亚珍藏明清汉语文献发掘与研究"的阶段性成果。

本书出版获得长春师范大学学术专著出版基金资助。

清代东北方言语音研究

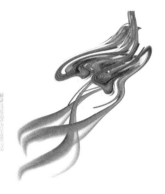

邹德文 著

中国社会科学出版社

图书在版编目（CIP）数据

清代东北方言语音研究／邹德文著．—北京：中
国社会科学出版社，2016.9
ISBN 978-7-5161-8460-8

Ⅰ．①清…　Ⅱ．①邹…　Ⅲ．①北方方言-语音-研究
-东北地区-清代　Ⅳ．①H172.1

中国版本图书馆 CIP 数据核字（2016）第 146154 号

出 版 人　赵剑英
责任编辑　任　明
责任校对　季　静
责任印制　何　艳

出　　　版　中国社会科学出版社
社　　　址　北京鼓楼西大街甲 158 号
邮　　　编　100720
网　　　址　http://www.csspw.cn
发 行 部　010-84083685
门 市 部　010-84029450
经　　　销　新华书店及其他书店

印刷装订　北京市兴怀印刷厂
版　　　次　2016 年 9 月第 1 版
印　　　次　2016 年 9 月第 1 次印刷

开　　　本　710×1000　1/16
印　　　张　14.25
插　　　页　2
字　　　数　256 千字
定　　　价　85.00 元

摘　　要

　　近年来，汉语方言的研究成为众人瞩目的一个研究领域，除了传统的方言像粤方言、吴方言、闽方言、客赣方言研究硕果累累之外，山东方言、晋方言的研究也取得了辉煌的成果，东北方言是北方方言的一个重要组成部分，但从目前的研究来看，无论是东北方言的研究还是东北方言语音的研究都不兴旺，而东北方言语音史的研究尤其差强人意，这种情况与方言史、语音史的重要性很不相称。清代东北方言语音的研究，是东北方言研究的重要组成部分。但目前学术界对清代东北方言的研究很少，到目前为止还没有进行系统的考察和研究，这使我们无法了解这一时期的东北方言语音情况，这在一定程度上影响了对现代普通话语音系统的准确认识，进而影响到"正音"——这项国家语言文字工作的进行。所以，清代东北方言语音的研究具有重要意义：一可以填补东北方言史研究的空白；二可以为完善汉语语音史的修撰提供素材；三可以为现代汉语普通话语音的研究和正音工作提供重要的材料和结论；四可以证明普通话基础语音系统的来源。因此，很有必要对此进行专门探讨。但此项研究也有若干困难，如东北地方居住的民族较多，移民来源复杂，移民以及原居少数民族以其各种原因流动频繁。此外，也体现在研究方法上，目前的研究跟音韵文献的整理发掘结合得不够紧密，借鉴和利用训诂学、词源学、文字学、文化学、历史学、民族语言的研究等领域的成果不够充分，并没有恰当而娴熟地运用新理论和新方法。近年来虽有数名学者投身于此项研究事业，在该领域中进行了开拓和探索，但与系统研究还相距太远，因此，有必要进行全面的研究。本文主要根据几部反映清代东北方言的韵书古籍，如《黄钟通韵》、《音韵逢源》、《奉天通志》等，以及日、朝等国反映东北方言的域外文献《华音启蒙谚解》、《你呢贵姓》、《骑着一匹》、《学清》、《支那语讲义》、《满洲土语研究》等，在研究过程中，以中国古代韵书所见语音特征为主，以朝、日文献所见语音特征为辅；以前者立论，以后者验证并且兼顾发展变化的考察。全面、系统地探讨清代汉语方言语音系统的若干特征，并对这些特征的形成、发展、对后世语音的影响作出说明和合理的解释。争取实事求是，客观地、科学地对待近代音韵材料，打开方音史研究的大天地，把方言韵书的真正价值发掘出来。

全文共分七章。

第1章绪论。在绪论中首先讨论一百年来东北方言语音研究的历史与状况，据我们的阅读和统计，从数目、研究的深度和广度来看，一百年的东北方言研究，没有"略于词汇、语法"，反倒是对东北方言语音史揭示得不够充分，日本学者的东北方言研究跟这种情形相差无几。在全面继承前修时贤的研究成果的基础上，借鉴正确的结论和方法，发现新的问题以及前人论及而未备者，在此基础上，探讨清代东北地区汉语方言的语音系统，补足方言语音史的重要环节，为普通话语音系统找到一个重要的来源。

第2章清代东北政区、人口和语言状况。首先依据正史文献考察确定清代东北地理和行政区划，其中包括奉天将军、吉林将军、黑龙江将军及蒙古族所辖区域，从而确定了清代东北的疆域。在此基础上，讨论了清代东北行政区划与今天东北行政区划的关系。根据文献材料和移民史材料考察和厘清了辽金以降东北地区人口构成和居住状况，重点探讨汉族移民、流民、被掠人口的数量、来源地、到达东北的时间等，探讨清代东北地区各民族间的语言接触（以语音相互间的影响为例），考察"官庄"人口来源以及对东北方言音系形成的影响，流民、移民、流放者三类汉族人对东北方言音系形成的影响。同时揭示大批操东北方言的人因为清王室入驻北京而"从龙入关"，把东北方言带进了京城，这一大批人在北京长期生活之后，其中有一些人因为无所事事而被迁移回东北，从而有机会使东北方音与北京音广泛而深入地接触，从北京迁出后，这些人大多在今黑龙江、吉林两省定居，所以，这两省的汉语语音跟北京语音极为相似，可见东北方言语音系统是普通话语音系统的重要来源之一，这是有历史文献证明的史实。进而讨论清代汉语的语音系统。通过与《切韵》音系、《中原音韵》音系的对比，说明清代汉语东北方言语音系统的重大特征，例如，声母、韵母、声调都大为简化等宏观考察。

第3章《黄钟通韵》语音系统与东北方音考论。首先简要介绍了《黄钟通韵》及其研究概况，梳理前人的研究成果。其次从声母、韵母、声调三个方面，总结和归纳了《黄钟通韵》的语音系统，并对一些重要的语音现象进行了探讨，为研究清代东北方言语音提供了重要的材料。声母方面，归纳了《黄钟通韵》的声母系统，并对尖团音问题进行了深入的探讨；韵母部分，总结和归纳了每个韵部所包含的韵类及每个韵类的中古来源、分合及其演变的关系；声调方面，考察了该书的声调系统，并且对该书的声调归属与东北方音调类的关系进行了深入的探讨。该书所反映的语音现象为深入探讨清代东北方言语音系统的若干特征奠定了重要基础。

第 4 章《音韵逢源》语音系统与东北方音考论。首先简要介绍了《音韵逢源》及其研究现状，进而从声母、韵母、声调三个方面总结归纳了《音韵逢源》的语音系统，并且对其所揭示的一些重要语音现象进行了详细的论述。声母方面，归纳了该书的声母系统，共二十一母；韵母方面，详细分析每个韵部所包含的韵类及韵类的来源、分合和发展演变情况；声调方面，从平分阴阳、浊上归去、入派四声三个方面论述了《音韵逢源》的声调情况。在此基础上，考察《音韵逢源》语音系统与清代东北方音的关系。同时，结合《黄钟通韵》所反映的语音情况，细化清代东北方言语音的特征。

第 5 章《奉天通志》语音系统与东北方音考论。在介绍《奉天通志》及其研究状况之后，着力就这部史书的"礼俗四"和"方音"两部分内容所反映的清末民初的奉天话的声母、韵母、声调系统，口语词、俗语词、方言词反映的方言语音特征等进行考证，努力发掘其所包含的清末民初的东北方言的诸项语音特征以使本项研究在时间上得以向下延展。

第 6 章朝鲜文献四种所见音系及清代东北方音考论。因历史、地理、陆路交通、贸易交流、生活习俗、移民等方方面面的原因，朝鲜王朝的韩语会话教材的语音系统跟当时的东北方言有千丝万缕的亲近关系。并且朝鲜语的对音材料在语音标示方面比汉语传统韵书充满术数和术语的玄妙描写更为直观和明晰，所以，朝鲜对音文献在揭示语音特征、验证研究结论等方面具有重要作用。此外，朝鲜对音文献还可以弥补国内近代语音资料的遗缺，为近代汉语语音史的研究提供新的较为可靠的佐证。《华音启蒙谚解》和《你呢贵姓》即以东北官话为基础，兼收并蓄北京官话的某些特点，是我们研究清代东北方言不可多得的语音材料。本章以《华音启蒙谚解》、《你呢贵姓》作为研究对象，考察这些朝鲜域外文献所反映的语音情况，如微母的消失问题、见晓系颚化问题、全浊声母清音化、日母字变化为零声母字问题、平舌翘舌音不分问题、入声韵的消失、[-m]尾韵在北方话里消失、儿化韵和轻声问题等等，进而探讨与清代东北方音的关系，进一步印证清代汉语东北方言语音系统的特征。

第 7 章日本文献两种所见音系与清代东北方音考论。根据反映 20 世纪初、中期东北方言的日文书籍《支那语讲义》和《满洲土语研究》两本书作为研究对象，对书中的语音注释部分建立语料库，对其所反映的语音现象进行分析、整理、归纳。并把其所反映的语音特征与清初汉语东北方言的音系进行对比，以此为根据说明清初迄今二百多年间东北方言语音系统的历史演变，由于日语记录语音比汉语更为直接，因此可以更为直观地反映这种演变。

结语。回顾了本文的研究，并总结了本课题的主要研究成果。

关键词：

汉语史，汉语语音史，方言音系，清代，东北方音，韵书韵图，朝日汉语教科书

Abstract

In recent years, Chinese dialect research has become a popular title, besides the fruitful research of traditional dialects as Yue dialect, Wu dialect,Min dialect Kegan dialect,Shangdong dialect and Jin dialect also develope rapidly.Northeast dialect is a important part of North dialect, considering the current research, neither northeast dialect research nor the Northeast dialect voice study developed well, particularly on the research of the northeast dialect phonetics history, the fact can not go with the importance of dialect history and the phonetics history. the research of the northeast dialect voice in Qing dynasty is the important part of the northeast dialect researc. At present,few researches are carried out in a systemic way, and we can not understand the Northeast dialect voice during this period, in part, the fact may influence the understanding of modern Putonghua phonetics system, and the development of "phonetic correction"project in the national language field.Therefore, it is very significant for the research of Northeast dialect pronunciation in Qing dynasty: first, the research may fill the vacancy of Northeast dialect history, secondly,it may provide the basic materials for the revision of Chinese phonetics history; thirdly, it may provide important materials and conclusion for the research of modern Putonghua phonetics and pronunciation correction project; lastly,it may prove the origin of Putonghua basic phonetics system.Therefore,it is necessary to explore this title. But there are also some barriers in such research, such as the multiple peoples in the north, the complex immigrants, the combination of the original minority and the immigrants.In addition, on the approaches, the less link between the current research and verse literature collection, and the less utilization of origin, derivation, character, literature, history, and folk language, and it can employ the new theory and new methods masterly.In recent years, though there are a few scholars engaged in this field, it is far from the systemic research, so it is necessary to make a full research.This essay is mainly based on several books which can reflect northeast dialect as "huangzhong tongyun", "yinyun fengyuan", and foreign books as "huayin qimeng yanjie", "nine guixing", "zhinayu jiangyi" from Japan and Korea.During the course of research, it mainly relies on the phonetic characters in ancient works, utilizes the Korean, Japanese literature as assistance; to make a point from the former, to testify and develop by the following. The essay explores the several characters of Chinese dialect phonetic system in Qing dynasty from every aspects, and make sound statements and explanations about the formation, development and the influence on the following phonetics of these charecters. Based on the real facts, the essay aims at a scientific consideration and investigation on the current phonetic material, enlarges the span of phonetic research, and explores the value of dialect verse.

The essay is divided into seven chapters.

Chapter One: Introduction. In this section, the essay mainly covers the condition of Northeast dialect phonetics in one hundred years, according to the statistic,, and considering the numbers, the depth and span of the research, the research of the Northeast dialect in one hundred years briefly focused on the vocabulary and grammar, and did not reveal the history of Northeast dialect phonetics, and it is same to the Japanese scholars in this field.Based on the previous achievements and correct conclusion and methods, and also the new problems and unsolved issues, the essay explores the phonetic system of Chinese dialect in the north in Qing dynasty, makes up the key element of phonetic history, and finds an important resource of Putonghua phonetic system.

Chapter Two: Administration, population and language in the north in Qing Dynasty .In this section, the essay makes a survey about the geography and administrative restrictions in the north that period as Fengtian General, Jilin General, Heilongjiang General, and Mongolian reign. And then classifies the north region in Qing Dynasty. Based on this point, the essay explores the connection between northern administration in Qing Dynasty and that nowadays. It makes clear about the population and living conditions in this area after liaojin period by literature and immigrant history, briefly focuses on the immigration, exile of Han people, the origin from and the arrival time, and explores the language contact among different peoples (examples of the influence of language contact). The essay also makes a survey about the origin of "guanzhang" and its influence on the phonetic system in the north. and flowing people, immigrants, exiles influence on the formation of northeast dialect phonetics. the essay reveals that a large number of people speaking northeast dialect came into Beijing with the invasion of Qing, they carried northeast dialect to Beijin, after living Beijing for a period of tiem, some of them left for the north for no business there, and the opportunity appeared that north dialect could make a contact with Beijing dialect, after removing from Beijing, most of them settled in heilongjian province and jilin province, so Chinese dialect in these two provinces is quite similar to Beijing dialect. So it is obvious that northeast dialect phonetic system is one important resource of Putonghua phonetic syste. And then the essay explores Chinese phonetic system in Qing Dynast.And states the main characters of northeast dialect phonetic system in Qing Dynasty by the contrast of phonetics of "qieyun" and "zhongyuan yinyun", for instance, the essay makes a investigation on the simplicity of consonant, vowel, and tune.

Chapter Three: "Huangzhong tongyun" concerns with study on phonological system and northeast regional tones. First it briefly introduces the general idea of "huangzhong tongyun" and arranges predecessors' study fruit. Secondly it concludes and induces the phonological system of "huangzhong tongyun" from three aspects: initial consonants, vowels and tone. Furthermore, it takes deeply explore on some important phonological phenomenon that prepares important materials for study on northeast regional phonology in Qing dynasty. In terms of initial consonants, it induces initial consonants' systems and takes deeply explore on dental sibilants. In terms of vowels, it concludes and induces all phonetic types that every phonetic part involved and what relationships among the origin, spread and development of every phonetic types. In terms of tone, it investigates tone system of this book and explores the relationship between the tone attributes of the book and northeast regional tone types. What this book reflects on phonological phenomenon has established the foundation for further explore on many a character of northeast regional phonological systems in Qing dynasty.

Chapter Four: "Yinyun fengyuan" voice system and the sound test of north-east China. First "yinyun fengyuan" and its research are briefly introduced, its voice system is summed up from the three aspects of the initial consonant, vowel, and tone, and some of the important phenomena are discussed in detail .In the case of consonants, its system is summarized as a total of 21; of vowels, the detailed analysis is completed on the basis of each rhyme contained in category and type of the source of rhyme, the evolution of division and its development ;of tones, from the split between yin and yang cloud on returning into the camp on three aspects of four tones, the tone of "yinyun fengyuan" is discussed. On the basis of this, the relationship between "yinyun fengyuan" voice system and the northeast sound in the Qing Dynasty is analysed. At the same time, combined with the situation of the voice "huangzhong tongyun" reflected, the features of voice in north-east dialect in the Qing Dynasty are refined.

Chapter Five: Speech System in Mukden Annals and the Textual Research on Northeast Dialect.The paper verifies the dialectical speech features reflected in the initial consonants, final sounds, tone system, spoken language, popular words, dialect phonetic features in the late Qing Dynasty and Early Republic of China in the two parts of Etiquette and Dialectal Accent in this historical book. Then the relevant researches on the some speech features in the Northeast Dialect during that period will be discovered with great effort in order to render this research persistent chronically.

Chapter Six: The theory between four phonemes of Korean literature and northeast dialect in Qing dynasty. As a result of history, geography, overland transportation, trade communication, custom, emigration and so forth, the phoneme system of Korean conversation materials is quite close to northeast dialect, moreover, in Korean minimal pairs, phonetic transcription is more intuitionistic and clearer than traditional Chinese rhyme which is full of complex terms. Therefore, Korean minimal pair's literature has an effect on clarifying phonetic characteristics, testifying their conclusions. In addition, Korean minimal pair's literature not only makes up the lost latter-day phonetic files at home, but also provides a better proof for Chinese phonetic history. "huayu qimeng yanjie" and "nine guixing" are fantastic phonetic materials of studying northeast dialect in Qing dynasty, based on northeast formal language and some characteristics of Beijing formal language. This chapter studies these Korean phonetics through both books above all, such as disappearance of V, devocalization from vocalization, no initial from initial R, confusion of Level and Oblique Tones, checked tone, disappearance of [-m] coda in northeast dialect, final with ER and no tone, and discusses the relationship between them and testify the characteristics of northeast dialect's phonetic system in Qing dynasty further.

Chapter Seven: The between two phonemes of Japanese literature and northeast dialect in Qing dynasty. Based on the study of Research on "zhinayu jiangyi"and "manzhou tuyu yanjiu", two Japanese books which explore the north-east dialect during the periods of the beginning and the middle of the 20th century, this thesis analyzes, organizes and summaries the phonetic phenomenon embodied in the corpus of phonetic notes of the two works mentioned above. The findings from the comparison between the phonetic features of the two books and the phonology of the north-east dialect during the early Qing Dynasty throws much light on the historical evolution of the phonetic system of the north-east dialect in the past 200 years from the early Qing Dynasty till today. That Japanese is over Chinese in recording the sound symbols can reflect the evolution in a more direct way.

Conclusion: The author reviews what he has discovered and summaries what he has mainly achieved.

Key Words:

the History of Chinese, History of Chinese Phonology, Phonetic System of Dialect, Qing Dynasty, Rhyme Book and Rhyme Diagram, the Chinese Textbook in Japan and Korea.

李无未先生序言
重建清代东北方音史：向混沌求新知

一、新生机：国内外第一部系统东北方音史著作问世

由于中国学术界长期以来过于忽视汉语东北方言史的研究，以至于汉语东北方言史面貌始终处于蒙昧混沌状态。近些年来，在学者们的努力下，情况开始有所改变，比如汉语东北方言语音史，邹德文教授博士学位论文《清代东北方言语音研究》（2009），以其系统全面而著称于世。汉语东北方言词汇史，有学者通过《车王府曲本》、《同文类解》、《奉天通志》（汪银峰，2012）等文献挖掘资料，更有李光杰教授博士学位论文《清代东北方言词汇研究》（2012），也以其文献涉及面广泛而赢得学术界普遍赞誉，中国汉语东北方言史的部分面貌也因此而显露出来，这确实给中国汉语东北方言史研究领域带来了崭新的气象。

但我们也看到，中国汉语东北方言史研究的各个分支学术领域发展并不平衡，距离达到整体性研究收获的目标还相当地远。比如汉语东北方言语法史、汉语东北方言语用史研究等方面还不能令人满意，至少还没有出现像《清代东北方言语音研究》、《清代东北方言词汇研究》那样有重要学术分量的专著，更没有学者去建构汉语东北方言史理论系统范畴。这些情况表明，汉语东北方言史研究还仅仅是一个起始，还不能说是已经成熟的学术领域。

尽管如此，我们还是认为，这个起始已经孕育着新的学术生机，它代表了未来的汉语东北方言史学术走向，并且挖凿了一个新先河，非常值得我们珍视。为什么？其一，对汉语东北方言史研究文献的挖掘，已经找到了一条可以行进的路线。其二，对汉语东北方言史文献的研究已经形成具备的基本认识理论与方法。其三，由部分地认识汉语东北方言史进而向整体性认识汉语东北方言史研究拓展，已经打下了良好的学术基础。其四，从汉语东北方言史研究各个分支学术领域不平衡出发，进而向缩小汉语东北方言史研究各个分支学术领域差距目标挺进，越来越接近汉语东北方言史研究平衡性发展的理想境地。

二、《清代东北方言语音研究》个案典型价值

邹德文教授博士学位论文《清代东北方言语音研究》，经过 5 年的修订，已经达到了预期的目标，我们在祝贺它问世的同时，也希望通过对它成书过程的描述来进一步引申思考研究汉语东北方言史所需要认真对待的一些问题。

（一）《清代东北方言语音研究》选题和立意玄妙之处何在？邹德文教授博士学位论文为何要以清代东北方言语音研究作为选题？邹德文教授对此有过说明：

> 如果说汉语语音史是一座大厦，那么，方言语音史就是支撑这座大厦的强劲立柱……（研究清代东北方言语音）一是可以填补东北方言史空白，二是可以为完善汉语语音史的修撰提供素材，三是可以为现代汉语普通话语音的研究和正音工作提供重要的材料和结论，四是可以证明普通话基础语音系统的来源。

本书填补了中国东北方言史研究中的一项空白是可以肯定的，尤其是系统的清代东北方言语音史研究方面更是如此，因为，在《清代东北方言语音研究》之前，确实没有同类的著作出现，这也曾是东北方言史学者们最为心痛的死穴。如今，《清代东北方言语音研究》的问世，结束了这个让人不愉快的历史，作为东北方言史领域的同行，能不欢欣鼓舞吗？但如果我们仅仅停留在这个认识层面似乎过于肤浅。因为，东北方言语音史研究与汉语通语语音史研究密切相关，而汉语通语语音史研究又是汉语语音史的核心，更是摸清汉语普通话语音史形成的关键，所以，《清代东北方言语音研究》的价值就非同小可了，其意图，也十分明确，还有更大的目标在后面。

（二）《清代东北方言语音研究》 发掘文献有那么难吗？我们总是不满意中国东北方言史研究难如人意，而且处于蒙昧混沌状态，可是，每个学者都可以扪心自问，谁不想改变这种蒙昧混沌状态？谁不想去做一个"敢为天下先"的拓荒牛？

其实，先贤学者也曾为此而殚精竭虑，比如林焘就曾发表《北京官话溯源》（1987）《北京官话区的划分》（1987）论文，提出了"北京官话区"新概念，即认为，从东北地区经过河北省东北部的围场、承德一带直到北京市区的这一片相当广大的区域内，各方言的声韵系统十分接近，调类完全相同，调值极其相似，这个区域应该划归为一个北京官话区。这等于说，东北官话语音只是北京官话语音的一个组成部分，东北官话语音概念并不成立。后来的学者，比如钱曾怡、耿振生等教授也赞同此说。在我个人看

来，这个观点还需要重新思考，仅仅是通过现实语音面貌描写就下定论，还难以得到历史文献上的直接证据支持。我们理解先生们的无奈，文献太少，文献非常分散，进行大规模文献发掘需要更多的时间。最主要的是，文献几乎无处可追寻。没有了文献的支撑，东北方言史研究的大厦还能树立起来吗？只能是空想的东北方言史研究楼阁或者曰东北方言史研究海市蜃楼。

邹德文教授接受过严格的历史文献学和汉语音韵学、汉语方言学"正统"学术训练，进行清代东北方言语音史研究，不畏艰难，打破常规，向传统等韵图、韵书，向域外文献要资料，曲径通幽，化腐朽为神奇，居然从无路的蛮荒之地中踏出一条属于自己的通畅路来，由此奠定了牢固的东北方言史研究大厦基础，他想不成为"敢为天下先"的拓荒牛都很难。

（三）《清代东北方言语音研究》该如何处理文献中的"音位""音值"问题？中国传统韵书等韵图语音材料按照现代语音学观念认识，就是"剪不断，理还乱"，或多个音系叠加，或语音现象纠葛，混沌一团，难解难分。邹德文教授根据其语音大势趋向，采用杨耐思先生所述"剥离法"，层层剥笋，提取最典型的东北方言语音特征，大大提升了这些文献的东北方音史价值。比如对《黄钟通韵》、《音韵逢源》语音研究就是如此。但有一个问题，就是一般人认为，中国传统韵书等韵图语音材料，无论你如何"翻云覆雨"，"玩于股掌"之间，却是无法改变它与生俱来的先天缺憾，即只能求得音类，却不能求得音值。如何从传统韵书等韵图音类过渡到东北方音音值，就需要在观念上有一个转变，即充分利用求得的清代东北方音音类，把它看作是清代东北方音音位，由音位向音值过渡，就非常好办了。薛凤生先生曾在《语言科学》上发表《音韵学二题》一文，强调汉语音系研究与音位学的关系，认为，推论汉语音系必须重视音位对比,严格的音位对比是构成音系的必要条件。与他一贯地认为，中国音韵学的传统是音位学的，韵书不是记发音，而是记录音位对比的音系，韵书的性质本质上是音位性的观点相一致。理解到这一点，就可以解决传统韵书等韵图不能求得音值问题。域外文献，尤其是朝鲜、日本 19 世纪末 20 世纪初汉语教科书语音材料，因为运用表明音值标音标记，是最为直接的第一手资料，把它纳入研究中，如虎添翼，更可以做到精确标音，证明传统韵书等韵图音位的可靠性。毫无疑问，这种处理文献的理论与方法，跨越了语音文献混沌的鸿沟，就实现了清代东北方言语音文献使用的最大效能化，这是远远超出前人的。

（四）《清代东北方言语音研究》可以确认的是"发现"还是"发明"？现在中国学术界争抢发表出土研究资料的现象甚嚣尘上，文献中心主义盛行。由此，引出了是不是没有占有第一手资料就是居于二流学者地位的讨论。由此，一些学者认为，"文献发现"比"文献发明"更重要，学术界的文献囤积居奇现象十分普遍。其实，有关这个问题的讨论，很早就有人进行。日本著名学者吉川幸次郎曾留学中国，他在《我的留学记》（2008）中提到，黄侃对他说过："中国的学问不在于发现，而在于发明。"吉川幸次郎立刻想到，当时在日本，人们是把罗振玉、王国维的学问当作权威来看待的。罗王之学无疑是以发现为主，倾向于资料主义。但要从发明来说，他们未必如此。发明则是对重要的文献踏踏实实地用功去细读，去发掘其中的某种东西。即从人们熟知的文献中发掘新问题更难，更见功力（93-96页）。钱穆后学严耕望也有如此主张，在《治史三书》中，他强调，以正史为基础，由旧史料推陈出新，"不要愁着没有好的新史料可以利用"；"从大处着眼，从小处着手"；"聚小为大"于细微之处见发明（2011）。我们不去评论罗王之学是否为发现或为发明问题，也不去认定发现或者发明何者为优的问题，从《清代东北方言语音研究》来看，"发现"与"发明"相得益彰却不是虚妄之辞。

　　可以肯定的是，《黄钟通韵》、《音韵逢源》是传统等韵图、韵书，前人如赵荫棠、永岛荣一郎，今人应裕康、岩田宪幸、耿振生、陈雪竹、陈乔等均有研究，想要超越他们，就得"从夹缝中"求新知，发明新观点。如此何其难也？邹德文教授所理出的清代东北方言语音特征就可以证明，其"发明"的功力不可小觑。

　　《清代东北方言语音研究》"发现"在于使用了中国学者几乎不知道的日本明治汉语东北方言教科书文献，比如《支那语讲义》。本来这是日本培养"中国通"的汉语东北方言教科书，具有侵略中国目的。认识到它的基本实质之后，还是要看到它的另一种学术意义，既是日本文化侵略中国的罪证，也是研究清代东北方言语音的第一手资料。其中清代东北方言语音假名标记就十分珍贵。这个"发现"非常重要，因为它正可以弥补《黄钟通韵》、《音韵逢源》文献语音音值研究的不足。这等于说，提升了《支那语讲义》作为清代东北方言语音真实记录罕见的汉语方音史价值。《清代东北方言语音研究》的原创性就在于有黄侃先生所说的有"发现"也有"发明"。

　　（五）《清代东北方言语音研究》还有后续探讨空间吗？衡量一个研究课题结项后是否具有内在旺盛的学术生命力，不在于它所贡献的成果本身是否完美无缺，而在于一个研究课题结项后是否还有延展性的研究空间。我认为，《清代东北方言语音研究》的延展性空间很大。比如移民与东北方言形成问题，从大的方面来看，就移民对社会的影响，已经有学者进行了探讨，比如葛剑雄等《中国移民史》（6卷，1997）、张士尊《清代东北移民与社会变迁：1644—1911》（2003）、范立君《近代东北移民与社会变迁：1860-1931》（2005），但个案研究稍显不足，比如东北方言语音研究，东北移民的"语言接触"问题研究就是个难点。还有清代之前的东北方言语音史、清代之后的东北方言语音史、东北方言语音制度史、东北方言区域语音教育史等，都可以进行探讨，而且大有可为。比如历史上朝鲜朝确立了一套严格的汉语"质正"制度，通事译官学习明清汉语官话，就曾以东北官话语音为标准，纠正朝鲜汉语学习者的语音学习错误，这在《朝鲜王朝实录》中有明确的记载：《实录》世宗 74 卷，18 年（1436 丙辰/（正统）1 年）8 月 15 日（戊寅）2：

议政府据礼曹呈启："国家能通汉语者少，实为可虑。 择讲肄官及生徒年少聪敏者，号称义州迎送官，至辽东留止之时，或质问经书，或传习语音。 仍给麻布十匹、人蔘五斤，以资其行。"从之。

这是朝鲜国王支持朝鲜汉语学习者去辽东进行汉语语音"质正"活动的直接证据，目的是培养懂得汉语辽东语音的通事译官。

《实录》成宗200卷，18 年（1487 丁未/（成化）23 年）2 月 2 日（壬申）条：

壬申，御经筵。讲讫，侍讲官李昌臣启曰："臣曾以圣节使质正官赴京，闻前进士邵奎以亲老居辽东，回来时寻问之，该通经史，精审字训矣。世宗朝遣申叔舟、成三问等到辽东，就黄瓒质正语音字训，成《洪武正韵》及《四声通考》等书。故我国之人，赖之粗知汉训矣。今须择年少能文如申从濩辈，往就邵奎质正字训书籍，则似有利益。但正朝节日之行，人马数多，不可久留；如唐人解送时入送，则可以久留质正矣。"上问左右，佥启曰："遣文臣质正，祖宗朝古事，今可行也。"

这段文献给我们提供了如下线索：世宗时，申叔舟、成三问等到辽东，向黄瓒质正语音字训，完成了《洪武正韵》及《四声通考》等韵书，这对我们考订《洪武正韵》及《四声通考》对音译音语音系统提供了极大的帮助。黄瓒，一作黄璜，明朝辽宁开原人。黄瓒对《洪武正韵》及《四声通考》进行"质正"，表明辽东语音潜在的巨大影响是客观存在的。邵奎居于辽东，申从濩等到辽东邵奎处"久留"质正"字训书籍"，所学肯定也与掌握辽东官话语音标准有关（李无未等，2013）。

由此看来，《清代东北方言语音研究》后续延展性空间巨大，这也正是它具有的学术魅力之所在。

三、重建清代东北方音史：向混沌求新知

《清代东北方言语音研究》 文献发掘固然很难，但我认为，难度更大

的还是如何重建清代东北方音史问题。

"重建"是什么？"重建"的英文是 reconstitution。它本来和生命科学概念相关，有的学者打个比喻，正如病毒的核酸和蛋白质可构成病毒粒子那样，从破坏细胞所得的部分可再组建细胞，就是重建。另外，"重建"也指各类组织的重新构成。语言学"重建"，借用了自然科学的术语。它的基本思想来源于历史比较语言学理论，它所关心的主要是对语言谱系的梳理和对史前语言的构拟。构拟就是"重建"。"重建"所使用的基本理论与方法就是历史比较方法。那么，什么是历史比较方法？梅耶在《历史语言学中的比较方法》中说："进行比较工作有两种不同的方法：一种是从比较中揭示普遍的规律；另一种是从中找出历史的情况。"（岑麒祥《国外语言学论文选译》4页，语文出版社，1992年8月）。由此可见，语言比较是前提，在语言比较过程中寻求语言规律。

重建清代东北方音史，也是进行语言比较，以及在语言比较过程中寻求语言规律的工作。准确地说，是进行清代东北方言语音比较，以及在清代东北方言语音比较过程中寻求清代东北方言语音规律的工作。

但如何才能进行清代东北方言语音比较并寻求语音规律呢？我们如果把清代东北方音史研究初始阶段看作是一个"无序"的混沌物质状态体的话，那么，进行清代东北方言语音比较并寻求语音规律的过程就是一个从清代东北方音史研究混沌物质状态体拨开云雾，层层深入，重建清代东北方言语音秩序过程，向混沌求清代东北方音史"新知"，必然由"无序"到"有序"。

把重建清代东北方音史工作和混沌现象研究等同起来，就要认识到它和混沌现象研究相同类似的地方。混沌物质状态所呈现的是非线性、非均衡的复杂性特征，清代东北方音史文献形态所呈现的也是非线性、非均衡的复杂性特征。比如和它相关的文献分布，零散而隐秘，语种多样化，而往往沉睡于图书馆和档案库中。学者们要做的工作就是，拂去历史雾霾，使这些文献得以重见天日。挖掘与整理的过程，就是化混沌为清晰可辨的过程。这是就清代东北方音史文献挖掘而言的。

但这种文献挖掘并不等于"重建"，而只是化文献混沌为文献清晰可辨的第一步工作。"重建"清代东北方音史的第一步工作，就是如何将义献转化为清代东北方音史面貌和规律，并对成因加以解释的过程。其实也是将混沌而呈现非线性、非均衡、随机性无序清代东北方音史研究推进到呈现线性、均衡、确定性清代东北方音史研究有序境地的工作。

按照这个研究工作步骤，《清代东北方言语音研究》寻求文献研究依据，比如从《黄钟通韵》、《音韵逢源》、朝鲜汉字音、日本东北方言教科书中寻求语音资料，就是进行了将混沌而呈现非线性、非均衡、随机性无序清代东北方音史研究文献整理推进到呈现线性、均衡、确定性清代东北方音史研究文献整理进入到有序境地的工作。而"重建"清代东北方言语音系统，所得出的结论与解释性结果，比如声母韵母声调，以及变化规律，则是按照一般学者"重建"所采用的基本理论与方法，即历史比较方法推进到呈现线性、均衡、确定性清代东北方音史研究有序境地的过程。毫无疑问，符合一般的历史比较语言学原则和方法。向混沌求新知，获得了一个比较令人满意的答案。

"重建"清代东北方言语音系统，以历史比较方法为基本操作程序，贯彻的是，建立"共同语"规则。梅耶说："就系属已经确定，并且按照一定方法研究过的各族语言来说，对它们进行比较，就是在它们之间构拟出一种原始的'共同语'（langue commune initiale）。"《清代东北方言语音研究》于此无异，构拟清代东北方言语音系统，也是为建立清代东北方言"共同语"语音系统服务的。《黄钟通韵》、《音韵逢源》、朝鲜汉字音、日本东北方言教科书存在着各自语音系统，但都不能完全代表清代东北方言"共同语"语音系统，如此，就要进行它们之间语音系统比较的工作，寻求语音对应规律，拿出能够说明各自语音系统关系，并清楚解释清代东北方言"共同语"语音系统分化和变化规律的手段来，就达到了基本研究目的。

怎样去认识邹德文教授研究的清代东北方言语音系统？我认为，还是回到梅耶的观点上来，即"构拟只能给我们一个不完备的，而且毫无疑问是极不完备的关于共同语的概念"（13 页）；"任何构拟都不能得出曾经说过的共同语"。"比较方法只能得出一个相近的系统，可以作为建立一个语系的历史基础，而不能得出一种真正的语言和它所包含的一切表达方式。"（14页）。按照这个理论去理解，邹德文教授所构拟的清代东北方言语音系统是一个理想的有关清代东北方言"共同语"语音的专家系统，而且，只能给我们一个不完备的，而且毫无疑问，是极不完备的关于清代东北方言语音共同语的概念，它可以作为我们建立一个清代东北方言"共同语"语音的历史基础，但却无法代替当时实际清代东北方言"共同语"语音系统和它所包含的一切表达方式。

这是我们理性的，实事求是，而且头脑清醒的科学态度，也是无法苛求邹德文教授有关清代东北方言"共同语"语音研究工作的一个重要方面。

四、余论

我与邹德文教授相识 27 年，可谓时间久长。我有幸忝列其硕士生博士生学习期间的导师，在他确定博士学位论文选题之初，就深信他以自己的所长，肯定会有所作为。如今，他把自己多年的有关清代东北方言语音研究心得奉献给世人，并且经过深思熟虑的打磨，我认为他是极其负责任的。我最为关心的是，读者能从邹德文教授大作中引发出有关清代东北方言语音研究后续思考究竟有多少，这确实是清代东北方言语音研究课题存在的巨大学术价值之所在。现代学者对历史比较语言学"重建"理论责难不少，清代东北方音史研究就面临着多重理论"范式"选择，像"语言异质化"理论、词汇扩散理论、语言演化尺度理论、语言类型学理论、语言地理类型学理论等等，可谓花样翻新，让人目不暇接。超越现有的研究"范式"必然带来意想不到的收获，"但愿人长久，千里共婵娟"。

让人惊异的是，邹德文教授又一次"捷足先登"，在研究清代东北方言语音系统的基础上，又进一步思考，把目光继续向后伸展，由清代伸展到了民国时期，又是一个东北方言语音研究的混沌领域，还获得了国家社科基金项目评审专家的充分肯定。

这一次重建清末民国东北方音史，向混沌求新知，我们相信，一定还会有更多的"发现"和"发明"，毫无疑问，学术界在无限地期待着。

参考文献

1. 邹德文：《清代东北方言语音研究》，中国社会科学出版社 2013 年版。

2. 李光杰：《清代东北方言词汇研究》，厦门大学博士学位论文，2012 年。

3. 林焘：《北京官话溯源》，《中国语文》1987 年第 3 期；《北京官话区的划分》，《方言》1987 年第 3 期。

4. 薛凤生：《音韵学二题》，《语言科学》2009 年第 4 期。

5. 吉川幸次郎：《我的留学记》，钱婉约译，中华书局 2008 年版。

6. 严耕望：《治史三书》，上海人民出版社 2011 年版。

7. 李无未等：《朝鲜朝汉语官话质正制度考论——以〈朝鲜王朝实录〉为依据》，《古汉语研究》2013 年 9 月。

8. 岑麒祥：《国外语言学论文选译》，语文出版社 1992 年版。

2013 年 2 月 7 日于长春长影世纪村寓所

目　　录

第1章 绪论

1.1 汉语东北方言语音史研究的历史、现状及讨论

1.1.1 汉语东北方言语音史研究的历史

纵观中国历史，神奇的东北作为相对独立地域的历史已有较长的时间，这一地区汉语方言的形成也应该有较长的时间了，由于这个地区在很长的时期内原居民是多个少数民族，所以该地区汉语的形成与少数民族语言关系密切，尤其值得注意的是该地区的汉族居民绝大多数都是移民或流民而来，所以该地区汉语的形成与移民、流民的原居地的汉语密切相关。尽管如此，东北方言虽然内部存在一些差异，但是其一致性也是显而易见的，这是因为关内（传统上指山海关内）多个省份都有汉族人来到东北，没有哪一种汉语方言能占到主导地位，必须在此基础上形成新的方言才能进行言语的交际。这种方言究竟是怎样形成、发展的呢？其语音系统又是怎样的？是如何演变发展的？

综观 1925 年以来正式发表的所经见的东北方言研究方面的著作和论文，到目前为止，有近 300 篇（部），其中以汉语东北方言的词汇、语法为研究对象的文章居多，涉及汉语东北方言语音的著作和论文所占比例较少，而以汉语东北方言语音为研究对象的著作和论文里，涉及汉语东北方言语音历史的著作和论文则少之又少。就已有成果来看，对东北方言语音的研究都是共时的研究，鲜见历时的考察，对东北方言语音系统的研究一般仅限某地的共时语音的描写，而在解释方面显得不够充分，当然，已有的共时研究的成果确确实实为历时的研究提供了前提条件。概括起来，汉语东北方言语音研究以及跟语音研究关系密切的研究相对集中在以下几个方面：

（1）东北方言分区研究。例如：孙维张《吉林方言分区略说》载《方言》1986 年第 1 期；贺巍《东北官话的分区》载《方言》1986 年第 3 期；郭正彦《黑龙江方言分区略说》载《方言》1986 年第 3 期；张志敏《东北官话的分区》载《方言》2005 年第 2 期。分区是为了研究的精确，更是为

了揭示方言区内部的语音差别，这是因为方言区内部的差别主要体现在语音上，事实上，以语音作为出发点所进行的分区研究，在一定程度上就是东北方言语音的研究。但是分区的标准却存在差异：或者依据影、疑两母开口一二等字今读的不同而分区（孙维张、路野 1986；贺巍 1986；林焘1987）；或者依据知庄章组字跟精组字对应的差别来分区（贺巍 1986；郭正彦 1986）；古日母字是否读作影母也是分区的参考标准之一。这种标准的不同，导致了分区结果的不同。如果考虑到东北方言形成的历史、考虑语音的历史演变及其原因，分区的标准或可更加严密。

（2）东北具体地区的汉语方言语音系统的调查、描写与研究。例如：林雪光的两篇文章，关于东北的方音、东北方音的考察，分别刊在日本的《中国语学》1947 年第 9 期、《神户外国语大学开学纪念论文集》1949 年；内蒙古教育厅方言调查组《乌兰浩特语音简介》，载《语言文学》1958 年第2 期；吉林大学中文系方言调查小组《通化音系》载《吉林大学学报》人文版 1959 年第 4 期；辽宁大学语言文学系语言教研室（宋学执笔）《辽宁语音说略》载《中国语文》1963 年第 2 期；李楠《黑龙江方音辨证》载《黑龙江教育》1979 年第 11 期；陈春风、耿延惠《朝阳地区方音辨证》载《朝阳师专学报》1983 年第 1 期；梁文贤《"新庄方言"的方音辨证》载《辽宁教育学院学报》1987 年第 4 期；游汝杰《黑龙江省的站人和站话述略》载《方言》1993 年第 2 期；陈立中对黑龙江省肇源县兴茂镇站话的研究，成果由中国社会科学出版社 2005 年出版，书名《黑龙江站话研究》，这两项成果包括此前郭正彦老师对站话形成的研究对语音史研究的贡献很大，此外，一些地区的方言志里记有当地的语音系统。国家社会科学"七五"规划重点项目"普通话基础方言基本词汇调查"，近百人历时六年调查了 106 个方言点，这个项目的成果之一即陈章太、李行健主编的《普通话基础方言基本词汇集》，这部书的语音卷记录了 106 个方言点的语音系统，其中包括东北地区十一个方言点，即辽宁：沈阳、丹东、大连、锦州；吉林：长春、白城、通化；黑龙江：哈尔滨、齐齐哈尔、佳木斯、黑河。佳木斯方言点的调查工作，是由笔者完成的。这部著作也记录了跟东北方言关系密切的内蒙古赤峰、海拉尔等方言点的语音系统。这项成果是迄今为止对汉语北方话的最全面的调查，并为汉语语音地图的制作提供了直接的、最重要的支持，为普通话诸领域的研究提供了必要的、比较详尽的基础条件。

（3）东北具体地区的方言语音特点的描写、解释与研究。例如：姜文镇先生的两篇研究黑龙江方言合音和脱落音变的论文，《试谈黑龙江方言中的合音现象》、《试谈黑龙江方言中的一种音变现象——脱落》，分别刊发在《求是学刊》1977 年第 6 期、《学术交流》2002 年第 11 期，对方言中细微的语音特点进行了描写和研究；张发明《浅谈东北方言中的四声别义现象》载《松辽学刊》1989 年第 1 期；张世方《东北方言的知系声母》2004 南京第三届中国社会语言学国际学术研讨会论文，在探讨语音特点时注意到了语音的历史变化。许皓光、刘延新《汉语中的满语借词概述》载《满族研究》1996 年第 1 期；黄锡惠《汉语东北方言中的满语影响》载《语文研究》1997 年第 4 期，二文注意到了满文对东北方言语音特点形成的影响。

（4）东北方言语音与普通话语音或北京语音的对比研究，其目的是为推广普通话服务。例如：何霭人《东北松花江流域语音同北京语音比较有哪些显著差异》载《语文知识》1956 年第 1 期；《黑龙江语音与普通话语音的初步对照》载《黑龙江教育》1957 年第 3 期；阎滨、刘扶民《辽宁方音和北京语音对照》，辽宁人民出版社 1957 年版；张相臣《辽宁新民方音与北京语音的比较》载《方言与普通话集刊》第三本 1958 年；尚允川《辽阳音和北京音的比较》载《方言与普通话集刊》第七本 1959 年；东寅三《关于中国标准语音与辽东方言》载日本《音声学会报》1963 年；郎桂青《通化地区汉语方音和普通音的对应规律》载《通化师院学报》1981 年第 2 期。此外，一些方言地区陆续出版了学习普通话手册。

（5）关于东北方言音以及个别东北方言用字字音的历史考察，这种研究是最接近方言语音史的研究的。例如：周孝若《东北入声的演变》载《国语周刊》1932 年 41 期，揭示了入声字在东北方言中的特殊归派情况；吕庆业《东北方言本字考》载《长春师院学报》1986 年第 1 期，赵长胜《黑龙江方言中某些字音的来历》载《牡丹江师院学报》1987 年第 1 期，二文结合语音特征和语音的演变规律考察本字、本音，在特定角度为语音的研究提供了帮助；陶国庭《朝阳方言中的古音》载《朝阳师专学报》1987 年第 4 期；李无未、禹平《〈醒世姻缘传〉"挺"字与今东北方言 [tiŋ°] 音》载《汉语学习》1998 年第 3 期，探讨了"挺"[tiŋ°] 这个字音与山东方言音的"亲属关系"，从语音历史的层面解释移民跟语言接触的关系，以微见著。马思周、李海洋《北方汉语（V+）"着"字的语音史》载《南开语言学刊》2007 年第 2 期，讨论了北方汉语里动词后的"着"字的连环音变，为东北方言动词后"子"与句后"者"找到了源头。最为有趣味的也需要特别提出的是马思周先生的《俗言俗谈》（商务印书馆 2011 年，北京），这部书从近代文献中精选出 100 条俗语词，考证"它们的产生、使用、变化和发展情况"，每词成文一篇，作者预期达到的目的是讨论俗语语源，认真拜读此作，可知该书毫无疑义地实现了这项目的，其学术意义以及学术贡献远不止于此！例如："老疙瘩"考；满汉混合词语的四种类型；"红姑娘儿"和"红姑鸟儿"等占该书半数以上的篇章，都涉及方言语音的讨论，分明就是对方言语音的历史演变的考察，考证时，常常将东北话与北京话进行比较，其结论不仅使人信服而且发人深省。费时二十八年所作自有"急就章"所不可比拟的深刻与深沉。

刘晓梅《期待绚烂绽放：百年东北官话研究述评》一文全面总结了近百年来中国大陆学者的东北官话研究的大体情况，认为对东北官话的研究从 20 世纪 20 年代开始以来，"当时以词汇研究为起点，后涉及语音问题，零星的几篇文章可看作东北官话研究的前奏；系统的研究始于 20 世纪 50 年代末，东北三省各自对本省的方言普查，主要目的在于寻求与普通话之间的对应关系，服务于推普工作，着重语音，略于词汇、语法"，①但就我们的阅读和统计，从研究成果数量、研究的深度和广度来看，一百年的东北方言研究，没有"略于词汇、语法"，反倒是对东北方言语音以及东北方言语音史揭示得不够充分，日本学者的东北方言研究跟这种情形相差无几。

1.1.2　汉语东北方言语音史研究的现状及讨论

就汉语东北方言语音史研究历史包括现状而言，无论是东北方言的研究还是东北方言语音的研究一百年来都不兴旺，而东北方言语音史的研究尤其差强人意，这种情况与方言史、语音史的重要性很不相称，张树铮先生指出："方言语音史的研究的确是可以为汉语语音史研究服务的。但它绝不仅仅起一个辅助的作用，而是有自己的本体地位的。"②由此可知方言语音史的研究是很重要的。比照吴语研究、粤语研究、晋语研究、山东方言研究、北京话研究、客赣方言研究的火爆情形，再比照隋唐五代长安音、关中音、西北音的研究，清代山东方言语音的研究，元代大都音研究，宋元吉安音研究，东北方言的研究真是处于"期待绚烂绽放"的阶段。

之所以出现这种局面的原因比较复杂，就像一些学者指出的那样：东北方言与北京话很接近，其接近的程度比冀鲁官话更近于北京话，加上"东北官话是一支最终形成较晚的官话"，"因而受到的重视远远低于其他官话方言"。③问题在于正是与普通话语音系统关系很近，研究东北方言的语音史，就可以借此来讨论普通话语音系统的源头，从林焘先生（1987）李荣先生（1989）尹世超先生（1998）吕朋林先生（1999）的论述中，④可以保

---

① 刘晓梅：《期待绚烂绽放：百年东北官话研究述评》，《吉林大学社会科学学报》2008 年第 1 期。

② 张树铮：《清代山东方言语音研究》，山东大学出版社 2005 年版，第 3 页。

③ 刘晓梅：《期待绚烂绽放：百年东北官话研究述评》，《吉林大学社会科学学报》2008 年第 1 期。

④ 林焘：《北京官话划分》，《方言》1987 年第 3 期；李荣：《汉语方言的分区》，《方言》1989 年第 4 期；尹世超：《哈尔滨话和北京话同中有异的方言语词》，首届汉语言学国际研讨会，上海师范大学 1998 年；吕朋林：《普通话方言基础的再检讨》，《东北师范大学学报》1999 年第 1 期。

守地概括出他们都认为东北方言语音是普通话语音的源头之一这样的结论，那么这两个语音系统之间到底是什么关系？共生然后分化？还是东北方言语音参与了普通话语音的形成？而我们对清代二百多年的东北方言语音系统及其演变发展到目前为止还没有进行系统的考察和研究，不能清楚地知道这一时期的东北方言的语音状况，这在一定程度上影响了对现代普通话语音系统的准确认识，进而影响到"正音"——这项国家语言文字工作的进行。因此，很有必要对此进行专门探讨。

就是这支形成较晚的方言，我们对它形成的状况和历史也没有透彻地揭示出来，因为东北地方居住的民族较多，移民来源复杂，移民以及原居少数民族以其各种原因流动频繁，凡此种种，都给研究增加了困难。东北方言语音史研究的滞后也体现在研究方法和研究视野上，目前的研究跟音韵文献的整理发掘结合得不够紧密；对日本、朝鲜汉语对音韵书、汉语教科书关注不足，正像李得春先生（2003）在为《朝鲜韵书与明清音系》一书作序所言："过去我国的音韵学研究是厚古薄今、厚'论'薄'史'的，即历来都重古代，轻近代，重共时的断代分析，轻历时的流变研究。其实，因多方面的因素所影响，还存在着一个厚'内'薄'外'的问题，即重国内资料而轻域外资料。"这个总结，概括全面，特别是"厚'内'薄'外'"的总结，直指问题的症结，应当引起研究者的注意；借鉴和利用训诂学、词源学、文字学、文化学、历史学、民族语言的研究等领域的成果不够充分；没有适当而娴熟地运用新理论新方法。当然，专门从事东北方言研究的人才匮乏也是原因之一，郭正彦师、孙维张师对黑龙江方言、吉林方言的研究，筚路蓝缕之功令人敬仰，然二师西去之后，尚未见可承其余续者。辽宁方言在很大程度上，代表了东北方言的源头，其内部分歧比照另外两省的方言显得更为突出，因此，对辽宁方言的研究，尤其应当得到重视，可是，不知道是何缘故，这项研究至少到目前，仍然表现为"静悄悄"。

值得欣喜的是近年来有数名学者投身于此项研究事业，在拓宽研究范围、向纵深发展之后，东北方言研究的绚烂时光的到来是可以期待的，希望这将来的绚烂当中也能包括东北方言语音和东北方言语音史的研究。

1.2　本课题研究的主要内容和意义

1.2.1　本课题研究的主要内容

本课题研究的主要内容包括以下几方面。

第一，本题目首先讨论一百年来东北方言语音研究的历史与状况，全面继承前修时贤的研究成果，借鉴正确的结论和方法，发现新的问题以及前人论及而未备者，在此基础上，探讨清代东北地区汉语方言的语音系统，补足方言语音史的重要环节，为普通话语音系统找到一个重要的来源。

第二，首先依据正史文献确定清代东北疆域；讨论清代东北行政区划与人口构成和方言分区；清代东北行政区划与今天东北行政区划的关系；历史上特别是明、清两朝东北汉民族人口状况，尤其是明、清汉民族向东北的移民。然后根据正史记载和移民史材料厘清清代东北地区的人口构成，重点探讨汉族移民、流民、被掠人口的数量、来源地、到达东北的时间等，探讨清代东北地区各民族间的语言接触（以语音相互间的影响为例），也要顾及"官庄"人口来源以及对东北方言音系形成的影响，流民、移民、流放者三类汉族人对东北方言音系形成的影响。揭示语言接触对东北汉语方言特点形成的影响，以期说明汉语东北方言的形成、来源和发展，因为这是讨论语音系统的基础。

第三，根据《黄钟通韵》、《音韵逢源》等几部反映清代东北方言的韵书古籍来探讨这一历史时期的语音系统的若干特征，并对这些特征的形成、发展、对后世语音的影响作出说明和合理的解释。争取"实事求是，客观地、科学地对待近代音韵材料，打开方音史研究的大天地，把方言韵书的真正价值发掘出来。"①在研究这几部韵书和韵图时，注意到韵书、韵图所反映的语音系统的相互比照，细致分析其差异，并对此作出合理的解释。

第四，根据日本、朝鲜等国反映东北方言的域外文献，如《华音启蒙谚解》、《你呢贵姓》、《支那语讲义》等例来进一步印证清代汉语东北方言语音系统的特征。

第五，根据反映 20 世纪初、中期东北方言的日文书籍《满洲土语研究》所反映的语音特征跟清初汉语东北方言音系进行对比，以此为根据说明清初迄今三百年间东北方言语音系统的一些历史演变，由于日语记录语音比传统汉语韵书或韵图更为直接，因此可以更为直观地反映出来语音的特征。

1.2.2　选题的意义

本选题的意义至少有以下几个方面。

第一，清代东北方言的研究，是汉语语音史研究的重要组成部分。如果说汉语语音史是一座大厦，那么方言语音史就是支撑这座大厦的强劲立柱，如此说来，清代东北方言的研究成果就具有了重要意义：一可以填补

---

① 耿振生：《论近代书面音系研究方法》，《古汉语研究》1993 年第 4 期。

东北方言史研究的空白，二可以为完善汉语语音史的修撰提供素材，三可以为现代汉语普通话语音的研究和正音工作提供重要的材料和结论，四可以证明普通话基础语音系统的来源。研究表明，清代东北方言对现代普通话语音系统的形成影响甚大，[①]而我们对清代二百多年的东北方言研究很少，到目前为止还没有进行系统的考察和研究，不能清楚地知道这一时期的东北方言的情况，这在一定程度上影响了对现代普通话语音系统的准确认识，进而影响到"正音"——这项国家语言文字工作的进行。因此，很有必要对此进行专门探讨。耿振生先生指出："研究共同语发展史固然重要，研究方音史也同样重要，较之前者毫不逊色。归根结底，全面弄清楚汉语发展史才是我们的目的。"[②]这个论述给我们研究的意义做出了直接的证明。

第二，清代东北方言的研究，是语言文化建设的一项工作，用东北方言演出的小品和影视作品火遍全国，我们没有理由不弄清东北方言的语音系统。只有更好地发现东北方言语音系统的历史发展规律，才能够更深刻地认识东北方言，在此基础上才能够理性而科学地运用东北方言，才能够更好地利用东北方言进行文艺创作。

第三，通过清代东北方言的研究，可以收集、整理、鉴别、考订中外关于东北方言的文献，进而完善东北方言历史研究的资料的科学体系，尝试建立比较完备的资料库，以弥补这方面研究的资料的不足。清代汉语东北方言是清代汉语的重要组成部分，反映清代汉语东北方言的中外文献跟古代韵书、官话韵书、域外学习汉语的教科书都有着千丝万缕的联系，比较互证这些反映清代汉语东北方言的中外文献，弄清楚这些文献的来龙去脉及其相互关系，对于音韵学、方言学、语音学、语音史等学科的发展，也是有重要意义的。

1.3 本题目研究所运用的理论和方法

本题目研究所运用的理论和方法是由特定的研究对象来决定的。何种研究方法的选择，要以研究目标、研究对象为根据，以顺利完成研究任务为宗旨。因此，本题目研究所确定的研究理论和方法，是为达到基本研究目的而选择的。但是，基于研究对象的复杂性，本论文将采用多种研究理论和方法来完成本项研究工作。具体如下。

---

① 吕朋林：《普通话方言基础的再检讨》，《东北师范大学学报》1999 年第 1 期。

② 耿振生：《论近代书面音系研究方法》，《古汉语研究》1993 年第 4 期。

（1）辩证理论及其分析法。这是贯穿全文研究过程的基本理论和方法，也是马克思主义的唯物辩证的理论和分析方法，即按照客观事物自身的运动与发展规律来认识事物的理论和分析方法。在这一方法的具体运用中，就是坚持联系的观点、发展的观点、全面的观点，对立统一的观点、具体问题具体分析的观点、实事求是的观点来认识事物的本质，提示事物的运动规律现轨迹。语音系统的发展变化具有复杂性，跟社会历史的发展的诸多方面密切相关，语音系统内部的演变也不均衡，常有规律之外的特殊变化，因此，必须坚持辩证理论和分析方法，辩证分析和解释在不同时期、不同条件下语音演变的状况及其缘由，并据此确定清代汉语东北方言的语音系统。

（2）历史比较语言学的理论及其历史比较分析法。历史比较语言学是研究汉语史最重要的理论，研究汉语语音史也要运用这个理论。所谓比较分析法，是将两个或多个同类或相近的事物，按同一法则进行对比分析，寻找它们的相同点与差异点，并根据同一法则进行对比分析的结果来推测未能知的事物或具有同样或近似的性质和特征。例如，我们将清代东北方言语音系统与现代东北方言语音系统进行比较，一是定性，二是发现变化；还要与《切韵》音系做必要的比较，寻找东北方言语音特点及其来源。

（3）音韵学理论以及内部分析法、对音勘比分析法。音韵学发展到现代，创获颇丰，有了成熟的理论和研究方法，本题目研究自然要运用这些成熟的理论，在方法上，宁继福先生创获的内部分析法对于我们的研究尤为重要，宁先生认为，明清两代的某些韵书出现现代北方方言充其量只能算是参证材料而已，过多的类比只会把我们的思想搞得更为混乱。所以，这种研究方法也是我们研究过程中要时刻遵守的研究原则，运用这种从文献材料的自身入手来证明文献所反映的语音特点的内部分析法，得出的结论当然会比通过外围考证所得出的结论更加令人信服。然而，当做内部分析的条件不具备时，运用对音勘比分析法也是可行之策，我们在分析处理韩国、日本的语音文献时，就会运用到对音勘比分析法。

（4）方言学、语音学理论及其审音法。讨论清代东北方言，自然要参照现代方言，要讨论清代东北方言的来历，这就会设计很多方言学、语音学问题，其中山东方言、河北方言，满语、朝鲜语的语音问题，尤其值得注意。文献所见方言特征，可以从现代方言中得到直接验证，并能成为审定音值的重要参考。

（5）语言接触理论、语言地理类型学理论、多项式系列音变理论（包括融合式音变、连锁式音变）及其历史层次分析法。语言接触（Language contact）是人类语言发展过程中常见的现象，也是如汉语东北方言这样起源复杂的语言在形成发展过程里不可避免的，辽金元时期的"汉儿言语"即是明证。（参见 孙伯君《胡汉对音和古代北方汉语》，《语言研究》2005 年第三期）我们要讨论的清代东北地区各民族间的语言接触、语言接触对东北汉语方言特点形成的影响都需要运用语言接触理论、语言地理类型学理论、多项式系列音变理论等等，赵杰先生从音理上论证北京话经过满汉接触后受满语和旗人话影响所带来的"融合式音变"，给我们的研究树立了典范。

（6）文献学理论及其考据法、透视分离法。文献学的审订文献、辨别真伪、校勘谬误，是我们研究音韵文献的基本功和研究的基础。耿振生先生说："文献材料的比较互证是研究书面音系的又一重要手段"[1]，强调了文献学理论及其实践在研究近代语音过程中的重要性。由于明清韵书的语音基础大多不是单一音系，因此，杨亦鸣先生的透视分离法就大有了用武之地。[2]

当然，上述理论和方法有时是不能截然分开的，有的理论是语言研究中被广泛运用的，不惟本研究所专用。事实上，在上述理论和方法之外，将根据研究的需要，也会运用到其他一些理论和方法。

还要在这里说明的是，下文在进行讨论时，所用的术语"东北方言"，主要是指清代东北地区包括内蒙古东部三个盟（哲里木盟、昭乌达盟和卓索图盟）这一地域使用的汉语方言，这一地域大致相当于今天的东北全境包括内蒙古自治区的呼伦贝尔市、兴安盟、通辽市、赤峰市。除非特别需要一般不再区分方言片，凭借传世文献做细致的分区与分片是困难的。"东北方音"是指前面所说的"东北方言"的语音系统。术语里，从概念内涵而言，"方言"为第一层级，"话"为第二层级；从使用范围而言，"方言"为第一层级，下一级称为"片"、再下一级称为"点"。除非必要，一般不使用"官话"这个术语。

---

① 耿振生：《论近代书面音系研究方法》，《古汉语研究》1993 年第 4 期。

② 方环海：《透视分离法与近代汉语语音研究》，《古汉语研究》2002 年第 1 期；《描写与阐释》，《临沂师范学院学报》2001 年第 4 期。

第2章　清代东北政区、人口和语言状况

2.1　清代东北地理与行政区划

2.1.1　清代东北地理与行政区划

清代初期的东北地区面积广大，[①]幅员辽阔，大部分地区人烟稀少。这一地域包括奉天、吉林、黑龙江三个地区，南起今辽宁半岛，西接直隶、

图1　《清时期全图》[②]

---

① 清初，通常是从清朝的顺治元年（1644年）算起，至于下限，则诸位史家见解不一。扩大点说，当始于清太祖起兵，止于乾隆前期，即公元17世纪和18世纪上半叶的一个半世纪。

② 参见《中国历史地图集》（第八册），中华地图学出版社1975年版，第4页。

蒙古，北抵外兴安岭，东临北海、鄂霍次克海、东海、日本海，并与朝鲜接壤。这块广袤的土地在清代初期归盛京特别区管辖，之后又在盛京直辖区先后设置了奉天、吉林、黑龙江三将军，统治当地的旗兵和旗民，对该地区居住的许多不入旗籍的汉族民户，则先后设置府、州、县进行管理，清代初、中期，东北地区实行的是一种旗民与汉民分治的政策。

（1）奉天将军所辖疆域

奉天将军下辖奉天、锦州、熊岳三个副都统，"东至兴京边二百八十余里吉林乌喇界；西至山海关八百余里山海卫界；东南至金州南境七百三十余里海界；北至开原边二百六十余里；东南至镇江城五百四十余里朝鲜界；西南至海八百余里；东北至威远堡二百三十余里永吉州界；西北至九官台门四百五十余里蒙古界。"清顺治十年（1653 年），清在辽阳设辽阳府，管理汉人户籍和田赋，顺治十四年（1657 年），废辽阳府，在沈阳设奉天府，置府尹一人，辖辽阳州、复州两州；海城县、承德县（县治在今沈阳市，康熙三年置）、铁岭县、开原县、盖平县、兴仁县六县；金州厅、岫岩厅、

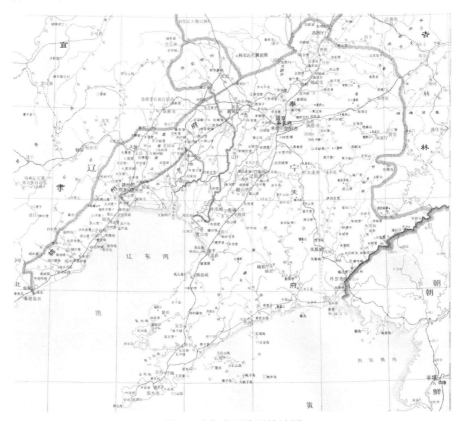

图 2　清代奉天将军辖地图

昌图厅、兴京厅四厅及锦州府。锦州府置于康熙三年，辖地为今辽西地区，下设宁远州、义州两州；锦县、广宁县两县。上述行政设置，均为管理汉族非旗民人口而设。"凡满洲、蒙古、汉军八旗事务，则统之于奉天将军；凡民人事务，则统之于奉天府尹"①，此亦说明清代初期的民族分治状况。

（2）吉林将军所辖疆域

吉林将军全称为镇守吉林等处地方将军，清顺治十年，清政府把松花

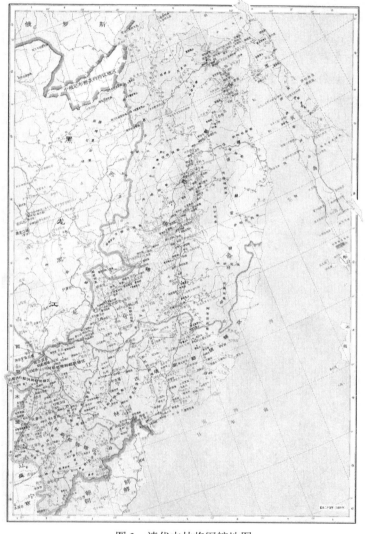

图3　清代吉林将军辖地图

①《清朝文献通考》卷二七一，舆地三。

江、黑龙江、乌苏里江流域，包括库页岛和尼布楚等地，从盛京辖地中划出来，归新设的宁古塔昂邦章京管辖，治所在今海林县，康熙元年改称镇守宁古塔等处将军，康熙五年，治所移至宁安县，康熙十五年，治所移至吉林市，乾隆二十二年，改称镇守吉林等处地方将军。吉林将军下辖三姓、吉林、阿勒楚喀、伯都讷、宁古塔五个副都统。"东至海三千余里；西至威远堡门五百九十五里开原县界；南至长白山一千三百余里，其南朝鲜界；北至拉哈福阿色库地方六百余里蒙古界；东南至希喀塔山二千二百余里海界；西南至英额门七百余里奉天将军界；东北至合者、飞牙喀三千余里海界；西北至黑儿苏门四百五十余里蒙古界。"[①]

对吉林将军辖区内的许多汉族民户，清政府先后设置了吉林厅、长春厅、伯都讷厅及泰宁县进行管理。在厅、县之外的汉族民户，均由所在的驻防官员管理。

（3）黑龙江将军所辖疆域

清初，为反击不断扰边的沙俄军队，康熙二十二年，清政府把原属宁古塔将军管辖的亨流河上源支流哈达乌拉河、黑龙江北岸的毕占河以及东

图 4　清代黑龙江将军辖地图[②]

①（清）董秉忠等：《盛京通志》，辽海出版社 1997 年版。卷 12。
② 图见《中国历史地图集》（第八册），中华地图学出版社 1975 年版，第 10—11 页。

流松花江以西之地划分出来，设置黑龙江将军，置所设在黑龙江左岸的瑷珲旧城，康熙二十四年移驻黑龙江右岸的瑷珲新城，后又移墨尔根城、齐齐哈尔城，由于初设地为瑷珲，所以又称瑷珲将军。黑龙江将军下辖黑龙江城、墨尔根城、齐齐哈尔城。三城副都统和呼伦贝尔、布特哈两个副都统衔总管以及呼兰城守尉。黑龙江将军辖区，"东西距三千五百三十五里，南北距四千里"。以齐齐哈尔为中心点，"东至吉林界二千三百里；西至喀尔喀界一千二百三十五里；南至吉林界五百里；北至俄罗斯界三千五百里；东南至吉林界一千七百里；西南至科尔沁扎拉特界一百二十里；东北至吉林界三千六百里；西北至俄罗斯界二千里"。①

（4）东北地区蒙古族所在疆域

清代东北西部、西南部地区居民为蒙古族，因为管理的需要，清政府

图 5　清代蒙古东三盟图

---

① （清）穆彰阿：《嘉庆一统志》，上海商务印书馆 1935 年版。卷四十五。

设置了哲里木盟、昭乌达盟和卓索图盟。哲里木盟辖科尔沁部、郭尔罗斯部、杜尔伯特部、扎赉特部，四部位于黑龙江将军呼伦贝尔以南，锡林郭勒盟以东，吉林伯都讷以西，南与昭乌达盟接界。昭乌达盟辖翁牛特部、扎鲁特部、巴林部、阿鲁科尔沁部、克什克腾部、敖汉部、奈曼部、喀尔喀部，八部位于北自乌哈讷德山以南，西自达里泊附近的旧应昌城以东，东南邻卓索图，西南邻察哈尔。卓索图盟辖喀喇沁部、土默特部，两部位于北与昭乌达盟接壤，西与直隶承德府为邻，东北邻哲里木盟，东南沿盛京边墙与奉天为邻。

　　以上即为清代初期的东北行政区划，最显著的特点是民族分治的管理制度，采用一元化的民政统治手段。至光绪三十三年，清政府才裁撤将军，设置行省，实行了新的官制，从此，东北地区终于和全国一致实行了行省制度。

2.1.2　清代东北行政区划与现代东北行政区划的关系

　　清代，尤其是清代初期的东北地区，因其幅员辽阔，地广人稀，故屡遭沙俄入侵，逐步蚕食，遂形成今之东北。清代初期的行政区划状况跟现代相比，可见如下关系：奉天将军辖地包括今辽宁省大部分地区。而今辽西阜新地区、朝阳地区、新开河流域归直隶；桓仁地区归吉林。总地看来，奉天将军辖地略小于今天辽宁省。吉林将军辖地比今吉林省大得多，包括今吉林省大部，今黑龙江省东部、东北部，俄罗斯的远东大部分，延海直近至北纬 56 度地区，特别是三姓副都统辖地的大部分在今俄罗斯境内。黑龙江将军辖地包括今黑龙江省西部、北部地区，包括今内蒙古兴安盟、呼伦贝尔盟，包括外兴安岭以南的今俄罗斯地区。特别是黑龙江副都统辖区，大部分都在今俄罗斯境内，其最北端正在北纬 56 度线上。清中期以后，沙俄陆续占领了黑龙江副都统辖区的大部分地区，也占领了三姓副都统辖区的东北部和宁古塔副都统辖区的东部。我们讨论清代汉语东北方言问题，当然应该考虑到清初至清末地域的变化，也要从人口居住的疏密程度来看问题，这样，有些问题的讨论是以汉族相对聚居地作为对象来进行的。

2.2　辽金以降东北地区人口构成和居住状况

　　讨论清代东北地区人口数目及居住状况，是个复杂问题。东北地区早在先秦即有汉民族的足迹是可信的[①]，周初武王封箕子于朝鲜时，殷之遗民

---

　　① 金毓黻：《东北通史》认为东北地区在是石器时代即有汉族人。[日] 稻叶岩吉：《增订满洲发达史》（日本评论社版）第 10—11 页，认为燕将秦开开辟辽东时为汉族人进入东北。

一定会有随从到东北的人，而这些殷商遗民，应该是最早到达东北的以汉族为多数的移民。李治亭（2003）《东北通史》提到："魏晋南北朝时期，有两次大规模中原人口迁入辽西、辽东，一次是东汉末年至公孙氏政权建立之际，一次是西晋末年至十六国初期。东北地区儒学与教育是伴随着大批汉族士族的迁入而发展起来的。"①儒学和教育的发展，是能够促进该地区汉语言与汉文学的发展的，魏晋南北朝时期东北地区流传下来的诗歌不多，值得称道的有北魏先祖所启嘎仙洞室祝文，其文如下：

天子焘谨遣敝（？敝）等用骏足，一元大武敢昭告于皇天之灵。自启辟之初，佑我皇祖，于彼土田。历载忆年，聿来南迁。惟祖惟父，光宅中原。克剪元凶，拓定四边。冲人纂业，德声弗彰。岂谓幽遐，稽首来王。具知旧庙，弗毁弗亡。悠悠之怀，希仰余光。王业之兴，起自皇祖。绵绵瓜瓞，时惟多祜。敢以丕功，配飨于天。子子孙孙，福禄永延。

这篇祝文，完全可以看成是一首概括力极强的非常具有文采的叙事诗。用一百零一字叙述了从拓跋部南迁到太平真君年间四百多年的历史，内容丰富而文字却非常简捷，全诗隔句押韵迥别于民歌，五次换韵不同于俗作。如果不是深谙汉语言文学，断不能有此佳作，可见发源于东北的拓跋鲜卑就已经具有很高的汉语文学水平，对汉文化已经有很全面、深刻的继承。但是，仅凭此文这一特例，尚不能断定当时汉语发展的一般状况。

跟我们要讨论的清代东北方言关系密切的历史时期，应从辽、金谈起。

2.2.1 辽时期东北地区汉民族人口状况

辽屡次对中原发动战争，其中一项重要的目的就是掠夺人口，按《中国移民史》第4卷第60页引史书记载可知其大体状况：唐昭宗天复三年（903年），契丹掠蓟州（今天津蓟县）人北归（数目不详）。唐哀帝天祐二年（905年），契丹掠幽州等地，"拔数州，尽徙其民以归"。辽太祖阿保机在912年，亲征幽州，"俘获甚众"。辽太祖神册六年（921年），辽兵掠檀（今密云县）、顺（今顺义县）等州和安远军（今蓟县西北）、三河、良乡、潞（今通县东）、望都、满城、遂城等县人口徙往辽之"内地"。除被掠人口外，幽州地区的居民为逃避战乱、暴政而自动迁入辽境的人口也不在少数。②"由迁来的汉族人或其他民族杂居而设置的郡县多达五十余个。但这时期汉人主要分布在今松花江以南各地。"③《辽史·地理志》具体指出上文所说的五十余郡

---

① 李治亭：《东北通史》，中州古籍出版社2003年版，第146页。

②《新五代史》卷72所载，由于唐末幽州节度使刘守光为政暴虐，"幽、涿之人多亡入契丹"，可证。

③ 李治亭：《东北通史》，中州古籍出版社2003年版，第270、162、228页。

县里，"壕州、凤州、遂州、福州、顺州为汉民所建置"。

韩光辉《北京历史人口地理》："唐末、五代至辽初，燕蓟地区被俘掳和迫于战乱流徙北去的人口大约可达到 2 万户，10 余万人。占唐代极盛时期这一地区户口的四分之一左右，接近唐末这一地区户口的半数。"按路遇、腾泽之《中国人口通史》所载可总结为辽人口总数 1050 万，其中汉族人约占 570 万，占总人口一半以上。辽的东京道，即今松辽平原，有人口二百数十万。中京道，即今辽宁省西部、河北省东北部和内蒙古自治区一部，有人口一百五十万以上，两"道"人口之和近四百万。考虑到辽从燕京地区、中原地区掠夺的汉族人大多安置在东、中京两道，而当地的原少数民族居民又进入关内充当统治中原的基础力量，则辽时东北的汉族人口应当超过当地总人口数的一半或更多，有记载说中京道"汉民杂居者半"；东京道"汉民更居者众"。①李治亭先生还说到，早在唐代，"辽宁西部为汉族，辽东先为高句丽族，后为汉族。"②又明确指出："辽代，在契丹统治的各民族当中，汉人为数最多，分布最广。"③

由此可知，辽时期的东北，已经是汉族人占这一地区居民中的多数了，由于汉族和其他民族杂居相处，汉族人又占多数，汉语便成为互相交流的族际语言。许元宗《宣和乙巳奉使行程录》（又见《大金国志·卷四十》）所载可证："故此地杂诸国俗，凡聚会处，诸国人语言不通，则各为汉语令通事者，然后能辨之。"可见汉语的用途之广泛，甚至成为当时不同民族语之间的媒介。

2.2.2　金时期东北地区汉民族人口状况

金与辽、宋战争期间，金又掠辽之燕京地区，宋之河北、河东、河南地区的汉族民众返东北地区。

按《金史》记载，金掠汉族民众至东北主要有以下几次。

（1）卷 46：天辅六年（1122 年），"既定山西诸州，以上京为内地，则移其民实之。又命耶律佛顶，以兵护送诸降人于浑河路"。"浑河路"在今东北境内的浑河流域。

（2）卷 46：天辅七年（1123 年）有四次大的掠夺汉族人充实东北的事件：第一次"以山西诸部族近西北二边，且辽主未获，恐阴相结诱，复令皇帝昂与孛堇稍喝等以兵四千护送，处之岭东"。"岭东"之"岭"指上京的青岭，即今东北的张广才岭。所掠人数应在数万，因为按常理推断，只有数万人口迁徙，才需四千士兵护送。第二次，"又以猛安详稳留住所领归

---

① 李治亭：《东北通史》，中州古籍出版社 2003 年版，第 270、162、228 页。

② 同上。

③ 同上。

附之民还东京，命有司常抚慰"。"东京"在今辽宁省辽阳市。第三次，"及七年取燕京路，二月，尽徙六州民族富强工技之民于内地"。金之"内地"即今之东北。第四次，载于《金史》卷2，发生在天辅七年，"命习古乃、婆芦火监护长胜军及燕京豪族工匠，由松亭关徙之内地"。

（3）卷46：天会元年（1123年），金"以旧徙润、隰等四州之民于沈州之境"。

（4）卷3：天会三年（1125年）二月，"娄室获辽主于余睹谷"，至八月，"以辽主至京师"，此辽主即辽天祚帝，随辽主至东北金之"京师"——即上京会宁府（今黑龙江省阿城市）——的人员不会太少，且多为汉族人或汉族化程度极高的契丹人，因为辽代二百余年设学养士和科举，汉化现象应当相当普通。①

（5）卷133：金"太祖定燕京，……复收城邑，往往徙其民以实京师……及以燕京与宋而迁其人，独以空城与之"。可见移出百姓很多，以至于燕京等地区只剩下空城。

按韩光辉《北京历史人口地理》统计可以知道：到天会三年（1125年）时，燕京地区三分之一人口约40万人被迁徙至东北地区。据《中国移民史》卷4概括金掠宋朝汉族人至东北的情况来看，规模较大的有：1127年，金兵攻克汴京，四月间北归，掠人口十余万，被掠人口来自"东至柳子（今安徽濉溪县西南），西至西京（今河南洛阳市），南至汉上（今湖北汉水流域），北至河朔"这个范围之内。此役俘宋徽、钦二帝以下皇室、宗室、工匠共14000余人，最终被徙至上京会宁府（今黑龙江省阿城市）。后，徽、钦二帝又被徙至五国城（今黑龙江省依兰县）。其后，1128年、1129年，估计又有二十余万中原及长江流域汉族人口被掠至北方，其中，很大一部分移入到了东北。按路遇、腾泽之《中国人口通史》载："辽朝统治时期，约今东北三省地区有人口二百数十万。金人入主中原，女真等民族迁出约一百多万，可是到章宗泰和七年（1207年）又恢复到近300万人口，由此亦说明从塞内迁出的人口当在一百数十万"。②这些说明，金之东北人口中，汉族人口占一半以上（因为辽时就有超过当地人口一半以上的汉族人居住于东北）。

值得注意的还有金初期的"实内"政策：就是把大批汉族人迁徙至东北，再把东北的 "猛安谋克"（女真人部族）大量调往中原以加强统治。

---

① 参见陈述：《辽代教育史论证》，收在陈述主编《辽金史论集》（一），上海古籍出版社1987年版，第140—155页。

② 路遇、腾泽之：《中国人口通史》，山东人民出版社2000年版，第536页。

两民族之间居住地的大换防，不可避免地促进了民族之间的大融合，这种融合在推动东北地区社会经济发展和民族文化广泛交流的同时，一定为汉语在东北地区的传播、使用做出了贡献。所以，金国女真人的"汉化"是大势所趋，金世宗对汉化的大趋势十分恐惧，虽然采取了一系列措施，但最终"亦未曾收效"，可见当时汉文化具有强大的同化的力量。

2.2.3　元朝东北地区汉民族人口状况

元朝，按路遇、腾泽之《中国人口通史》分析，东北地区人口当有 350 万左右，构成人口的民族的比例应该没有大的变化，"辽河平原仍是东北地区人口最稠密的地方"。因为"在这一时期中辽东地区也有战乱，但从战争发展变化的情况看，人口耗损不是很大。"①且在元统治的一百多年（从灭金时的 1234 年算起）间，东北地区人口还应有所增加。元代辽东人口跟东北其他地区相比是最为密集的，上引文里所说的人口构成比例是怎样的？按照李治亭先生（2003，343 页）对明代这个地区人口比例的考证："居住在辽东地区的女真、高丽族、蒙古族等少数民族占人口的三分之一，汉族占十分之七。"推论，元朝的一百多年间该地区无大的灾害和战乱，也无民族间的灭绝性的屠杀，那么这个比例应该是有历史继承性的，所以，可以认为元代辽东人口比例是与明代的比例相近的。就是这十分之三的少数民族，在一定程度上也是"汉化"了的，因为在元代的东北地区生活的契丹人、女真人、高丽人等，都被元朝统治者列入到"汉人八种"里，其中的大多数契丹人和部分女真人改为了汉族姓氏，足见他们已经汉化。

2.2.4　明朝东北地区汉民族人口状况

跟清代东北人口状况关系最密切的当属明代，按曹树基著《中国移民史》所载：洪武年间的辽东军卫中，约有军士 13 万人，含家属共约 39 万人左右。而这 13 万军士大概包括了四个部分的人口，一是由土著转成的军人，二是征服辽东的明军战士，三是谪戍的充军罪犯，四是故元将士。故元将士构成了辽东军卫中一个很重要的部分。"在洪武年间近 13 万驻东北的军人当中，故元卒约为三万，谪戍犯人约为 2 万，东宁卫、三万卫中至少有女直、高丽族士卒人口 1 万，而由当地的民籍百姓转为军卫战士的至少也应有 2 万。如此，从内地迁入的军籍人口约为 5 万。"②洪武时期辽东都司的移民人口占当地总人口的 25%左右。此时，当是东北地区汉族人开

---

① 路遇、腾泽之：《中国人口通史》，山东人民出版社 2000 年版，第 617 页。

② 见《朝鲜李朝世宗实录》甲申十年八月，卷三十四。

始增多的时期。只有同一民族的人口数量较多，形成集居地，才会有语言的交流和频繁使用，才会形成方言。

又曹树基《中国移民史》通过对比嘉靖十五年（1536 年）补修的《辽东志》与嘉靖四十五年（1566 年）修撰的《全辽志》两书记载的寄籍人口数目，发现《全辽志》记载的寄籍人口比《辽东志》多出 30%，指出："这反映了随着时代的推移，辽东的寄籍人口有增加的趋向。"①由于增加人口的地区以辽东半岛南端的各卫为多，推断应当是山东汉族人从南部泛海而来。泛海来了多少人呢？由于这些人口的流动是非官方的移民，所以不可详考，路遇、腾泽之《中国人口通史》有个重要的统计：明朝山东地区人口统计，选其中我们要用的结果：嘉靖二十一年（1542 年），山东有户数 837342 户，口：7718202 人，户均人口：9.22；万历六年（1578 年），山东有户数 1372206 户，口：5664099 人，户均人口：4.13。路遇、腾泽之《中国人口通史》说："表中万历六年的户口数有矛盾，户数突然上升到 137 万多，口数反而比嘉靖时下降了，……姑且存疑"，②户数上升的原因且存着疑，下降的人口似有了着落，相差的二百余万人很可能泛海到了东北。因为山东的大灾荒出现在 1621 年至 1627 年间，万历六年的前若干年，此地没有大的天灾亦无大的战乱，突然锐减二百万人是没有理由的，所以推断这二百万山东汉族人自发地泛海到了东北。到了辽东的汉族人还包括：崇祯九年（1636 年）清将阿济格入侵北京周围，南至保定，掳人口 10 余万返东北；③崇祯十一年（1638 年）清将多尔衮侵入山西、山东，次年二月北撤，掳走人口 50 余万。崇祯十五年（1642 年）清将阿巴泰侵入河北、山东，深入到山东半岛，南至海州（今江苏连云港西），掳走人口约 37 万。④八年间，掳走东北的汉族人计有约一百万。

如此看来，关于明朝辽东地区人口数目考证出的"600 万"人里，明朝到来的汉族人（以今京、津、山东为主）就达近 350 万，加上原居于辽东的汉族人，在辽东地区，李治亭先生（2003，344 页）据《辽东志》卷一考证汉族人占到当地人口总数的十分之七。就此认为当时东北地区汉族人占大多数，这个推断应该是合理的。在此基础上，才能形成以汉语为主导的交际语言，才能形成汉语的东北方言。

---

① 曹树基：《中国移民史》，福建人民出版社 1997 年版，第 280、402 页。

② 路遇、腾泽之：《中国人口通史》，山东人民出版社 2000 年版，第 723 页。

③ 路遇《清代和民国山东移民东北史略》，上海社会科学院出版社 1987 年版，第 5 页。其中记载这一次俘获人口十七万九千八百二十。那么，就有近八万人的差别，这不是个小数目，造成数字差距的原因不详。

④ 路遇、腾泽之：《中国人口通史》，山东人民出版社 2000 年版，第 673 页。

2.2.5　清朝东北地区汉民族人口状况

清代东北地区汉民族人口状况宜分为明末清初、清代中期、清代末期三个阶段来考察，这样有利于讨论这一历史时期的东北方言。

前已述及在明末清初的 1636 年、1638 年、1642 年清军掠夺汉族人至东北的情况，这三次到达东北的汉族人有一百余万。如果加上崇祯八年（1635 年）清军在山西北部所掠汉族人"七万六千二百有余"以及根据不同文献得出的不同数字，稍微大胆的估计，明末清初被掳至东北的汉族人就超过一百万人，葛剑雄、曹树基《中国移民史》据《清太宗实录》统计的结果，也支持掠汉民百万以上这个结论。而这当中，"山东被掳人口共计达六十万之多。这还没计入清军小规模窜入山东掳掠去的人口。"① 此外，《清太宗实录》卷 59 载崇德七年（1642 年）三月壬午，皇太极谕诸王曰："原在锦州居民并商贾人等，可悉予保全，归顺官军尽令剃发"，这一谕旨说明，松山、锦州大战刚刚完毕，而清军并未屠城，而是尽量予以保全。三月乙酉，谕旨称："元裔、朝鲜悉入版图，所获明国官民，不啻数百万。"这一谕旨说明当时被俘获的明朝官民有数百万之多（也许有夸大），这数百万人里，汉族人应占大多数。结合两份谕旨可知，这数百万人应当被安置在了东北并主要安置在了辽东。

据前文所考，明末东北的人口数量、汉族所占当地人口数量的比例，对于要考证的问题是重要的。已知当时东北地区以辽东地区人口最为密集，有必要详考明末辽东人口状况："奉天将军所辖地区，一向是东北人口最稠密的地区。明朝估计约 600 万。至清初，虽经明清战争的耗损，大批民户又逃徙直隶地区，清朝定鼎北京后，又大量迁徙入关，造成东北人口空虚，但它的实际人口仍不会少到只有几万人。……以多种情况分析，顺治十八年奉天人口不会少于 200 万，折算人丁当有 62 万。"②

曹树基认为："在明代后期辽东地区大约 300 万汉人中，有 250 万左右外迁了。另有一大批死于兵火或被满人掳为奴隶，所剩就是金兵（按：当是后金）占领区的汉人了。……估计清代初年的辽东人口远不是 100 万人。这是清代移民发生前东北人口的基本状况，以后对辽东的移民垦殖就在这一背景下发生。"③

上引两说对清奉天人口的估计相差一百万人，其中原因主要是：第一，

---

① 路遇、腾泽之：《中国人口通史》，山东人民出版社 2000 年版，第 5 页。

② 同上，第 816 页。

③ 曹树基：《中国移民史》，福建人民出版社 1997 年版，第 28—29 页。

奉天所辖地域略大于明之辽东,因此奉天清初人口多于明末辽东人口。第二,涉及到敏感的顺治元年(1644 年),这一年,发生了东北满族"从龙入关"事件。张杰、张丹卉(2005 年)说:"顺治元年至二年间,满族'从龙入关'的总人数,前后合计应有上百万人之多。"①"这上百万满族人,是分四次进入关内的。首先是多尔衮率领的八旗主力 14 万人,接着是顺治帝所率后宫眷属及八旗王公贵族家属,第三次是普通八旗官兵的家属,最后是耕种旗地的广大家丁与家属。"综上,"从龙入关"之后,东北人口在一百万左右,这一百万人口里,汉族比例很高,因为已经"入关"的一百多万人口绝大多数是满族。②早在清朝定鼎北京之初,于东北派置八旗驻防,圈拨旗地的同时,也积极鼓励民人出关开垦荒地。顺治六年(1649 年):清廷规定:"是岁以山海关外荒地甚多,民人愿出关垦地者,今山海关道造册报部,分地居住。"顺治十年(1653 年),以辽阳为府,辖海城、辽阳二县,设官管理汉民,并颁布著名的辽东招民开垦令。顺治十二年(1655 年)在更大范围内招民充实东北地区。到了顺治十八年(1662 年),奉天人口恢复到 200 万,其中重要原因就是汉族人移民到了东北,"主要是把辽东战争期间逃往辽东沿海岛屿和登州沿海岛屿的辽东旧民招了回去"。③路遇统计的清初各省人口状况指出主要在今东北三省及内蒙古东北部地区,清初有人口 250 万是可信的,这 250 万人中,汉族人占绝大多数。虽然各家对入关满族人的数量在估算上略有差异,但这并不影响我们对东北地区留驻居民里汉族人口占绝大多数这一事实的判断。清初东北,地广人稀,原居此地的满族人,入关并居守关内广大地区,为充实东北,继顺治之后,康熙朝制定了更加优惠的政策招汉民开垦东北,康熙元年(1662 年)、二年(1663 年)、四年(1665 年)连续颁旨,先是改锦州为锦县,这是清朝在辽西地区正式建立的第一个民治机构,专用来接纳关内汉族人的到来。康熙二年招民令:"辽东招民百名者,不必考试,俱以知县录用。""盖州、熊岳地方,安插新民,查有附近荒地房基,酌量圈给,并令海城县督率劝垦。"④

    康熙四年又令:"招民百家者,不分年份、次序,以知县先选。"这些优惠政策的实施,使得大批关内汉族人迁移到了东北。据民国《绥中县志》卷 7 载:"康熙三年招民垦田令下,汉族迁徙日繁,或经商落户,或流寓入籍,统计大数,山东、直隶居多,山西、河南,又其次也。""奉新例招民

---

① 张杰、张丹卉:《清代东北边疆的满族》,辽宁民族出版社 2005 年版,第 8 页。

② 曹树基:《中国移民史》,福建人民出版社 1997 年版,第 31 页。曹树基估算,进入关内的满洲八旗壮丁约 6.6 万人,含家属 26 万—27 万(不包括家内奴隶)。

③ 路遇、腾泽之:《中国人口通史》,山东人民出版社 2000 年版,第 856 页。

④ 同上。

一千四百户，改流徙入籍者五百户"，"若按照每户有 5 口人计算，开原设县当年，就有民户 1900 余户，近万人编入户籍"。①以上是以开原一县为例说明康熙时招民垦田政策的效果，至康熙三年，仅辽东就新设盖平、承德（治所在今沈阳市）、铁岭、开原、广宁等县，辽阳升为州，又新建宁远州。②顺治、康熙年间，蒙古王公私下招募大批来自山东、直隶的流民来东北从事农耕的做法从未停止。这些内容，均可支持至康熙初年，东北有人口有 250 万这个说法。作为明清战争的兵员派出地，东北的满族成丁几乎进入了内地，留驻东北地区的 250 万人里面，根据前面的史料记载，应该是以汉族为主的。

其后，至康熙六年，移民政策废止，东北似进入了"封禁"时期。③不管是否"封禁东北"，已经进入东北的汉族人并没有被迁移出东北，且汉族人向东北的自发的个别的迁移，从未停止。且查《清实录》之《圣祖实录》确实仅见康熙皇上批准了工科给事中李宗孔的疏言，取消了移民的优惠政策，而没有下达"封禁东北"令。④即使到乾隆时期，明令封禁东北，东北的人口数量仍然持续增长，按阿桂等修《盛京通志》卷 36 所统计的数字：乾隆六年（1741 年）奉天府有人口 138190 人，乾隆四十六年（1781 年）奉天府有人口 390914 人，这是奉天府被封禁最严格的四十年，而人口却由138190 人增加到 390914 人，增长三倍，其他州县口数都有数倍的增加。可见，由于新移民有利于东北经济的发展，所以地方官员抵制封禁，并大肆接纳流民。⑤史载：乾隆五十六年（1791 年）流民大量越边；嘉庆四年（1799年），长春地区移民就达到 2330 户。这样，清代二百多年间，汉族人流向东北是从未停止过的。因此"封禁"与否不影响讨论清代东北的汉语问题。

清初至中期的康熙乾隆年间，发生了两件与向东北移民以及东北方言的形成密切相关的事件：一是从康熙二十二年始议，至康熙二十四年，从茂兴苏苏（今黑龙江肇源县茂兴镇）至黑龙江城（今黑河市南爱辉镇）修建了二十五个驿站。其后，雍正五年（1727 年）、雍正十三年（1735 年）以及光绪年间陆续增加了几座驿站。康熙二十二年，吴三桂等"三藩"降

---

① 张杰、张丹卉：《清代东北边疆的满族》，辽宁民族出版社 2005 年版，第 35 页。

② 详见《清实录》卷 12《圣祖实录》。

③ 关于东北是否封禁长达 210 年，学术界有争议。张博泉《东北地方史稿》415 页（吉林大学出版社 1985 年版）主张封禁东北说；张杰（2005）认为只是停止授官，并没有封禁东北。

④ 事见《清实录》卷 23《圣祖实录》：工科给事中李宗孔疏言，各官选补，俱按年分轮授，独招民百家送盛京者选授知县，超于各项之前。臣思此辈骤得七品正印职衔，光荣已极，岂在急于受任，请以后招民应授之官，照各项年分，循次录用。上是之，随谕吏部，招民授官之例。

⑤ 张杰、张丹卉：《清代东北边疆的满族》，辽宁民族出版社 2005 年版，第 314—320 页。

败之部率数万人被带至北京地区，康熙二十四年，上述数万人中的 884 户吴三桂旧部及家属被遣至东北，驻扎在尚阳堡（今辽宁省开原市）、柳条边（今长春市附近），这些人中一部分被编入汉军，其余皆充实到各驿站任站丁。《奉天通志》载"台丁、站丁等项旗人均系清初三藩降卒，当时云南拨来八百八十四户，分布边台守边、挑壕、驿站传递文书"，即指此事。"削三藩"事件，促成了"站话"的形成。

另一件事发生在乾隆年间。从顺治元年（1644 年）清兵入关到乾隆二十年（1756 年），清人入关已过百年，至乾隆朝，天下承平已久，居京城及京城周边的满洲八旗已说满口京话，且大都游手好闲，空耗国家财政，给国家造成了很大负担。乾隆六年，清廷拟遣驻京八旗中的一部分人返东北，故派大学士查郎阿东行出关考察，查郎阿回报：拉林（今黑龙江阿城市南）、阿勒楚喀（今黑龙江阿城市）一带地方适于垦种，[①]乾隆八年，移京师满旗 1000 户前往，至乾隆二十一年，陆续从北京迁到拉林的满洲人达 3000 户。至道光年间，又迁北京满旗 1000 户到双城堡（今黑龙江双城市）。至此，有 5000 户以上的讲北京话的满洲人到达了哈尔滨周边地区。这些历史事实可以解释为什么黑龙江话比沈阳话更接近北京话，甚至可以解释为什么东北话比河北话更接近北京话，这在方言史的研究上，意义非凡。

总之，清朝中期，在向东北移民方面虽有禁边，但仍禁而难绝，遇自然灾害，山东、直隶等地汉族人逃荒到东北，朝廷阻止不能则允许灾民闯东北谋生。例：（1）乾隆五十七年（1792 年）直隶灾民前往东北（《清高宗实录》《清实录》卷 1408）；（2）乾隆五十八年（1793 年）直隶灾民 15000人逃荒到达吉林地区（《清高宗实录》卷 1440）；（3）嘉庆十七年（1812 年）春，山东灾民乘船渡海者甚众，拥至盛京各口岸。（4）光绪二年（1876 年），河北灾民拥至山海关等口岸，朝廷允许灾民赴东北就食求生。[②]

至清朝后期，朝廷不仅开禁，且大力鼓励向东北的移民。咸丰十年（1860年）清政府制定《呼兰放荒章程》，"移民蜂涌而至。此后 20 年间，青冈、兰西、呼兰各县及巴彦、绥化的一部分就有 20 万户移民迁入"，[③]到"1907年，黑龙江人口达 257.8 万人，1911 年达到 300 多万"吉林地区："1862—1897 这 35 年中，人口从 33 万增加到了 78 万，年平均增长率为 24‰，1908 年，吉林人口增至 554 万，11 年间的年平均增长率高达 195‰。放垦之后接纳的新移民及其后裔已近 500 万"。"奉天：是东北开禁前汉族移民

---

① 事见《清实录》卷 153《清高宗实录》"十月辛酉，是月大学士查郎阿、侍郎阿里衮奏"条。

② 例 3、例 4 见路遇、腾泽之：《中国人口通史》，山东人民出版社 2000 年版，第 862 页。

③ 葛剑雄等：《人口与中国的现代化》，学林出版社 1999 年版，第 151—152 页。

迁入最早、聚集人口最多的地区。……1862 年，奉天人口有 284 万，1897年为 496 万，至 1908 年猛增至 1100 万。扣除土著的自然增长，移民约有500 万左右。"

"到清末，迁入东北的移民至少已有 1300 万。"路遇《中国人口通论》统计数字：至宣统三年（1911 年）奉天有 12924779 人；吉林 5580030 人；黑龙江有 2028776 人。路遇（2000 年）载《中国经济年鉴（四）》的统计数字：宣统年间（1909—1911 年）奉天有 11019000 人；吉林有 5538000 人；黑龙江有 1859000 人。综上，各家统计数字略有差别，所依据的史料不同，统计出的数字是难免略有差别。

2.2.6　清代"流人"、"官庄"以及"八旗汉军"

讨论清代东北地区汉族人的居住、生活等情况，是弄清楚清代东北方言的前提条件。那在讨论时，"流人"问题、"官庄"问题、"八旗汉军"问题是应该予以重视的。

（1）"流人"：前文所述移民为政策性移民和自发性移民，本文称他们为移民而不称流人，"流人"在本文中专指因过失、获罪而发配至东北的"犯人"。前者是应官府招使或由军队掠夺而迁至东北，后者多为因灾荒而逃往东北。政策性移民行踪清楚，居住地明确；自发性移民多赴辽东，居住在便于生存之处。由于移民居住相对集中，往往保留原居地的语言系统，这种情况比较容易形成"方言岛"，其语音系统的改变需要经过第二代或更晚一些时候才能转变为新居地的语音，因此，对于新移民的语音进行考察，远不如对"流人"语音进行考察意义更大。正因为在考察语音系统时，"流人"的作用更大，所以有必要在概念上区分"流人"与"移民"。

古代的东北，尤其是东北北部，寒冷而荒凉，汉魏时即有"流人"被放逐至此。辽、金、元、明流人遣戍东北，有惩罚兼守边两种作用，因此人数大增，元代遣发东北的"流人"，基本上都是获罪而来，主要戍所是奴儿干、肇州和水达达路。《东北流人史》所载"陈韶孙伴父远戍与李谦亨直谏获罪"最有代表性，而明代东北流人则有二三十万人，[1]且绝大多数为汉族人，发配至辽东、三万卫、铁岭卫等处。[2]而有清一代，是遣发流人至东北人数最多、持续时间最长、遣至地域最广的一个王朝。虽然乾隆年间又有将人犯发配至新疆的做法，但将人犯发配至东北的做法在清朝并未停止，只是人数上有起伏而已。

---

① 李兴盛：《东北流人史》，黑龙江人民出版社 1990 年版，第 62—63 页。
② 同上。

　　清代刑法很多，其中跟"流人"相关的刑罚是迁徙、流、充军、发遣。事实上，有些研究者是把统治者掠夺的人口以及自发迁移的人口都算在"流人"之内的，如前所说本文为了研究的便利而在本文限定"流人"专指因获罪而发遣东北者，是依谢国桢先生《清初东北流人考》一书之意而定。就清代而言，由于清代刑苛罚重，盛行"缘坐"法，一人犯法，往往连累亲族甚至邻里；清初、中期又盛行众所周知的"文字狱"，因此，清代东北"流人"有以下特点：一是人数众多；二是流人原居地所涉及的地域广泛而非限于某一地域；三是流人文化品味较高，常成为流放地的文化方面的核心人物并领文化之风骚，而流人能成为"风骚人物"，与东北尤其是东北的原住民崇尚文化、崇拜文化人的习俗密切相关。

　　先看清代东北流人数量之多：

　　康熙前期的诗人丁介《出塞诗》：①

　　万里关河竟渺茫，沙场一去鬓如霜。

　　贺兰山外笳声动，鸭绿江头草色黄。

　　南国佳人多塞北，中原名士半辽阳。

　　君王倘恤边疾苦，早赐金鸡下白狼。

　　诗中说到："中原名士半辽阳"，是以诗化的语言说明清代中原文人雅士有很多人流放到了东北，如果"以诗证史"，则可慎重地得出清代东北流人数量是比较多的这个结论，至于具体数目，则不能由此而推论。李兴盛《东北流人史》从张缙彦《域外集》、王源《居业堂文集》、方拱乾《绝域纪略》、杨宾《晞发堂文集》、方式济《龙沙纪略》等文献中，考证出清代东北宁古塔、齐齐哈尔流人的大致情况如下：第一，宁古塔流人情况：顺治十六年（1659 年）遣戍到宁古塔的钱威说："塞外流人，不啻数千。"同年，到达宁古塔的方拱乾指出该地"华人则十三省，无省无人"。王源在为杨宾之《柳边纪略》作序道："数十年士庶徙兹土者，殆不可以数计。"顺治十八年（1661 年）流放到宁古塔的张缙彦曾谈到："流徙来者，多吴、越、闽、广、齐、楚、梁、秦、燕、赵之人。"杨宾说到流放到宁古塔的流人情况："当是时中土之名卿硕彦，至者接踵"。第二，齐齐哈尔流人情况：康熙二十五年（1712 年）流放到齐齐哈尔的方式济说齐齐哈尔人"族类不一，客民尤伙"，"流人之赏旗者，且倍于兵"，甚至由于流人数量增加，使得齐齐哈尔寒冷的气候也得以变暖："居人共道今年暖，迁客来多天意转"。从上述两地流人情况来看，流人数量很多，齐齐哈尔竟然出现流人比当地的八旗兵还要多出一倍的情况，即前文说述及的，把流人赏给旗人为家奴，"倍

----

　　① 李兴盛：《东北流人史》，黑龙江人民出版社 1990 年版，第 94 页。

于兵",这个现象在清代东北"官庄"中是普遍的,以下还将论及。当我们已知清代东北重镇如齐齐哈尔、宁古塔两地的流人多于旗人的事实之后,具体数目字就可以不加详考了。因为一旦人数上汉族数量多于满族数倍以后,在语言的使用上,汉语就会占有优势,再加上汉语文化的先进,汉人受教育水平很高,这样,汉语的优势地位就会进一步提升。如果一定要知清代东北流人数量,以下两组统计数字可资参考:其一,谢国桢先生估计有数十万之众;其二,李兴盛先生考证:第一部分,抗清失败者、有反清复明思想的流人有 10 万以上;第二部分,"三藩"部下及家属流人不下 20 万;第三部分,发遣为奴的流人有 5 万—6 万;第四部分,"会匪洋盗"等反清的农民及渔民流人有 4 万—5 万,四个部分合计有 40 余万人。①

　　人数的多少与流放地的多少密切相关。清代在东北的类似宁古塔、齐齐哈尔这样的地点还有很多,查清代流放犯人之所,较大的有沈阳、铁岭、尚阳堡、吉林乌喇、宁古塔、辽阳、抚顺、齐齐哈尔、拉林、伯都讷、席北、黑龙江城、三姓、阿勒楚喀、珲春等。这些处所当中,沈阳、尚阳堡、宁古塔、齐齐哈尔是比较大的流放犯人之地,按史籍所载,流放地域几乎遍及东北各地。

　　流人放至东北,大多作了满人之家奴,然而东北流人中也有不少知识分子没有做奴反而有特立独行的机会。这里是知识分子最集中的地方,他们是在"荒徼"之地传播汉文化的主力军,是吹向冰天雪地的温暖的文化春风。以"文字狱"为例:清朝统治者为了钳制知识分子的思想,也为了巩固自己的政权,大兴"文字狱",在"兴狱"之多、株连之广、施刑之酷几个方面都烈于历朝历代:清代的文字狱,始于顺治,盛于康熙,尤以雍正、乾隆为烈,仅乾隆当朝的 64 年间就发动文字狱 130 多次。由此可见,清代中前期因文字狱而流放东北的知识分子数量之多了。此外,发生在顺治十四年(1657 年)、康熙二年(1663 年)的几次"科场案",也有数百名知识分子被流放到尚阳堡。这些人当中,不乏传播文化的佼佼者,因文字狱案在顺治五年(1648 年)流放沈阳的僧函可,"先后在普济、广慈、大宁、永安、慈航、接引、向阳等七座大寺刹宣讲佛法,弘扬佛教文化,名声甚著,趋之者如河鱼怒上,被当地人奉为开宗鼻祖",②不唯传道,函可与流人中的文士以节义文章相慕重,以诗文酬唱抒发胸臆,结成了东北第一个诗社——冰天诗社,诗社第一次聚会便有函可、僧三人、道二人、士十六

---

　　① 李兴盛:《东北流人史》,黑龙江人民出版社 1990 年版,第 267—268 页。

　　② 同上,第 126—127 页。

人、后至者八人，合二公子，共得诗三十二章。①上文"二公子"，为流人中著名诗人左懋泰的长子左曈生与次子左昕生，父子三人皆为山东莱阳人，俱有文名。流人中的山东籍文人尚有魏琯、李呈祥等。又，因丁酉（1657年）顺治十四年科场案、北闱科场案，流放至东北二十五名举人及家属不下 200 人；南闱科场案流放至东北多名举人，这多名举人中，既有桐城方氏家族的数十口，更有江南名士吴兆骞。而"桐城方氏的遣戍，对东北文化的开发，做出了重要的贡献"。②吴兆骞组建的"七子之会"是黑龙江的第一个诗社，并任巴海将军的书记兼家庭教师，传播文化之功甚伟，其子吴桭臣生于东北，并有文名。其后，于康熙五十年（1711 年）的"《南山集》案"，桐城方氏再遭流放东北。至雍正朝，因三大文字狱案，即汪景祺案、查嗣庭案、吕留良案，发遣东北的知识分子流人亦不在少数。这批传播文化的主力军，在东北受到当地人的尊重，这是由于当地人的风俗习惯而形成的奇特的局面，一则当地民俗以文人为贵，二则东北原居民素以宽厚之心善待远方来人。当地人甚至用对待官员的礼节对待流放到东北的知识分子，清代流放到东北的方拱乾在《绝域纪略》中写道："八旗之居宁古塔者，多良而醇，率不轻与汉人交。见士大夫出，骑必下，行必让道，老不荷戈者，则拜而伏，过始起。"③对此，来过东北的杨宾有精彩的说解，他说："流人中之尊显而儒雅者，与将军辈皆等夷交，年老者，且弟视将军辈，况下此者乎！""宁古塔满洲，呼有爵而流者曰'哈番'，哈番者，汉言'官'也。而遇监生、生员、亦以'哈番'呼之。盖俗以文人为贵。"④不仅如此，流放到东北的知识分子，还受到当地满族官员的青睐，官员设法减免流人知识分子的差役，而让他们专心于教学和传播文化，宁古塔副都统安珠湖，"喜接文士。钱威、吴兆骞等皆以遣发至，暇则引接，与共谈论"。⑤正因为有了这些意想不到的礼遇，因此他们当中有不少人以教学授徒为生，"流人通文墨，类以教书自给"，"贫而不通满语则为人师"。辽东流人为师者，以郝浴、陈梦雷为典型，宁古塔流人为师者，有胡子有、李召林、吴英人、王建侯等。朱履中主持吉林乌喇的"长白书院"、王性存主持齐齐哈尔的"经义书屋"，使吉林"彬彬弦诵，文教日兴"、齐齐哈尔"始有弦歌之声"。⑥

---

① （清）函可：《千山诗集》卷20，转引自李兴盛：《东北流人史》，黑龙江人民出版社 1990 年版，第 127 页。

② 李兴盛：《东北流人史》，黑龙江人民出版社 1990 年版，第 144 页。

③ 《绝域纪略》收在《小方壶斋舆地丛钞》第一帙，光绪二十三年（1897 年）上海著易堂铅印本。转引自转引自张杰、张丹卉（2005）《清代东北边疆的满族》，第 261 页。

④ （清）杨宾：《柳边纪略》卷 3，第 10、11 页，载《辽海丛书》（一），辽沈书社 1985 年版。

⑤ （清）长顺修：《吉林通志》卷 87《安珠湖传·行状》，吉林文史出版社 1986 年版。

⑥ 转引自李兴盛：《东北流人史》，黑龙江人民出版社 1990 年版，第 299 页。

不仅如此，正是流放东北的知识分子，将大批的典籍带到了东北，并加以广泛传播。吴兆骞来东北时"赁牛车载所携书万卷"；杨越来东北时携有《五经》《史记》《汉书》《李太白全集》《昭明文选》《历代古文选》等；周长卿则将《杜工部诗》、《字汇》等带至东北。汉文化的广泛传播，毫无疑问会对汉语的普及乃至方言的形成起到极为重要的作用。

（2）官庄：跟清代东北移民、流人关系密切的是"官庄"。综合史料来看，官庄是一种类似于屯田、军垦性质的做法，是在抗击沙俄的入侵过程中，为解决军粮供给而设置的，就性质而言，官庄是清朝官府直领之地。官庄内的庄丁，主要是流放东北的犯人即前文所说的流人。这些流人多数从事农耕，也有修建船厂和造船的，也有充任驿站的站丁的，有的甚至直接补充到了军队。他们大多处于农奴般的生活境遇中，他们在"官庄世代为奴，可以被随意买卖；没有迁徙外出的自由，对逃跑者处罚极严；官丁本身及其子女没有进仕的权利；庄丁终身为奴，官丁的子女不能与民人、旗人婚配嫁娶"。清政府这样做，既要完成军事目的，又要惩罚流人，所以"向例发往吉林、黑龙江为奴人犯，多免死减等情罪较重者，分给兵丁当奴，原使之备尝艰苦，长受折磨"；"令其充当苦差，以磨折其凶狡之性"。[①]

这些人上至将军等显要官员、下至农民、士兵、商贩，皆因触犯大清律令而获罪，既不可自由迁移，那就只能在流放地生活了，因此，他们开发农业、商业更重要的是与当地民族融合并繁衍发展下去。

这批流放到官庄为庄丁的人有多少呢？顺、康时"每一庄共十人，一人为庄头，九人为庄丁，非种田即随打围烧炭"。[②]康熙四十五年（1706 年）吉林乌拉设官庄五所，每庄拨给庄丁二十八名，计有庄头 5 名，庄丁百四十名。雍正十三年，犯人发到三姓，把犯人发给八旗的一千兵丁为奴，乾隆元年至嘉庆十二年这七十二年间，三姓地方累计接收流人即官方放遣而来的"赏奴"2628 名。可见每一官庄拥有庄丁数目都不完全相同，同一官庄在不同历史时段内庄丁数目也不相同，由此可知，官庄数目方面并无定制。约略估算，每庄有庄丁 10—20 名。有多少个官庄呢？《盛京通志》卷二十四，八旗田亩条：吉林乌拉 50 处；宁古塔 13 处；伯都讷 6 处；三姓 10 处；阿拉楚喀、拉林 6 处；打牲乌拉 5 处，这样，吉林有官庄近百处。据方式济《龙沙纪略》所载，黑龙江将军所属的官庄在康熙末年有：卜魁（今齐齐哈尔）、艾浑（瑷珲）官庄各二十，墨尔根官庄十一。计五十一所，至乾隆时，齐齐哈尔有官庄 30 所，壮丁 300 名，屯长 30 名；墨尔根有官

---

① 转引自李兴盛：《东北流人史》，黑龙江人民出版社 1990 年版，第 299 页。
② 吴桭臣：《宁古塔纪略》，光绪二十三年（1897 年）上海著易堂铅印本，第 344 页。

庄 15 所，壮丁 150 名，屯长 15 名；黑龙江官庄 40 所，壮丁 400 名，屯长 40 名；呼兰官庄 51 所，壮丁 510 名，屯长 51 名，计有官庄 136 处，额丁 1360 名。吉、黑两将军境内计有官庄二百二十余处，共时情况下，有流人庄丁数千人，加上清初为使庄丁安于戍地终身为奴，规定允许庄丁携妻带子而往，则有汉族官丁及家眷超过万人是可能的。又因为庄丁不能自由迁移，只能在流放地生活，那么，数代以后，官庄里汉族人口一定大大超过满族人口数量。

官庄与旗地关系复杂，旗地亦多由汉族佣工开垦，官庄中的官丁，大多由流人充当。官丁的地位与农奴相当。然有关研究表明，黑龙江地方的官丁的生活和地位要高于奴仆，至乾隆朝，黑龙江地方的官丁的身份地位大抵与自耕农民一致。从上面的史料可知，官庄当中汉族人的数量一般比满族庄主人数多 30 倍左右，那么，官庄当中使用的语言应该就是汉语，因为庄主不可能教授庄丁满语。

（3）八旗汉军：把东北汉族人编制成"八旗"建制，是清王朝"以汉治汉"方略的体现，与"恩养"制度密切相关。八旗汉军的建立，稳定了明末清初时汉族在东北的生活状态，从而使汉语东北方言得以继续发展。八旗汉军分别隶属于同旗分的满洲，这样对东北的汉民实行了有效管辖，也维护了满洲八旗的利益，缓解了满、汉之间的民族矛盾，同时有力地促进了满汉民族的交流和融合，有利于汉文化的广泛传播，在不讨论民族矛盾和民族冲突的情况下，这种情况也有利于东北的汉族人的生存与稳定发展。如果没有"八旗汉军"而仅仅依靠区区满、蒙八旗统治全国是不可想象的，由此可知"八旗汉军"人数之众，这批汉族人为何反明归清不是我们要探讨的，但是，在清初的东北，他们对汉语的普及是有重要作用的，要知道比起农民，他们的流动性更强，他们的流动，不仅使东北方言传播的地域更加广泛，同时，由于军事胜利的支持，也应当对汉语东北方言在语言生活中的地位得以提高。王景泽先生（2002）的大作对八旗汉军有精深的研究，可参见《清朝开国时期八旗研究》（吉林文史出版社），本文不赘述。

2.3　汉语东北方言历史说略

综合史料来看，汉语在东北地区的使用是随着汉族向东北移动的状况而发生的。而历史上汉族向东北地区的移动是伴随着内地的战乱、灾害的发生而产生的，一旦内地祸乱平息，移至东北的汉族人又会大部分回返到内地。这样，汉语在东北地区就不会得到发展而呈现萧条之状，是否可以形成汉语的东北方言殊难考证。游汝杰（2004）认为："移民史料可以作为研究方言历史的间接材料。人口的迁徙也就是方言的迁徙，方言跟着它的使用者流动，这是显而易见的"。[①]据此，我们来讨论汉语在东北地区的使用状况。

按周振鹤（1997）考察，至东汉末，辽东一带出现了不少文人名士，中平六年（190 年），公孙度出任辽东太守，逐渐割据了整个辽东。公孙度文人出身，仿照汉朝制度在辽东立汉二祖庙，承制设坛墠于襄平城南，郊祀天地，籍田，治兵，乘鸾路，九旒，旄头羽骑。此时正值中原战乱，辽东成为青州流民的一个汇集处。流民大部分由山东半岛越海而来，幽州依附刘虞的百万士民，在幽州战乱后，也必有一部分归于辽东。[②]这应当是汉语在东北尤其是辽东广泛使用的时期，所操汉语应当是当时的青州话、幽州话。然而，此后不久，"中国少安，客人皆还"，倘若如此，汉语在东北地区的使用状况就必然逐渐萧条，因此，我们要讨论的问题——历史上的汉语东北方言，重点宜放在宋、辽、金时期。

前文述及辽金时的东北，有大批的汉族人由多种途径多种形式到达东北，更重要的是这些汉族人在东北定居下来。这些人大多来自山东、直隶、中原地区。而东北又是多个少数民族的聚居地，这就使得各地的汉语方言不断融合同时又深受本地少数民族语言的影响，没有哪一种汉语方言是强势语言。当然，从移民来源地的语言系统来看，绝大多数仍属北方话地区。辽、金、元时代是中原北方民族大迁徙大融合的时代。例如，按前文所述，大量的汉族人被迁入女真族原居地，即金政权所谓"实内地"，从而使北方汉语与女真语接触并相互影响以至于融合，创造了有利条件。同时，大量女真人迁至中原地区，女真人学习汉语，读汉语书籍的现象十分普遍。这两种民族语言发生了密切的"自然接触"，以阿尔泰语言为母语的女真人学习汉语并使用汉语，一定会改变汉语的原貌，给汉语带来女真语的影响，对汉语诸种构成要素的结构形成干扰，即罗曼·雅各布逊·萨拉·托马森等语言学家所说的底层干扰。按史籍所载，当时东北许多少数民族都使用汉语，汉语是各民族之间进行交际的通用语言。《大金国志·卷四十·许奉使行程录》："自黄龙府六十里至托撒孛堇寨。府为契丹东寨。当契丹强盛时，擒获异国人则迁徙散处于此。南有渤海，北有铁离、吐浑，东南有高丽、靺鞨，东有女真、室韦，北有乌舍，西北有契丹、回纥、党项，西南有奚。故此地杂诸国俗。凡聚会处，诸国人言语不同，则各为汉语以证，

---

① 游汝杰：《汉语方言学教程》，上海教育出版社 2004 年版，第 145 页。

② 周振鹤：《中国历史文化区域研究》，复旦大学出版社 1997 年版，第 242—243 页。

方能辨之"。引文所见，各民族都已学会了使用汉语，但汉语并非他们的母语，因此必须经过后来的学习才能掌握，而在已有的母语基础上学习汉语，那么一定就会把母语的一些语言特点带入到后天学习的语言当中。据此分析汉语东北方言的构成如下。

2.3.1　辽东话

从清代东北地区的地域来考察，在这片沃土上生活的人口有许多民族，如前所述，汉民族大量进入这片区域生活是始于宋、辽、金这个历史时期的，这些汉族人口又大多定居生活在辽东地区，所操的汉语即为"辽东语"，所谓辽东话，其源头为华北的幽燕地区的汉语方言，这是因为：第一，辽东与幽燕地区接壤，便于语言的交流与传播，属于"缓慢地同化周围语言而发展的方式"，①即桥本万太郎所谓"农耕民型"语言的发展形式；第二，这一历史时期来到东北的汉族人大多源于华北幽燕地区。由此可知，宋辽金东北地区使用的汉语应是基于华北幽燕地区的辽东话。爱新觉罗瀛生先生（2004，741页）在其著作《满语杂识》中表明：沈阳语就是明代辽东语，沈阳语由于受辽东地区女真语的影响，因而发生了变化。其变化主要是：一是失去了"失"、"吃"、"兹"。二是失去了"日母"变成了零声母。三是沈阳语将冀东语的阳平音，大多改呼阴平，保留极少量的阳平音。这三个主要变化，完全是女真语影响所致。就是说，同一幽燕语，一出山海关而进入明代辽东地区，受该地女真人的语言所影响，于是发生了这三大变化，所以沈阳语与冀东语有此三大不同。瀛生先生（2004，741页）还指出："由于沈阳语入关后，来到北京地区参与了现代北京话的形成（沈阳语与明代北京话融合而形成现代北京话），而冀东语则未参与现代北京话的形成，因而现代北京话距沈阳语较近，距冀东语稍远。"并且揭示出明代辽东地区居住的女真人早已"汉化"这个史实。

由此看来，明代辽东话经过与原居民所用语言融合，同时，幽燕话也渗透其中，由此形成了东北方言，这说明明代辽东话是清代东北方言的源头之一。

2.3.2　胶辽话

李荣先生（1985）最早提出"胶辽官话"的概念，认为胶辽官话的特性是"古清音入声今读上声"。罗福腾先生（1998）全面研究了胶辽官话，认为胶辽官话指的是通行于山东半岛、辽东半岛以及吉林省南部的一支方

---

① ［日］桥本万太郎：《语言地理类型学》，余志鸿译，北京大学出版社1985年版，第15页。

言。把"吉林省南部的一支方言"即孙维张师（1986）所谓"吉林方言通化片"纳入胶辽官话里，是很有创建的做法，这样做至少可以揭示出来移民跟方言的伴随关系。罗先生的考证：辽东半岛上跟胶东方言比较接近的土语群，通常叫做辽东间岛方言（尚允川 1983）等。"辽东间岛"在地理上指的是辽河口跟鸭绿江口的连线以南的地方。而辽宁的胶辽官话方言通行范围比辽东半岛的地理概念略大一些。吉林省南部的通化、白山（原浑江）一带的方言，基本上处于浑江的上游，长白山的腹地。以前这一带的方言没有一个单独的名称来称呼，孙维张等（1986）称呼这一带的方言叫吉林方言通化片。罗先生总结胶辽官话的语音特点有九项：（1）古代清声母入声字今天读上声；（2）古代次浊平声字，有的语片部分读阴平调（或平声）、部分读阳平调。（3）声调数目正趋向减少到只有三个调类。（4）声母系统复杂与简单并存。（5）古代知庄章三组声母，今天的分化比较复杂。（6）古代日母字（不含止摄字），除了青州、临朐两个县市都读[L]声母外，其余读零声母字，跟疑母、影母、云母、以母相同的零声母。这是胶辽官话内部最一致的一个特点。（7）山东的胶辽官话各点除了寒亭外，都分尖团音。东北地区的胶辽官话只有长海分尖团，其余都不分。（8）古代果摄见系开口一等歌韵、合口一等戈韵的字，青莱片、登连片的烟威小片和蓬黄小片，一般读合口呼韵母。而登连片的大岫小片和营通片都跟北京话的读法相同。（9）古代"蟹止山臻"四摄合口一三等韵端系字，"端团暖乱|对退内岁|蹲轮遵村孙"，登连片的烟威小片、蓬黄小片的多数方言点读开口韵，韵母没有[u]介音。青莱片的青朐小片、莱昌小片则基本保留[u]介音。营通片各点的情况介呼登连片和青莱片之间，泥来二母后的[u]介音都丢失，其他声母后面都还保留着。看这九项特点，大部分的特点东北方言都存在，但不同点也很明显，宏观上看，越是靠近胶东的东北城镇，像长海地区，语音特点就越接近胶辽官话，反之亦然，特点（6）很能证明这一点。从历史上看，元明时期，辽东话有了更多的与山东话尤其是胶东话接触的机会。明代的辽宁大部分地区归山东按察使司管理，明代山东按察使司的北部所辖之辽东都司，这片地区西起山海关，东至鸭绿江。这样，由于政区的隶属关系，决定了人际交往的对象和交往的频繁。山东胶东地区与东北地区的辽东来往密切而频繁，所以宋辽金时期的辽东话与山东话接触，并相互影响，形成了另一支脉的东北方言。

　　由此看来，山东方言尤其是胶东话，也是清代东北方言的源头之一。因为由不同源头形成，所以在东北方言内部，语音存在差异就是可以理解的现象了。有趣的是，历史上大批操东北方言的人因为清王室入驻北京而"从龙入关"，把东北方言带进了京城，这一大批人长期住在北京，其中有一些人因为无所事事而被迁移回东北，大多在今黑龙江省、吉林省的中西部定居，这些从北京迁回来的原籍为东北的人员连同他们家庭里在北京出生的孩子，又把当时的北京语音带回了东北，所以，今黑龙江省、吉林省的中西部的汉语语音跟北京语音极为相似，而跟"胶辽官话"的差异却很大。即便如此，结合辽东半岛与山东半岛的地理位置来看，再考虑到山东半岛居民经海路频繁与辽东半岛往来，甚至有为数极多的移民，认为胶辽话是清代东北方言的重要组成部分是毫无疑问的。

2.3.3　清代汉语东北方言的形成与主要特征

清代汉语东北方言从源头上看是宋、辽金时期辽东话、元明时期胶辽话的延续，同时也受到原居地少数民族语的影响，追溯到清以前的千余年，也就是说，在一千多年的时间内，阿尔泰语系的契丹语、鲜卑语、女真语、蒙古语都时间或长或短、程度或深或浅地与北方汉语发生过接触，从而使北方汉语发生了很多变化，这在汉语史上是有一些结论的，只是"各族人民总是不免来来往往地移动，经过几个世纪的积累，这些迁移把一切都弄混了，在许多地点，语言过渡的痕迹都给抹掉了"。（索绪尔《普通语言学教程》，商务印书馆1980年版，第285页）

女真人建立的金政权，其都城在公元1153年从上京（今黑龙江阿城市南）迁至中都燕京（今北京），将大批女真人由东北故地迁至华北广大地区，迁至北京的女真人数量是很大的，这样华北，尤其是北京地区的汉族人与北方、东北的少数民族接触密切，反而与南宋政权统治下地区的交往少了，这种密切的接触，一定会对北方汉语产生重大的影响。辽、金立国民族契丹、女真皆出自东北，并在统治汉族地区时本身高度汉化，以金为例，正因为金高度汉化与封建化，所以金政权才能在中原扎根，也正因为汉化，所以金政权在其统治后期，在北有蒙古，南有宋，南北夹击之下，金政权尚能在中原维持二三十年的统治，这种"汉化"，当然包括语言的改变。

明时东北，以兵卫为核心，加上奴儿干都司的设立，汉族人大量进入东北，并居于社会的主导地位，有力地推动了汉语以及汉文化在东北地区的传播，"马市"的兴盛，使汉语与女真语的接触更加密切。

清代立国之初，大批满人入关，东北人口大量减少，使得向东北的移民有了必要条件，按宁梦臣《东北地方史》说："当时沈阳人，大有缶出以赴北京争去做官者。同时，由于清朝奠都北京以后，陆续征服内地，清八旗军皆有驻防地，家属亲眷携往，攀援当官为宦者，有关满族的亲朋，因援而至，联袂而往，清朝政府为巩固统治地位，既或东北满族举族前往，也在所不惜。从而必然出现原来满族基地空荒无人的情景。"①由此，辽东语、胶东语也"从龙"入关，参与了清代"北京话"的组成。值得注意的现象还有：清代满族人入主北京，八旗居内城，原内城的人，大多移至外城。这个现象在讨论"北京话"时不可不注意。当东北人口大量入关之后，华北、山东汉族人才被招至东北垦荒或自发移民至东北谋生。清中叶，北京城的贵族又有一批人回迁至拉林等东北地区，再加上东北人与入京东北人的频繁往来，从而使东北汉语与北京话产生了密不可分的关系。此外，东北汉语还有平三藩后被流放人员带来的"站话"。

综上，清代汉语东北方言与宋、辽、金、元时期的幽燕话、契丹话、女真语、蒙古语、大都话，明代的山东话、北京话均有密切接触。爱新觉罗瀛生《满语杂识》说："明代的'辽东'是一个行政地理区域，即西起山海关，东达抚顺，北至开原，向南包括辽东半岛。明人的辽东地区归山东按察使司管辖。后金和清初的满族人在与汉人接触过程中，首先接触的就是明代辽东汉人，接触最密切的也是辽东汉人。辽东汉人大量编入汉军旗和满洲所属的包衣旗份。辽东汉人（其中有不少汉化的女真人）是教后金和清初满人学习汉语的老师。顺治初年满人入关，这大量辽东汉人随入，于是辽东语音也被带入北京汉语中，从而形成清初的北京汉语。"②这段论述，旨在说明清初北京话里有东北方言尤其是辽东话的成分，我们则可以据此得出清初北京话与清初东北话有密切关系这个结论。引文中所提到的"包衣"意思是"家里的"，就是家里的奴隶，又称"阿哈"，包衣多由满族抢掠来的汉族人充当。

下面讨论构成清代汉语东北方言的诸话语之间的相互影响以及由这些相互影响而产生的清代汉语东北方言的若干重大特征，这些特征在本文中只讨论语音特征，所讨论的语音特征是建立在必要情况下与《切韵》音系、《中原音韵》音系做对比的基础上来立论的。通过对比，本节旨在说明清代汉语东北方言语音系统的重大特征，其细微特征则留待讨论具体韵书文献时再行阐明。

（1）清代汉语东北方言声调简化，入声调消失。跟《切韵》音系的声调相比，清代汉语东北方言声调已大为减少。首先表现在入声的消失，其次，由于全浊声母的消失，也再次使声调发生了简化。众所周知，中古汉语有平、上、去、入四声调，然实际的调值远远复杂得多，董同龢（1985）说："从现代方言看，中古的四个声调，他们的演变都是因声母的清浊各分

---

① 宁梦臣：《东北地方史》，辽宁大学出版社 1999 年版，第 485 页。

② 爱新觉罗瀛生：《满语杂识》，学苑出版社 2004 年版，第 370—371 页。

为二，有人便疑心所谓'平''上''去''入'者，可能每个类在中古时都有两个调值存在。调型的平或升或降在每个类中是一样的，所差只是高低，这种推测不是没有道理的，可是现在还没有得到任何事实为之证明。就所有的材料而言，我们只有说，'平''上''去''入'就是中古的四个声调。"①刘晓南（2007）认为："《切韵》的调类是四个，即：平声、上声、去声、入声。《切韵》以调类分卷，不同声调的字收在不同的卷，对调类的区别极严。除了部分字存在着一字异调外。任一字音都有一个确定的声调，也就是说属于这四种声调中的一个。但这四种声调具体读什么调值，却很难考定了。"②杨剑桥（2005）说中古四声"由于发清音声母时，调值总要偏高一些，发浊音声母时，调值总要偏低一些，因此中古的平、上、去、入四声又各以声母的清浊区分为阴阳两调，从而形成阴平、阳平、阴上、阳上、阴去、阳去、阴入、阳入四声八调"。③关于中古声调，认为有八个调值的最早当属高本汉，他认为中古四声"每一声分为高低两种，清声母归高的，浊声母归低的，所以就有八声"。④杨剑桥（2005）是同意高本汉的结论的，他们都是以汉语方言作为论证的基础的，耐人寻味的是葛毅卿先生对高本汉的研究方法以及一些结论多有批评，然而他研究隋唐音时在中古声调因阴、阳而分为八调是与高本汉的观点一致的，甚至提出中古长安音的"八种调还可以因为主要元音长短的不同各分为二，共得十六种调"。⑤李无未师在其主编的《汉语音韵学通论》中指出："中古四声的调值如何？由于资料缺乏，也是一个难成定论的问题"。⑥并认为高本汉的"八声"说虽得到陆志韦先生的赞同，"但这一理论只适用于解释现代方言复杂的声调问题，如吴、粤方言等，而与中古韵书、韵图的实际并不相符"。⑦综上，从传世文献看，只能依"四声"说，据方言看，远比"四声"复杂，考虑到吴、粤方言的历史，声调的复杂是有历史渊源和历史根据的。对比而言，由于汉语东北方言与无声调的民族语言接触，使得汉语东北方言的声调发生了简化，入声调消失。当然这一变化还涉及到全浊声母的消失、塞音韵尾的消失等一系列变化，然而，即便是这些变化，也与北方汉语跟民族的接触密切相关。

---

① 董同龢：《汉语音韵学》，文史哲出版社中华民国七十四年版，第 180 页。

② 刘晓南：《汉语音韵研究教程》，北京大学出版社 2007 年版，第 129 页。

③ 杨剑桥：《汉语音韵学讲义》，复旦大学出版社 2005 年版，第 44—45 页。

④ 高本汉：《中国音韵学研究》，商务印书馆 2003 年版，第 437 页。

⑤ 葛毅卿：《隋唐音研究》，南京师范大学出版社 2003 年版，第 393 页。

⑥ 李无未：《汉语音韵学通论》，高等教育出版社 2006 年版，第 157—158 页。

⑦ 董同龢：《汉语音韵学》，文史哲出版社中华民国七十四年版，第 180 页。

（2）声母简化。主要表现在全浊声母消失；尖团音不分；亦即精见组相混；照组与精组相混；日母大多混入影母或变为半元音并且进一步变为零声母；影母多与泥母相混；微母变为略带摩擦的[v]声母之后大部分字归到零声母。

（3）韵母简化。主要表现在入声韵消失；闭口韵（即 m 尾部）消失；圆唇韵母以及合口呼字跟发音部位接近的开口呼相混；产生"儿化韵"，使有些韵母经儿化后发音趋同。

　　这种声韵调都在一定程度上都得到简化的汉语方言，是方便学习、掌握和使用的。对于生活在东北沃土上的少数民族、山海关内的各省尤其是山东、河北等省的移民来说，简便易懂的汉语方言才是各个方面的人员都能接受掌握和使用的。这是符合语言规律的选择，这是汉语东北方言形成的外在条件。因为有这种实用、方便、简洁而明快的特点，再利用政权更迭得以传播，所以这种方言影响到了普通话语音系统的构建就是顺理成章的事情。在此，只是根据我们的考证说明东北方言的语音系统是普通话语音系统的源头之一，不想加入普通话语音基础是汴洛音还是南京音抑或北京音的学术论争之中。（关于这个问题的争论，可参见何九盈先生的文章《论普通话的发展历史》，文章载何九盈论文集《汉语三论》，语文出版社，2007年出版，该文的讨论比较集中。）通过本章对辽、金、元、明东北汉族人的构成分析、对数百年间汉语在东北地区使用状况的考察，再补上一个历史事实：上述政权都是建都在北京的，就会对我们关于"东北方言的语音系统是普通话语音系统的源头之一"的结论予以充分的理解。此外，也是因为东北方言的上述特点，使得以东北方言为载体的文学艺术作品通俗易懂、南北咸宜、传播广泛。

第3章 《黄钟通韵》语音系统与东北方音考论

3.1 《黄钟通韵》简介及其研究状况

3.1.1 《黄钟通韵》作者及其内容

《黄钟通韵》，清代满族人都四德撰，成书于乾隆甲子年清和月，即1744年农历4月。全名《黄钟通韵二卷附琴图补遗》，其中琴图部分是癸酉年即1753年补充的，因为"琴图补遗"的结尾题有"时乾隆癸酉岁秋九月吉日秋庄都四德乾文氏补著"，该书实由都四德纂述，其子宝璆玉集校，德馨兰谷氏和罗多和立礼氏公校而成。都四德，字乾文，号秋庄，自署长白人，属满洲镶红旗。都四德事迹见于清代唐鉴（1778—1861）所撰《国朝学案小识》（收在周骏富编《清代传记丛刊》第2册，学林类3，台北文明书局1986年出版）第十四卷："先生讳都四德，字乾文，号秋庄，镶红旗人，撰黄钟通韵二卷，凡十篇：曰律度量衡第一，五音位次第二，六律第三，七均第四，五音六律相生第五，律吕名义第六，律本第七，循环为宫第八，声字第九，律数第十。又附以琴图，共为上下二卷。多本蔡氏律吕新书，而附益以己意。如声字一篇，于国书十二字头，独取第一、第二、第四、第五、第十二章之字，而其余皆不之及，盖未究国书制作之本也。惟所论清字切音之法，皆中窍要，为有益于学者耳。"据陈乔女士的调查，清代李桓《国朝耆献类征》；清代蒙古巴噜特思华咏春辑《八旗艺文编目》二书对都四德也有记载，但是内容与《国朝学案小识》的叙述一致，[1]三种记叙以《国朝学案小识》的记叙为早，其他两种盖源于此而辗转挪用。文献所载都四德的内容只有这些，其学历、交游、其他著述等，皆不可考。然而，研究都氏所作韵书，他的籍贯、居住地、学习经历、朋友往来、游学之处对于韵书的语音基础的确定、语音特征的成因的揭示都是非常重要的。坠绪当中寻求上述问题，首先是关于作者的籍贯，作者自署长白，陈乔学长的考订颇有说服力：所谓"长白"，"一指长白山，另外又泛指长白山地区。据《长

---

① 陈乔：《〈黄钟通韵〉韵图研究》，吉林大学2001届硕士学位论文，第2页。

白汇征录》载，光绪三十年，东北驻官奉旨勘查长白山地界，在《为查覆勘界图报摘举纲要》中明确划定了包括长白山在内的长白府的疆域范围……长白府的地理范围大致是在今吉林省境内"。①再看作者的学识，据都四德自序说："予自初识字时，即好读诗词小技，虽不甚解文意，喜其音律铿锵"，可知其自幼时起便对音韵产生了浓厚的兴趣；其究音理，"一往情深，有欲罢不能之势"，能证其钻研刻苦，心无旁骛；撰此书"将前后三十余年日积月累，或搜之于古，或取之于今，数百篇中删繁就简，补缺证疑，草成是稿"，足证其读书广泛，不仅继承了前代的语音研究成果，而且对他生活的 18 世纪上半叶的语音也多有研究、记录和吸收。在此基础上，尤其要强调的是都四德深谙其母语——满语，所以，凭着通晓满汉两种语言这样的学识结构，就有条件利用满文来阐释汉语传统的音韵理论。而清乾隆时，不要说满族人，即使是汉族人，知晓古音韵者也很少，这就使得都氏书中有了更多的对当时语音的记录，他运用满语字头统协汉语读音，使我们对所记音值能有更直观的认识。所以，"生活在东北的满族人都四德精通汉语，他通过制作等韵图的方式来表现当时的语音面貌，应该说是具有相当的可信度的。因此，我们今天研究东北地区的语音发展史，《黄钟通韵》韵图的文献和语音价值是不可忽视的"。②

本文所用《黄钟通韵》，为北京图书馆藏清乾隆刻本，收在《四库全书存目丛书》经部 185 卷，齐鲁书社 1997 年版，正文后附《四库全书总目·黄钟通韵二卷》提要。《黄钟通韵》全书分为"卷上"和"卷下"两个部分，共十篇。"卷上"有七篇，即：律度衡量第一；五音位次第二；六律第三；七均第四；五音六律三分损益上下相生第五；律吕名义第六；律本第七。"卷下"三篇：循环为宫第八；声字第九；律数第十。本书主体内容完成之后九年，又增加了一个琴图。"黄钟"是乐律名称，为十二律之首。此书既谈乐律，又讲音韵，试图把二者融合起来，都氏以律吕框音韵，他在自序里说："一朝顿悟，徽即是律，絃即是音。即以尺寸较量验看，徽合律吕之数，絃和宫商之音，五音六律七均之数显然，可见管絃一理，始之今之乐器，犹古之乐器，古之宫商，即今之工尺，管孔琴徽，历历可考。遂欣然有得，将前后三十余年，日积月累，或搜之于古，或取之于今，数百篇中，删繁就简，补阙证疑，草成是稿，名曰黄钟通韵。特为音律之元，非敢窃比诗韵耳。"都四德大谈乐律，正如唐鉴所言，是深受宋代蔡元定《律吕新书》影响的结果，他在自序中明确地说："本书独得之于蔡西山者十有七八，前

① 陈乔：《〈黄钟通韵〉韵图研究》，吉林大学 2001 届硕士学位论文，第 2 页。
② 同上。

贤苦心何敢冒昧？若蔡西山当日得被之于管弦别为乐书，必更有大雅元音中和正律流传，又何待今日予之鼓荡也？"《四库全书总目·黄钟通韵二卷》提要也指出该书对乐律的论述"多本蔡元定律吕新书而附益以己意"。

就音韵而言，作者绘韵图十二图，随声取字，汇通音义，是为"通韵"，书用满文十二声字作为分韵的依据，其自序道："见诗有三十韵，韵有上平下平之分，上平十五韵中，又分一东二冬六鱼七虞十一真十二文十四寒十五删各次第，下平十五韵中，又分二萧三肴四豪八庚九清十蒸十三覃十四盐十五咸各次第，或通用或独用不一。上去二声，亦各三十韵，又不分上下。入声又只得十七韵，细详其义，茫然不解。遂即翻阅各家韵学等字诸书者数年，虽知音有清浊之分，字有次第之辨，门类繁多，声字牵混，只可强记，难以贯通，只可臆说，难以切指。唯有我朝清文，音只有阴阳开合十二声，字只有轻重上下四等，统之则为五音，分之则为六律，门类简明，声字齐备，可以包括上平、下平三十韵，贯通一东二冬各次第，是以绘图十二章，随声取字，以为通韵。"

从这部韵书的整体来看，书中声字第九，论述了满文十二声字，并以十二声字谱为十二律图是最具有音韵学价值的。至于书里对律吕、律度、乐器、衡量等的讨论，虽然"考衡究度，审音穷理，较定五音六律、管弦工尺，毫发无差，然终与等韵之学无关也"。①

3.1.2 《黄钟通韵》的研究状况

按时间的先后，下列研究成果尤其值得注意：

（1）赵荫棠先生对《黄钟通韵》的研究。赵荫棠著《等韵源流》有概述，他认为："是书以韵书入，以律吕出，而所受影响之最大者，实为满文。"认为该书的十二律图"实与《三教经书文字根本》之十二摄相同"。对于概述里"日"母与"喻"母混的现象，认为"恐与著者方音有关，现辽宁人尚多如是读"。对于声调存有入声，由于作者说："五方土音，唯南方有入声，北方无入声"推论出"著者之本意，也是主张废除入声的"。赵荫棠先生发现"一个特别之点，即将唉、而、尔、二四字并于'唉'律之哦母，是当读为（ei）"，并提醒道："这是很奇怪的现象。"赵荫棠先生的结论是可信的，其存疑之处，也在引导着后人的思考。

（2）应裕康先生对《黄钟通韵》的研究。应裕康著《清代韵图之研究》有较为详尽的论述。应先生认为《黄钟通韵》声母仅有二十；韵母则依十二律加以讨论。更可贵之处是为声母、韵母进行了拟音。

---

① 应裕康：《清代韵图之研究》，弘道文化事业有限公司 1972 年版，第 464 页。

（3）李新魁先生对《黄钟通韵》的研究。李新魁著《汉语等韵学》认为：该书的十二律"事实上相当于其他韵图的十二摄。只不过它是以律名来指称不同的韵类而已，无甚深意"。但认为该书的"声母系统则有异于其他音书，使用的术语及用来研究语音的观念，也有自己的特色"。《韵学古籍述要》（陕西人民出版社 1993 年版）也有近似的论述。

（4）耿振生先生对《黄钟通韵》的研究。耿振生著《明清等韵学通论》明确指出该书带有东北方音特点，一是日母所统字为古日母和喻母字，二是知组、贽组有相混的趋势，这都反映东北方音特点。关于作者籍贯，耿先生慎重地说："都四德有可能是东北人"。

（5）陈雪竹博士对《黄钟通韵》的研究。陈雪竹 1999 年撰写硕士论文《〈黄钟通韵〉音系研究》、2002 年撰文《〈黄钟通韵〉声母简析》。陈雪竹博士在其硕士论文中阐明：《黄钟通韵》韵图的编撰受到《康熙字典》中的《明显四声等韵图》的影响，主要体现在韵图的用字以及入声问题上，而两者的语音系统有很大的不同。《黄钟通韵》音系更接近清初北方口语并带有显著的东北方音特点。《黄钟通韵》音系共有二十个声母，三十七个韵母，五个调类，其中入声调不是实际语言的反映。《黄钟通韵》虽然同清代北方话有一致性，但同北京音有较明显的差别，比如，日母、喻母合为一母；精组、照组声母字混读；儿类字读为[ei]音等。另外，在一些常用字如："我、撸、雷、内、喝"等字的读音上也体现出与北京音的不同。她在分析音系时还指出：音系中的 ya 韵母可能是古音的遗留；音系中唇音字已经显现出读为开口的趋势；音系中日母读同喻母是东北音的体现；精组声母齐、撮两呼字在音系中已经腭化；儿类字读入喉声字是受到满音的影响。认为《黄钟通韵》音系的基础方言不是清代北京音，而是当时的东北方言。另外由于作者是满人，所以这个音系带有一些满音的特点。而且，音系中还有一些古音的成分，但音系的主流仍是趋时的。她在《〈黄钟通韵〉声母简析》一文中，更加细致地讨论了声母里的倭母问题、日母问题，她把无字而立的声母处理成音系中的虚位，是很稳妥的。陈博士对《黄钟通韵》的研究，很发人深省。

（6）陈乔女士对《黄钟通韵》的研究。陈乔 2001 年撰写的硕士论文《〈黄钟通韵〉韵图研究》是所经见的对该书最全面、细致的研究。她对作者的籍贯、作者捻熟音律、"十七、十八世纪正是北京话兴起的时期，新兴的北京话就是在原来汉语东北方言的基础上，受满语的影响，经满族人学习和使用的过程中成长起来的"等考证，令人信服。她对《黄钟通韵》韵图语音系统的研究得出的若干结论，对于研究《黄钟通韵》都有重要的参考价值。

（7）王为民先生对《黄钟通韵》的研究。他在 2006 年撰写长篇论文《从满汉对音规则看〈黄钟通韵〉所表现的尖团音分合状况——兼论北京官话尖团音合流完成的年代》，发表在《汉学研究》第 24 卷第 2 期。关于作者的籍贯问题，王先生认为"长白是满族的郡望，不是都四德的确切籍贯。满族的都姓来源于都佳氏，世居辉发（今吉林省辉南县）、索伦（今黑龙江省嫩江市以西）等地"。这篇论文详细地讨论了见、精两组字的分布及结构模式，着重分析了细音字的特点，在此基础上，诠释都氏制作韵图的根据，并最终从满汉对音的角度解释见精两组字的音值，其结论令人很受启发。

又有王松木先生在 2003 年撰文《等韵研究的认知取向——以都四德〈黄钟通韵〉为例》，发表在《汉学研究》第 21 卷第 2 期。

3.2 《黄钟通韵》声母系统与东北方音考论

3.2.1 《黄钟通韵》的韵图与术语

《黄钟通韵》韵图的构成：该书的韵图在该书的"声字第九"，包括十二个韵图以及前面的三幅声律配合图，即"清文十二声字配五音六律圆图"、"声字十二律配七均横图"和"声字十二律配七均直图"。这三幅图的实质是一样的，不同的是五音与天干地支相配的方式而已，这种匹配方式，为明清时期多种韵图所采用，似成当时韵图制作的一种时尚。刘志成先生批评这种做法"大肆宣扬阴阳术数，把字母、韵摄、等呼、四声、小韵来配阴阳、配天干、配地支、配二十四节气、配八风，为了凑齐所配数类，不惜制造开合、颠倒清浊，论述中满纸玄奥理道名词，使人极难琢磨，充满神秘色彩，将等韵研究引上了歧途。"①但是，以这种方式编排的韵图仍能直观地反映出所记载的语音系统的基本特征，据此，我们仍要把"十二律图"作为研究的重点，十二律图分别是"元音黄钟律咿声字"、"极音蕤宾律呜声字"、"羽音大吕律唉声字"、"羽音应钟律哀声字"、"角音太簇律哦声字"、"角音无射律阿声字"、"宫音夹钟律暗声字"、"宫音南吕律唵声字"、"商音姑洗律嘤声字"、"商音夷则律映声字"、"徵音仲吕律呕声字"、"徵音林钟律嗽声字"。第一幅图由头两个声字合成，"咿声字"占轻上、轻下等，"呜声字"占重上、重下等。每个韵图横列喉属、舌属、齿属、唇牙（包括上牙、下唇）属，这五属指的是声母的发音部位，五属之下分二十二行，即二十二声母。舌属和唇属下分别各隶五行字，其余三属各隶四行。

---

① 刘志成：《汉语音韵学研究导论》，巴蜀书社 2004 年版，第 99—100 页。

韵图纵列轻上、轻下、重上、重下四等，每等中再分长平、短平、上、去、入五调。其中"咿声字、呜声字、哦声字和阿声字"四个图有入声字，其他图无入声字。每图牙属下的轻下与重下二等字均同齿属下等字。"呕声字"和"嗷声字"则无重上、重下二等字，图中有音无字的位置以圆圈代之。这部韵图首先把音韵与律吕相结合起来，试图构建一种理论体系，都四德所说："徽即是律，弦即是音，即以尺寸较量、验看。徽合律吕之数，弦合宫商之音，五音、六律、七均之数显然可见管弦一理。始知今之乐器，犹古之乐器，古之宫商即今之工尺管孔琴徽。"就是对其试图构建的"韵律"理论的声明。其次韵图的制作以及对语音的分析都受到了满文的影响，都四德选取满文十二章中的第一、二、四、五、十二章的字头来给汉字标音，而其余七章都不选取。五章中又杂取十二字，分配十二律。可能因为选取的五章可以用来为汉字标音，而其余七章双声叠韵为汉字所无，因此不能为汉字标音，所以不予以选用。韵图出现 1530 个字，我们把这些字的音韵地位逐一落实，以观察其语音特点和语音发展演变的事实。

《黄钟通韵》韵图中的术语：（1）关于"声字"，都四德在"声字第九"的开头就解释说："凡字皆出于唇、舌、齿、牙，凡声皆出于喉。声有音，宫、商、角、徵、羽是。字有母，喉、舌、唇、齿、牙是。字不能无声，声可以无字。字短声长，字出口即过。惟字之声在喉，可以留而入律。是谓歌永言，声依永，律和声也。"从引文来分析，舌唇齿牙是传统的对声母发音部位的分类，字有母，所以，字即声母；宫、商、角、徵、羽五音与韵摄相配，声即韵母。"字不能无声，声可以无字"当是说：有声母，必定有韵母，声母不能单独表意义；有韵母，不一定有声母，韵母是可以单独表意义的。"凡声皆出于喉"的说法夸大了"喉"在表达音义结合上的作用。（2）关于"等"，都四德说："每字有上下二等，每等有轻有重"，又说"声有轻重，字有上下。轻等字声，数若一倍，重等字声，数若两倍。上等字声，若甚圆满，下等字声，若微缺尔。"结合韵图来看，《黄钟通韵》的轻上、轻下、重上、重下四等，实际上就是四呼，分别与开口呼、齐齿呼、合口呼、撮口呼对应。（3）关于"五音"、"六律"，都四德选用"我朝清文十二章"中的五章的字头作为五音。他说："其五章字音，即是宫商角徵羽五音"。作者结合满文字头试为注明："暗、俺一音，其声和平、温厚，类敲土器，即是宫。嘤、映一音，其声轻长、清畅，类敲金器，即是商。哦、阿一音，其声重浊、直朴，类敲木器，即是角。呕、嗷一音，其声高焦、燥烈，类近火器，即是徵。唉、哀一音，其声沉抑、卑柔，类近水器，即是羽。共十字，即是十干，阴阳各五，即是五音。"六律，是在五音十字的基础上又添加"咿"、"呜"二字，凑成十二字的。这十二字按阴阳各六，便是六律，各自分开，就是十二律。作者说"咿音至低为元音，一阳初生，是为律本；鸣音至高为极音，一阴初生，是为吕本。以上共十二字，即是十二支，阴阳各六，即是六律。"作者运用阴阳五行，试图以此说明音有定位、定数并以此来描述和解释语音性质及其特征。（4）关于"翻切"，都四德说："字有翻切，翻者，翻转也。以开口字，翻为合口字；以合口字，翻为开口字。阴律翻为阳律；阳律翻为阴律。清字原只五音，五音各有阴阳二律，翻正开合呼之，即是翻法。"然后以满语举例，"如角音哦阿、咿鸦、鸣窊。羽音唉哀、圭乖、昏欢。商音嘤映、公光。徵音呕嗷、钩高之类。原属一字，惟以圈点，分为阴阳开合二音"。再用汉字举例，"汉字亦具此意，如合哈、回徊、参叁、英央、叟嫂之类，亦属一字。惟用损益，分为阴阳开合二音"。这实际是运用所称的"助纽字"来细化反切注音法。

3.2.2 《黄钟通韵》韵图中的声母与东北方音考论

我们把韵图出现的1530个字的音韵地位逐一落实，以《广韵》和《中原音韵》及其相关韵书作为研究《黄钟通韵》的参照音系，从古今两方面对《黄钟通韵》韵图的语音系统进行分析，以观察其语音特点和语音发展演变的事实。

都四德说："黄钟蕤宾二律图内，方围一等字，即是字母。"我们注意到咿声字、鸣声字图与其余十幅图不同，图中一等的第一横排被当作声母的代表字。每一等呼的阴平调字（即第一横排）有一部分字用方框围圈起来，是因为"方围中字母，特为正字、正音而设，具系借用，不可仍呼作原音，须随现在格内，所有声字之音呼之，字音方正。其余圆圈无字之音，只可各随本律本格。"也就是说有的声母不能同咿、鸣两声中的韵母相拼，即便有的声母能够与之相拼，但不能读阴平调。根据黄钟、蕤宾二律，方围中的二十二字母，以五音所属标志，确定声母如下：

喉属	舌属	齿属	唇属	牙属
歌 柯 呵 哦	得 特 搳 勒 勒	知 痴 诗 日	白 拍 默 佛 倭	赀 觇[1] 思 日

【1】觇，音[ciʔ]，意为盗视，该字收在《龙龛手鑑见部》。

因为韵图的声母只在"元音黄钟律咿声字"、"极音蕤宾律鸣声字"这两图当中加以表现，这是对《韵镜》以下众多韵图传统编排体例的改革，而且都氏还认为这两图是其他音图的基础，所以这两图显得十分重要，下面是两图例字的音韵地位表（图中 A、B 为重纽，空白处为《广韵》未收，下仿此）。文中例字音韵地位图表是基于原图的例字的，所选例字是以"咿"声字为核心的，所以不足以据此核对出来声母，但能反映出来声母的特征。

表一　元音黄钟律咿声字

序号	聲母	輕重	聲調	列字	聲母	等	開合	韻部	聲調	反切	攝
1	知	輕上	上平	知	知	三	開	支 B	平	陟移	止
2	痴	輕上	上平	痴	徹	三	開	之	平	丑之	止
3	詩	輕上	上平	詩	書	三	開	之	平	書之	止
4	貲	輕上	上平	貲	精	三	開	支 A	平	即移	止
5	觜	輕上	上平	觜	清	三	開	脂 A	平	取私	止
6	思	輕上	上平	思	心	三	開	之	平	息茲	止
7	痴	輕上	下平	遲	澄	三	開	脂 B	平	直尼	止
8	詩	輕上	下平	時	常	三	開	之	平	市之	止
9	觜	輕上	下平	慈	從	三	開	之	平	疾之	止
10	知	輕上	上	止	章	三	開	之	上	諸市	止
11	痴	輕上	上	齒	昌	三	開	之	上	昌里	止
12	詩	輕上	上	史	生	三	開	之	上	疎士	止
13	貲	輕上	上	紫	精	三	開	支 A	上	將此	止
14	觜	輕上	上	此	清	三	開	支 A	上	雌氏	止
15	智	輕上	去	智	知	三	開	支 B	去	知義	止
16	痴	輕上	去	眔	徹	三	開	之	去	丑吏	止
17	詩	輕上	去	世	書	三	開	祭 A	去	舒制	蟹
18	貲	輕上	去	字	從	三	開	之	去	疾置	止
19	觜	輕上	去	次	清	三	開	脂 A	去	七四	止
20	思	輕上	去	四	心	三	開	脂 A	去	息利	止
21	知	輕上	入	職	章	三	開	蒸	入	之翼	曾
22	痴	輕上	入	尺	昌	三	開	清	入	昌石	梗
23	詩	輕上	入	食	船	三	開	蒸	入	乘力	曾
24	日	輕上	入	日	日	三	開	眞 A	入	人質	臻
25	基	輕下	上平	基	見	三	開	之	平	居之	止
26	溪	輕下	上平	溪	溪	四	開	齊	平	苦奚	蟹
27	希	輕下	上平	希	曉	三	開	微	平	香衣	止
28	咿	輕下	上平	咿	影	三	開	脂 A	平	於脂	止

序号	聲母	輕重	聲調	列字	聲母	等	開合	韻部	聲調	反切	攝
29	低	輕下	上平	低	端	四	開	齊	平	都奚	蟹
30	梯	輕下	上平	梯	透	四	開	齊	平	土雞	蟹
31	齎	輕下	上平	齎	精	四	開	齊	平	祖稽	蟹
32	妻	輕下	上平	妻	清	四	開	齊	去	七計	蟹
33	西	輕下	上平	西	心	四	開	齊	平	先稽	蟹
34	批	輕下	上平	批	滂	四	開	齊	平	匹迷	蟹
35	溪	輕下	下平	奇	群	三	開	支B	平	渠羈	止
36	咿	輕下	下平	宜	疑	三	開	支B	平	魚羈	止
37	低	輕下	下平	糴	定	四	開	青	入	徒歷	梗
38	梯	輕下	下平	題	定	四	開	齊	平	杜奚	蟹
39	泥	輕下	下平	泥	泥	四	開	齊	平	奴低	蟹
40	離	輕下	下平	離	來	三	開	支A	平	呂支	止
41	妻	輕下	下平	齊	從	四	開	齊	平	祖奚	蟹
42	移	輕下	下平	移	以	三	開	支A	平	弋支	止
43	批	輕下	下平	皮	並	三	開	支B	平	符羈	止
44	迷	輕下	下平	迷	明	四	開	齊	平	莫兮	蟹
45	基	輕下	上	己	見	三	開	之	上	居里	止
46	溪	輕下	上	起	溪	三	開	之	上	墟里	止
47	希	輕下	上	喜	曉	三	開	之	上	虛里	止
48	咿	輕下	上	擬	疑	三	開	之	上	魚紀	止
49	低	輕下	上	底	端	四	開	齊	上	都禮	蟹
50	梯	輕下	上	體	透	四	開	齊	上	他禮	蟹
51	泥	輕下	上	你	娘	三	開	之	上	乃里	止
52	離	輕下	上	里	來	三	開	之	上	良士	止
53	齎	輕下	上	濟	精	四	開	齊	上	子禮	蟹
54	西	輕下	上	洗	心	四	開	齊	上	先禮	蟹
55	移	輕下	上	以	以	三	開	之	上	羊己	止
56	比	輕下	上	比	並	三	開	眞A	入	毗必	臻
57	批	輕下	上	庀	並	三	開	脂B	上	符鄙	止
58	迷	輕下	上	米	明	四	開	齊	上	莫禮	蟹
59	基	輕下	去	記	見	三	開	之	去	居吏	止

序号	聲母	輕重	聲調	列字	聲母	等	開合	韻部	聲調	反切	攝
60	溪	輕下	去	氣	溪	三	開	微	去	去旣	止
61	希	輕下	去	戲	曉	三	開	支B	去	香義	止
62	咿	輕下	去	義	疑	三	開	支B	去	宜寄	止
63	低	輕下	去	地	定	三	開	脂A	去	徒四	止
64	梯	輕下	去	剃	透	四	開	齊	去	他計	蟹
65	泥	輕下	去	膩	泥	三	開	至	去	女利	止
66	離	輕下	去	利	來	三	開	脂A	去	力至	止
67	齎	輕下	去	祭	精	三	開	祭A	去	子例	蟹
68	妻	輕下	去	砌	清	四	開	齊	去	七計	蟹
69	西	輕下	去	係	見	四	開	齊	去	古詣	蟹
70	移	輕下	去	易	以	三	開	支A	去	以豉	止
71	比	輕下	去	閉	幫	四	開	齊	去	博計	蟹
72	批	輕下	去	譬	滂	三	開	支A	去	匹賜	止
73	基	輕下	入	吉	見	三	開	眞A	入	居質	臻
74	溪	輕下	入	乞	溪	三	開	欣	入	去迄	臻
75	希	輕下	入	吸	曉	三	開	侵B	入	許及	深
76	咿	輕下	入	乙	影	三	開	眞B	入	於筆	臻
77	低	輕下	入	的	端	四	開	青	入	都歷	梗
78	梯	輕下	入	剔	透	四	開	青	入	他歷	梗
79	泥	輕下	入	匿	娘	三	開	蒸	入	女力	曾
80	離	輕下	入	力	來	三	開	蒸	入	林直	曾
81	齎	輕下	入	疾	從	三	開	眞A	入	秦悉	臻
82	妻	輕下	入	七	清	三	開	眞A	入	親吉	臻
83	西	輕下	入	悉	心	三	開	眞A	入	息七	臻
84	移	輕下	入	亦	以	三	開	清	入	羊益	梗
85	比	輕下	入	必	幫	三	開	眞A	入	卑吉	臻
86	批	輕下	入	匹	滂	三	開	眞A	入	譬吉	臻
87	迷	輕下	入	密	明	三	開	眞B	入	美畢	臻

表二　极音蕤宾律呜声字

序号	声母	輕重	聲調	列字	聲母	等	開合	韻部	聲調	反切	攝
1	姑	重上	上平	姑	見	一	開	模	平	古胡	遇
2	枯	重上	上平	枯	溪	一	開	模	平	苦胡	遇
3	呼	重上	上平	呼	曉	一	開	模	平	荒烏	遇
4	嗚	重上	上平	嗚	影	一	開	模	平	哀都	遇
5	都	重上	上平	都	端	一	開	模	平	當孤	遇
6	諸	重上	上平	諸	章	三	開	魚	平	章魚	遇
7	書	重上	上平	書	書	三	開	魚	平	傷魚	遇
8	拓	重上	上平	拓	幫	一	開	模	平	博孤	遇
9	鋪	重上	上平	鋪	滂	一	開	模	平	普胡	遇
10	夫	重上	上平	夫	並	三	合	虞	平	防無	遇
11	租	重上	上平	租	精	一	開	模	平	則吾	遇
12	初	重上	上平	初	初	三	開	魚	平	楚居	遇
13	蘇	重上	上平	蘇	心	一	開	模	平	素姑	遇
14	呼	重上	下平	胡	匣	一	開	模	平	戶吳	遇
15	嗚	重上	下平	吾	疑	一	開	模	平	五乎	遇
16	圖	重上	下平	圖	定	一	開	模	平	同都	遇
17	奴	重上	下平	奴	泥	一	開	模	平	乃都	遇
18	盧	重上	下平	盧	來	一	開	模	平	落胡	遇
19	除	重上	下平	除	澄	三	開	魚	平	直魚	遇
20	書	重上	下平	殊	常	三	合	虞	平	市朱	遇
21	如	重上	下平	如	日	三	開	魚	去	人恕	遇
22	鋪	重上	下平	蒲	並	一	開	模	平	薄胡	遇
23	夫	重上	下平	符	並	三	合	虞	平	防無	遇
24	無	重上	下平	無	明	三	合	虞	平	武夫	遇
25	初	重上	下平	鋤	崇	三	開	魚	平	士魚	遇
26	姑	重上	上	古	見	一	開	模	上	公戶	遇
27	枯	重上	上	苦	溪	一	開	模	上	康杜	遇
28	呼	重上	上	虎	曉	一	開	模	上	呼古	遇
29	嗚	重上	上	五	疑	一	開	模	上	疑古	遇
30	都	重上	上	覩	端	一	開	模	上	當古	遇
31	圖	重上	上	土	透	一	開	模	上	他魯	遇

序号	声母	輕重	聲調	列字	聲母	等	開合	韻部	聲調	反切	攝
32	奴	重上	上	努	泥	一	開	模	上	奴古	遇
33	盧	重上	上	魯	來	一	開	模	上	郎古	遇
34	諸	重上	上	主	章	三	合	虞	上	之庾	遇
35	除	重上	上	杵	昌	三	開	魚	上	昌與	遇
36	書	重上	上	鼠	書	三	開	魚	上	舒呂	遇
37	如	重上	上	汝	日	三	開	魚	上	人渚	遇
38	拵	重上	上	補	幫	一	開	模	上	博古	遇
39	鋪	重上	上	普	滂	一	開	模	上	滂古	遇
40	母	重上	上	母	明	一	開	侯	上	莫厚	流
41	夫	重上	上	撫	滂	三	合	虞	上	芳武	遇
42	無	重上	上	武	明	三	合	虞	上	文甫	遇
43	租	重上	上	祖	精	一	開	模	上	則古	遇
44	蘇	重上	上	鹵	來	一	開	模	上	郎古	遇
45	姑	重上	去	故	見	一	開	模	去	古暮	遇
46	枯	重上	去	庫	溪	一	開	模	去	苦故	遇
47	呼	重上	去	戶	匣	一	開	模	上	侯古	遇
48	鳴	重上	去	悟	疑	一	開	模	去	五故	遇
49	都	重上	去	妒	端	一	開	模	去	當故	遇
50	圖	重上	去	兔	透	一	開	模	去	湯故	遇
51	奴	重上	去	怒	泥	一	開	模	去	乃故	遇
52	盧	重上	去	路	來	一	開	模	去	洛故	遇
53	諸	重上	去	炷	章	三	合	虞	去	之戍	遇
54	除	重上	去	處	昌	三	開	魚	去	昌據	遇
55	書	重上	去	樹	常	三	合	虞	去	常句	遇
56	如	重上	去	忬	日	三	開	魚	去	如倨	遇
57	拵	重上	去	布	幫	一	開	模	去	博故	遇
58	鋪	重上	去	舖	滂	一	開	模	去	普故	遇
59	母	重上	去	暮	明	一	開	模	去	莫故	遇
60	夫	重上	去	富	幫	三	開	尤	去	方副	流
61	無	重上	去	務	明	三	合	虞	去	亡遇	遇
62	租	重上	去	胙	從	一	開	模	去	昨誤	遇

续表

序号	声母	輕重	聲調	列字	聲母	等	開合	韻部	聲調	反切	攝
63	初	重上	去	醋	清	一	開	模	去	倉故	遇
64	蘇	重上	去	素	心	一	開	模	去	桑故	遇
65	姑	重上	入	谷	見	一	開	東	入	古禄	通
66	枯	重上	入	酷	溪	一	開	冬	入	苦沃	通
67	呼	重上	入	忽	曉	一	合	魂	入	呼骨	臻
68	嗚	重上	入	沃	影	一	開	冬	入	烏酷	通
69	都	重上	入	篤	端	一	開	冬	入	冬毒	通
70	圖	重上	入	突	定	一	合	魂	入	陀骨	臻
71	奴	重上	入	朒	日	三	開	東	入	如六	通
72	盧	重上	入	禄	來	一	開	東	入	盧谷	通
73	諸	重上	入	祝	章	三	開	東	入	之六	通
74	除	重上	入	觸	昌	三	開	鍾	入	尺玉	通
75	書	重上	入	孰	常	三	開	東	入	殊六	通
76	如	重上	入	肉	日	三	開	東	入	如六	通
77	拊	重上	入	卜	幫	一	開	東	入	博木	通
78	鋪	重上	入	撲	滂	一	開	東	入	普木	通
79	母	重上	入	木	明	一	開	東	入	莫卜	通
80	夫	重上	入	福	幫	三	開	東	入	方六	通
81	無	重上	入	勿	明	三	合	文	入	文弗	臻
82	租	重上	入	足	精	三	合	虞	去	子句	遇
83	初	重上	入	促	清	三	開	鍾	入	七玉	通
84	蘇	重上	入	俗	邪	三	開	鍾	入	似足	通
85	居	重下	上平	居	見	三	開	魚	平	九魚	遇
86	區	重下	上平	區	溪	三	合	虞	平	豈俱	遇
87	虛	重下	上平	虛	曉	三	開	魚	平	朽居	遇
88	沮	重下	上平	沮	精	三	開	魚	平	子魚	遇
89	蛆	重下	上平	蛆	清	三	開	魚	平	七余	遇
90	胥	重下	上平	胥	心	三	開	魚	平	相居	遇
91	迂	重下	上平	迂	云	三	合	虞	平	羽俱	遇
92	區	重下	下平	渠	群	三	開	魚	平	強魚	遇
93	魚	重下	下平	魚	疑	三	開	魚	平	語居	遇

序号	声母	輕重	聲調	列字	聲母	等	開合	韻部	聲調	反切	攝
94	盧	重下	下平	驢	來	三	開	魚	平	力居	遇
95	迂	重下	下平	於	影	三	開	魚	平	央居	遇
96	居	重下	上	舉	見	三	開	魚	上	居許	遇
97	區	重下	上	詓	溪	三	開	魚	上	口舉	遇
98	虛	重下	上	許	曉	三	開	魚	上	虛呂	遇
99	魚	重下	上	語	疑	三	開	魚	上	魚巨	遇
100	奴	重下	上	女	娘	三	開	魚	上	尼呂	遇
101	盧	重下	上	呂	來	三	開	魚	上	力舉	遇
102	蛆	重下	上	取	清	三	合	虞	上	七庾	遇
103	胥	重下	上	諝	心	三	開	魚	上	私呂	遇
104	迂	重下	上	羽	云	三	合	虞	上	王矩	遇
105	居	重下	去	句	見	三	合	虞	去	九遇	遇
106	區	重下	去	去	溪	三	開	魚	去	丘倨	遇
107	魚	重下	去	遇	疑	三	合	虞	去	牛具	遇
108	慮	重下	去	慮	來	三	開	魚	去	良倨	遇
109	沮	重下	去	聚	從	三	合	虞	去	才句	遇
110	趣	重下	去	趣	清	三	合	虞	去	七句	遇
111	胥	重下	去	絮	心	三	開	魚	去	息據	遇
112	迂	重下	去	喻	以	三	合	虞	去	羊戍	遇
113	居	重下	入	菊	見	三	開	東	入	居六	通
114	區	重下	入	曲	溪	三	開	鍾	入	丘玉	通
115	虛	重下	入	旭	曉	三	開	鍾	入	許玉	通
116	魚	重下	入	玉	疑	三	開	鍾	入	魚欲	通
117	盧	重下	入	律	來	三	合	諄	入	呂卹	臻
118	沮	重下	入	橘	見	三	合	諄	入	居聿	臻
119	蛆	重下	入	屈	溪	三	合	文	入	區勿	臻
120	胥	重下	入	戌	心	三	合	諄	入	辛聿	臻
121	迂	重下	入	欲	以	三	開	鍾	入	余蜀	通

说明：两张表格里，第一列是《黄钟通韵》中例字所属《黄钟通韵》的声母；第二列是例字在《黄钟通韵》中所属的轻重，即四呼；第三列是例字在《黄钟通韵》中所属的声调；第四列是《黄钟通韵》图里的例字；

第五列是例字在《广韵》音系中所属声母；第六列是例字在中古韵图中所属的"等"；第七列是例字在《广韵》音系中所属韵部；第八列是例字在《广韵》音系中所属声调；第九列是例字在《广韵》中的反切注音；第十列是例字在《广韵》音系中所属韵摄。

　　基于上面两表对《黄钟通韵》语音的离析，讨论《黄钟通韵》的声母问题理据会充分一些、直观一些，下面按"属"来逐个分析声母并讨论其语音特点。

　　喉属：歌[k]、柯[kʰ]、呵[x]、哦[ø]。

　　喉属，多指舌根音，本属四母中，歌、柯、呵三母，与中古见、溪、晓三母，大致相同，但图中显示这一属里出现了"基、溪、希、吶"、"举、詰、许、语"这样的例字，这说明这组声母也包含有现代音[tɕ][tɕʰ][ɕ]，这些音来自齐、撮二呼的[k]、[kʰ]、[x]以及齐、撮二呼的[ts]、[tsʰ]、[s]，韵图如此排列，应是受到像《康熙字典》所附的《等韵切音指南》和《明显四声等韵图》等传统韵图的影响，不能说明这种情况就代表东北方音，因为我们不能从现实东北方言中找到这种语音特征的例证。从中古来源看，歌母来自中古见母和群母仄声；柯母来自中古溪母和群母平声；呵母来自中古晓母和匣母。就这种现象而言，反映出来全浊声母的消失已成事实。

　　这一属里，要特别讨论的是"哦"母，结合十二章韵图的喉属来看，哦母来自中古影母和疑母并混入一些喻母字。这反映出影、疑合一并进一步与喻母混淆的语音状况。关于哦母的音值，应裕康先生拟为喉塞音ʔ，认为"哦母所领之字，则或为等韵影母，或为等韵疑母，疑、影不分，殆舌根鼻音ŋ-已消失之现象"。由于应先生已经把齿音日母与喻母混所形成的声母——日母的音值拟定为无声母，所以哦母不应再为无声母了。（《清代韵图之研究》，第468页）陈乔、陈雪竹都拟定哦母为零声母。这里产生的分歧，正好说明哦母不同寻常。就我们的调查，哦母所列的例字，或读为零声母，例如宜、义、鱼、予；或读近似泥母（偶有地方读作疑母），例如，哀、艾、挨、隘；例字歪、崴的声母读作微母。既然哦母字在今天的东北方言里声母都不一致，《黄钟通韵》韵图如此编排是出于怎样的考虑呢？首先，哦母例字的主流是零声母，读作泥母是源自疑母的残留，是疑母消失前的最后一缕晚霞，读作微母是喻母的残留，是合口的圆唇音不圆造成的。据此，把哦母音值拟作零声母是可行的。哦母众多例字统一于一个喉塞音是困难的，现代东北方音不能证明。都四德试图用一个声母来概括哦母字也只能是零声母。

　　舌属：得[t]、特[tʰ]、搦[n]、勒[l]、（勒）

　　第五位的勒母，有音无例字，各家研究者一般认为是音系中的虚位或径称空母，赵荫堂先生认为是颤声，他说："字母中'勒''勒'分为二者，恐怕前勒为边音之后（l），勒为颤声（r）。"[①]但没有进一步的说明。陈乔推测《黄钟通韵》的后勒声母读音应该与著者的方音有关。都氏为什么要设立这一虚位？尚未见有说服力的解释，我们试图从"满汉对音的需要"这一角度进行解释，但是[l]音发音稳定，不存在变读，在满语中，这个辅音可以跟满语的六个元音拼合而无例外，证明这个音的设置，不是源于满汉对音的需要。东北方音中，也不存在这个音的变体，考察东北方言音系，尚未见发此颤音者。都氏如此设置，殊难理解。

其余四母：得母来自中古端母和定母仄声；特母来自中古透母以及定母平声以及极少数定母仄声（例如：特、挺、挑，今普通话读音也如此。）；搦母来自中古泥娘母；勒母来自中古来母。这些演变说明：浊声母定母消失，定母平声字变为特母字，定母仄声字变为得母字；娘母泥母合一。搦母例字中的"嫩""酿"二字，在现代东北方言中有读作[lənˠ] [ᶜiaŋ] 的现象。"哀"、"爱"、"挨"；"鹅"、"恶"等两类字在东北方言里大多读作泥母，《黄钟通韵》没有反映这个特征，而是把"挨"放到了齿属日母里。

齿属：知[tʃ]、痴[tʃʰ]、诗[ʂ]、日[j]。

知母开口、合口呼字来自中古知、庄、章三母以及澄、崇母的仄声字；知母齐齿、撮口呼字来自中古精母和从母仄声（偶有见母字混入，例如"橘"字）；痴母开口、合口呼字来自中古彻、初、昌三母和澄、崇母平声字以及船、禅母的部分字；痴母齐齿、撮口呼字来自中古清母和从母平声（偶有溪母字混入，例如"屈"字）；诗母字来自中古照组的常母、船母、书母、生母，精组的心母、邪母等等；日母开口、合口呼字来自中古日母，日母齐齿、撮口呼字主要来自中古喻母，偶有几个来自中古影母的例字，例如迁、於、怨、婴、雍、挨等。从来源看，这组声母的前三母，大多与中古声母知、照二系关系密切但与全浊声母床（含澄）、禅等母关系不大。

最能体现东北方音特点的是诗母和日母。先说诗母字，《黄钟通韵》韵图里的诗母例字情况复杂，竟然收有"西"、"洗"、"系"、"悉"、"胥"、"谞"、"絮"、"些"、" 邪"、"写"、"谢"、"屑"、"削"、"心"、"信"、"旬"、"先"、"闲"、"线"、" 旋"、"星"、"饧"、"省"、"幸"、"熊"、"厢"、"详"、"想"、"相"、"修"、"潃"、"秀"这些中古精组字，说明此时精组声母与照组声母发生了混淆并有合并的趋势，这种情况在今胶辽方言里仍可得到部分的证明，宋学《辽宁语音说略》指出：长海、新金、庄河、安东一带，古知组止摄开口三等字、遇摄合口三等字以及章组假、遇、蟹摄字声母读[tɕ]、[tɕʰ]、

---

① 赵荫棠：《等韵源流》，商务印书馆 1957 年版，第 239 页。

[ɕ]，实际上辽南向北至吉林省东南部的语音特征都接近胶辽方言而又有所区别，由此，考虑到山东方言跟东北方言的紧密关系，有研究者把接近胶东方言的这一地区的语言看做是东北官话的一个分支，并就此得出"东北官话的[tʃ]、[tʃʰ]、[ʂ]三母的发音部位比北京话略靠前一些，从音色上更接近[tɕ]、[tɕʰ]、[ɕ]，可能正是这个原因，使都四德把腭化了的精组字归了照组。"①的结论是可以接受的。当然，严格区分东北方言、东北官话、胶辽方言是正确的，本文在这方面的基本观点是：清代东北地区使用的汉语就是东北方言，其中东北官话流行的地区最为广泛，也有使用胶辽方言、使用北京话的地区，如果这些方言因身处东北而发生了偏向东北官话的变化，那就不能不看做是东北官话的一个分支了。对于精组声母与照组声母发生了混淆并有合并的趋势这一问题的考察，仅仅追溯其山东方言这一源头，尚不能作出完全的解释，而王为民先生（2006）《从满汉对音规则看〈黄钟通韵〉所表现的尖团音分和状况——兼论北京话尖团音河流完成的年代》一文当中的研究结果使人豁然开朗。他说："都四德把颚化了的精组字归了照组。这样既表现了精组声母的变化，又符合韵图的编纂排列原则。"即便如此，这种情况意味着诗母包括了卷舌音和舌面音，"为何一个字母对应两种不同的音值呢？这必须从汉语、满语的音系差异中寻求答案"。王先生认为由于《黄钟通韵》的韵图编排掺入了满文因素，所以才做成见精组字的特殊分布。并根据满文音变规律和满文的方言差异，得出都四德编排韵图时依据的是当时的盛京南满语而不是满语规范语来对译汉语的结论。不仅如此，王先生对《黄钟通韵》里"知痴诗"与"赀思"之间的密切关系造成所收例字混淆，是"都四德受到盛京南满语和东北官话的双重影响而做出的选择"；《黄钟通韵》不是单一结构，它的规律性和有序性的背后蕴涵着北京官话和东北官话两种不同的音系规则，而两种音系规则之间联系的桥梁即容纳这种双重结构的理论框架是满汉对音规则的论证，都令人耳目一新并深受启发。

诗母字图中还收有"虽"、"所"、"洒"、"淳"等字。这就是说这些字的声母在都四德看来都应该读卷舌音，而从这些例字的中古来源看，它们分属心母、山母、禅母，出现这种特征，是受东北方音影响的结果，也可以认为记录的就是东北方音。这种所谓"平翘舌音不分"的现象在今东北广大地区普遍存在，先师郭正彦先生（1986）、先师孙维张先生（1986）、袁家骅先生（2001）等，对此都有论述，而都四德对此的记录是最早的成果之一。

---

① 陈雪竹：《〈黄钟通韵〉声母简析》，《内蒙古大学学报（人文社会科学版）》2002 年第 5 期。

再看日母所列例字，最重要的特征是中古日母字与中古喻母字混淆，《黄钟通韵》韵图这种独特的混淆，记录的正是东北方音的特征，即凡是读作北京话里 r[z] 声母的字，在东北大多数地区都读作介于元音[i]与半元音[j]之间这样一个音，以往的研究，大多认为中古日母在东北官话区一般读为零声母，例证很多，此不赘述，然而所有例字的音节都增加有与[i]十分相近的音，由于这些例字大多为中古三等字，所以会认为这个[i]音是中古三等字的介音。从《黄钟通韵》韵图的编排来看，显然是把这个[i]音看做是一个独立的声母来处理的。从《黄钟通韵》日母例字整体来看，来源于疑母的例字也为数不少，总要有一个能把日母、疑母、甚至影母的字沟通起来的一个声母存在，而例字中又有一些二等字，结合我们对现代东北方言的调查，清代的《黄钟通韵》的日母应该是介于元音[i]与半元音[j]之间这样一个音，所以同意陈雪竹拟为[j]，她说："我们把《黄》及东北官话中的日母字读音比较一下就可以发现：在东北官话中，日母字声母为零声母，韵母为齐齿、撮口呼，韵首有 i 介音。而《黄》的日母读为开口、合口呼，没有 i 介音，但是音节首很可能有一个摩擦成分极弱的声母。因此，我认为都四德很可能把东北官话中的日母韵首的 i 没有当做介音，而是作了声母，所以他在音系中保留了日母。这个日母的摩擦成分极弱，可以同喻母合为一母。我们把它构拟为略带摩擦成分的半元音[j]。"①虽然未必十分准确，但至少在目前仍是最为合理的处理办法。迁、於、怨、嘤、雍是影母字，现代东北方音仍读零声母，都四德认为这些字也读[j]，故混列在日母例字中，这说明当时影母与喻母发生了混淆，"云、允""幽、有"等喻母字排在喉属哦母，则显示喻母混入了影母、疑母。疑、影、喻三母合流的趋势是明显的，但这三母的字在《黄钟通韵》里仍分属哦母和日母，显示出这三母并没有完全合并。"挨"也是中古影母字，《黄钟通韵》列在日母里，而"挨"在东北方言里读为[ɲai]，声母为泥母，泥母跟日母关系紧密，上古"娘日二纽归泥"，此例字列在日母，或许为古音残留。

唇属：白[p]、拍[pʰ]、默[m]、佛[f]、倭[v]

唇音五个，前三个为双唇音，大抵源于中古重唇音，少一并母，全浊并母清化后分化的结果，具体来看，白母来自中古帮母以及并母仄声；拍母来自中古滂母以及并母平声；默母来自中古明母。后两母佛、倭在《黄钟通韵》图里标明"上牙下唇"，即唇齿音，与中古清唇音关系密切，佛母来自中古非、敷、奉三母的合流，合流变化包括浊音清化，例如浊擦音奉母字变为清擦音[f]；还有清擦音已无送气与否的差别，这些都是绝大部分

---

① 陈雪竹：《〈黄钟通韵〉声母简析》，《内蒙古大学学报（人文社会科学版）》2002 年第 5 期。

北方方言都存在的常规变化。至于倭母，问题稍显复杂。倭母所列例字，大多来自中古微母，偶有零声母合口呼字列入其中，例如，中古影母的"威"、"委"、"湾"以及中古疑母的"外"等。尽管倭母所列例字中古来源有别，但在东北方音里的确是同一个声母的，结合实际语音状况来考察，倭母的存在，就是东北方音的具体反映。陈雪竹（2002）把《黄钟通韵》保留倭母这种现象跟《等韵图经》作对比，说明明末北京音系中微母已经归于零声母，都四德保留倭母，很可能是东北方言的现象，并以"武＝五[ᶜvu]，晚＝挽＝碗[ᶜvan]，吻＝稳[ᶜvən]，忘＝旺[vaŋ°]"作为证据，结论是可靠的，本文对此有三点修正，一是肯定这就是东北方言的现象而不只是"很可能"；二是把吻、稳的读音拟作[ᶜvən]，这个拟音要比拟为[ᶜven]更为准确；三是陈文例证还可以扩展。因为这些原因，陈雪竹（2002）拟定倭母的音值为[v]比应裕康先生（1973，470页）拟作[ɱ]更合理也更符合我们调查的语音实际。本人参加的国家社会科学"七五"规划重点项目：普通话基础方言基本词汇调查，其成果由陈章太、李行健先生主编成书，《普通话基础方言基本词汇集》（语文出版社1996年版），语音卷上册587页的调查结果可以证明。

牙属：赀[ts]、觇[tsʰ]、思[s]、（日）

都四德的所谓牙属，应当就是指中古的齿头音，都氏对声母发音部位的分类确是独出心裁的，中古"齿""牙"音的术语的区别，都氏并不在意，从他对唇属里"上牙下唇"的二次分类来看，所谓上牙，就是上齿，那么，这里的牙属的牙，也就是齿。从所列例字来看，他指的就是舌尖前音。从来源看，赀母来自中古精母和从母仄声；觇母来自中古清母和从母平声；思母来自中古心母和邪母，可见从、邪两浊声母已读为清音了。本属的日母稍后讨论。对赀、觇、思三母所收例字加以分析，其语音特征体现的仍是精组声母与照组声母发生了混淆并有合并的趋势，也就是"平翘舌音不分"的现象，这种特征已在"齿属"进行了详细的讨论，兹不赘述。看例字，赀母例字有"皱"，皱，中古属庄母，可见中古庄母[tʃ]在东北方言里读作了[ts]；觇母例字有"初、锄、衬、愁"等字，其中"初、衬"属中古初母，"锄、愁"属中古崇母，这几个字列在觇母，反映了中古初母跟崇母清化后形成[tʃʰ]音在东北方言里读作了[tsʰ]；思母例字有"色、瘦"等字，这两字属中古山母，都氏收在思母，反映出中古山母[ʃ]在东北方言里读作了[s]，其中，"色"字读音的这种变化甚至影响到了普通话的读音，"瘦"字的思母读法在今天的长春方言里，使用的范围越来越广泛。（据我们的考察，这种读法原本流行在女士当中，近来发现男人也有使用，这涉及社会语言学的问题，另外讨论。）

关于本属的日母问题，研究者或认为因其无例字而处理成音系中的虚位，或看成空位，或认为是为了存旧日"日"母之位。我们认为这个日母或许为遵循满汉对音的原则而设立，用来表示满文中的颤音。这是一种推测，理由是：首先，都四德制作韵图不会违背汉语与满文相对应的原则，其自序大有"我朝清文音只有阴阳十二声"就可无所不能表达之音可资证明；其次，勒母变化甚微，不足以代表颤音。而满语里确实有 r 这个"滚舌音"，（依据穆林德夫即 P.G.von Möllendorff 的拉丁文转写。本文行文涉及满语时，为了书写的便利，均采用这套转写系统。）对此，都氏不能不加以表示，所以设立了这个日母。但是汉语里又没有对应的颤音声母的例字，所以有这个日母而无例字。此外，考虑到都氏撰写此书，始终想让等韵合乎律吕的数目，所以增设勒、日两个无字的声母凑成二十二声母来配合合律吕的数目，这也是一种比较合理的解释，但是这种解释不能回答为什么增加的是勒、日母而不是其他的声母这个疑问，因此，还是要从满汉对音这个角度考虑解决问题的途径，不过，这个途径至少在目前仍不能解决多出的无例字的勒母的存在。

3.2.3 《黄钟通韵》声母表

喉属：歌[k]、柯[kʰ]、呵[x]、哦[ø]

舌属：得[t]、特[tʰ]、搦[n]、勒[l]、（勒）

齿属：知[tʂ]、痴[tʂʰ]、诗[ʂ]、日[j]

唇属：白[p]、拍[pʰ]、默[m]、佛 [f]、倭[v]

牙属：赀[ts]、觏[tsʰ]、思[s]、（日 r）

3.2.4 《黄钟通韵》是否分尖团音问题①

从上面声母表来看，未包括[tɕ][tɕʰ][ɕ]三个声母，这是个大问题。这涉及到《黄钟通韵》是否分尖团音问题，也涉及见组细音字的读音问题，即指歌声母下列有：基（举基以代己、记、吉等同声母不同调的例字，下同）、居、皆、加等字；柯声母下列有：溪、区等字；呵声母下列有希、虚等字，这些字的读音是怎样的？所以，单设一节加以讨论。我们认为《黄钟通韵》存在着第二音系，尖团音不分。

我们看到《黄钟通韵》韵图的排列很有特点，每个韵图中精组字的齐齿、撮口呼位置上出现空当，且注明"本等字同齿属下等"。《黄钟通韵》中的齿属即中古知组字，我们查看了知组字的列字，惊奇地发现知组齐齿、

---

① 该问题的详细论述可参见本人与汪银峰先生的论文：论《黄钟通韵》的潜在音系特征，《广东技术师范学院学报》2006 年第 2 期。

撮口呼位置上的列字均为中古精组字，且十二律图都如是排列。这一特殊现象引起了我们的关注，中古精组齐齿、撮口呼字与知组排在一起，是否意味着精组齐齿、撮口呼字与知组声母已经混读？还是精组齐齿、撮口呼字发生腭化演变？那么《黄钟通韵》中的见组字是否也发生腭化了呢？《黄钟通韵》表层音系之下是否隐含着第二音系呢？以往学者对这一问题的认识如下。

　　陈雪竹博士（2002）论及这一现象，她在《〈黄钟通韵〉声母简析》一文中对该现象进行了推测，认为"在今东北官话中，精组齐撮两呼字都发生了腭化，《黄》中，齐撮两呼字的声母已经不同于开合两呼，说明此时腭化应该已经发生了。所以，很可能齐撮两呼字的声母就是 tɕ-tɕʰ-ɕ-。更有力的证据是几个中古见系字混入精组中。如中古见母'橘'字混入《黄》精母字中，中古溪母'屈'字混入《黄》清母，中古匣母'闲'字混入《黄》心母，这有可能是因为见精两组声母在此时都发生了腭化，都变成了 tɕ-tɕʰ-ɕ-，因此尖团不分而造成的"。但她对这一推测并不十分肯定，"虽然在《黄》中只有几个见组字混入精组，不能作为一个确实的证据，但至少给我们提供了一些参考。所以，无论从韵图中的情况还是从语音的发展情况来看，《黄》精组齐撮两呼字的声母音值很可能是 tɕ-tɕʰ-ɕ-"。王为民先生（2006）在《从满汉对音规则看〈黄钟通韵〉所表现的尖团音分合状况——兼论北京官话尖团音合流完成的年代》一文中详细论述了这个问题，王先生利用满文对音论证了《圆音正考》处理尖团音的对立模式是刻意的人为举措，其目的是为了区别尖团音，而《黄钟通韵》处理尖团音的对立模式也是如此。王先生承认从都四德给见组细音字的安排来看，见组细音字的满文对音应该是 gi、ki、hi，这是毫无疑问的。在批评了几位研究者认为该书见组字还没有颚化之后指出，这是一种表面现象。王先生重新考察了满汉对音的规则及其变化，"发现虽然都四德根据见组细音字的满汉对音是 g、k、h，而将《黄钟通韵》的见组细音字安排在见组洪音的下面，但这并不能证明汉语的见组细音字还没有颚化"。然后从满汉对音规则的变化、历史文献上满汉对音的实践、同时期其他韵书的记载等几方面论证了此时北京官话音系中精组和见组的细音字已经合流、尖团音也已经基本合流，并且说明《黄钟通韵》里"这少数的字用 g、k、h 对音显示了 g、k、h 在母音 i 前的颚化，而不是显示汉语见组细音字还没有颚化。"这些结论持之有据，无以辩驳。为了解绝这一问题，我们还要从内部证明入手，必须对《黄钟通韵》中知组、精组和见组字进行全面的考察，从韵字排列入手，看能否发现蛛丝马迹，并与同时期的语音材料相比较，验证其结论，并对此现象提出合理的解释。我们对《黄钟通韵》齿属知组开口、合口呼字进行了考察，发现来源均为中古知照组字，而牙属精组开口、合口呼字均来源于中古精组字，喉属见组字均来源于中古见组字，排列非常整齐。现在唯一突破口就是知组齐齿、撮口位置上的中古精组字了。那么，为什么精组齐齿、撮口呼字却排列在齿属知组位置上呢？可以肯定，中古精组齐齿、撮口呼字的声母已经与《黄钟通韵》中的精组声母不同，是否与知组声母混同呢？陈雪竹（2002）已经否定了这种可能性。"在今东北话官话中，精照两组字的混读只出现在开合两呼中，齐撮两呼字的声母泾渭分明。从语音的发展规律看，也不能读为 tɕ-tɕʰ-ɕ-，在今东方言中，精组齐撮两呼字的声母同北方其他地区的语言一样发生了腭化，读为 tɕ-tɕʰ-ɕ-，如果这些字先变为 tɕ-tɕʰ-ɕ-，那么就不可能再发生腭化了，所以，可以肯定，《黄》中精组齐撮两呼字的声母不会读为 tɕ-tɕʰ-ɕ-。"她所认为的精组齐撮呼的声母很可能就是 tɕ-tɕʰ-ɕ-，并举出三个见组字混入精组字的例子，如"橘"、"屈"、"闲"。这三个字的音韵地位如下：

橘 见母 术韵 合口三等 入声

屈 溪母 物韵 合口三等 入声

闲 匣母 山韵 开口二等 平声

三字均为中古见组字，但在《黄钟通韵》中却排列在精组位置上，而且三字在语音史上从来也没有精组音读，因此，唯一的可能就是尖团不分造成的。也就是说见组字也已经腭化了。此外，我们能否发现其他的例证呢？工夫不负有心人，我们在"元音黄钟律唧声字"齿属"诗母"（案：即心母）齐齿去声中发现了一个"係"字，《广韵》古诣切，见母字。此处应为心母字，怎么出现一个见母字呢？"係"字在《中原音韵》时代与"系戏"音同。系，胡计切，匣母字。《中原音韵》时代，全浊清化，变成发音部分相同的清音，即晓母。"係"字演变成晓母字，则是受到"系"字的类化造成的。《中原音韵》之后的反映北方汉语语音系统的韵书及韵图，如《韵略易通》、《韵略汇通》、《五方元音》等，"係"与"戏"均音同。而在《黄钟通韵》中，"戏"字位于"呵"（案：即晓母）母齐齿去声。元明清时期音同的两个字，在《黄钟通韵》中，一个在"心"母，一个在"晓"母，这明显是人为造成的，也就是说当时的晓母心母齐齿、撮口呼字已经混同，没有分别。此外，我们在"商音姑洗律嘤声字"中还发现了另一对更有说服力的例字，即呵母的"雄"和诗母的"熊"。"雄、熊"两字，《广韵》读音相同，反切为"羽弓切"，云母字。《集韵》反切为"胡弓切"，两字声母发生了演变，由云母变成匣母字。元代《中原音韵》，全浊声母清化，匣母演变成晓母，两字读音仍相同。之后的《韵略易通》、《韵略汇通》、《五方元音》等，两字均为晓母字，且读音相同。而在《黄钟通韵》中，"雄"字为晓母，"熊"字为心母，人为地将读音相同的两个字分列。所谓"千军易得，一将难求"，以上的例证虽不多，但足以论证当时的精组见母齐齿、撮口呼字已经混同，均腭化为舌面音 tɕ-tɕʻ-ɕ-了。通过以上的论证，我们发现在《黄钟通韵》的表层音系之下还隐含着第二套音系，即舌面音已经产生，且尖团音混同。那么，为什么要人为地将已经腭化的见组精组齐撮呼字分开呢？我们看一下同时期的语言材料，也许能给我们提供一些参考。

　　同时期的语言材料也可以证明我们的观点，《圆音正考》，无名氏著，根据序文可知，成书于乾隆癸亥年（1743 年），与《黄钟通韵》为同时期的语言材料。《圆音正考》是一部专门探讨尖团问题的书，列举四十八对，一对即一尖音一团音，共九十六组。书中所称尖团对立，实际上就是[ts、tsʻ、s]与[tɕ、tɕʻ、ɕ]对立，此观点在学术界已经达成共识。杨振淇先生认为："《中原音韵》音系里还没有 j[tɕ]、q[tɕʻ]、x[ɕ]这组声母，也就是说没有'团音'，那时虽然有 z[ts]、c[tsʻ]、s[s]这组声母开、合呼的细音字（韵母或韵头为[i]），但因没有'团音'与之对应，所以也不会有'尖音'这一名称。"[1]向熹先生也持此观点："《圆音正考》所记的'尖音'指精组声母的细音，即[ts]、[tsʻ]、[s]跟[i]、[y]相拼的音；'团音'指[k]、[kʻ]、[x]的腭化音，即舌面音[tɕ]、[tɕʻ]、[ɕ]。"[2]明确了尖团音概念之后，我们还要探讨其创作的背景，这对解决尖团音区分问题非常重要。关于该书的创作背景，我们赞成岩田宪幸先生的观点："不论是哪个时代，老一代和青年一代之间的语言都多少有差别，当时的年青人把'记'和'济'、'希'和'西'混同起来，中年以上的人一定会指出其错误，要求恢复原状，这就是'尖音、团音要区别'的主张发生的背景；反过来说，这种主张发生的时候就是年青人把尖团音混同使用的倾向显著起来的时候。"[3]我们从《圆音正考·原序》中也看出这一点："第尖团之辩，操觚家阙焉弗讲，往往有博雅自诩之士，一矢口肆笔而纰缪立形，视书璋为麞，呼杕作杖者，其直钧也。试取三十六母字审之，隶见溪群晓匣五母者属团，隶精清从心邪五母者属尖，判若泾渭，与开口闭口、轻唇重唇之分有厘然其不容素者，爰辑斯编。凡四十八音，为字一千六百有奇，每音各标国书一字于首，团音居前，尖音在后，庶参观之下，举目了然。此虽韵学之一隅，或亦不无小补云。" 可见，当时见组、精组的齐撮呼字都已经腭化了，但是这种情况还没有得到社会的承认，官

　　① 杨振淇：《京剧音韵知识》，中国戏剧出版社 1991 年版，第 75 页。

　　② 向熹：《简明汉语史》（上），高等教育出版社 1993 年版，第 344 页。

　　③ ［日］岩田宪幸：《满文资料与汉语语音问题》，中国音韵学研究会第十三次学术讨论会暨汉语音韵学第八次国际学术研讨会会议论文，汕头大学，2004 年 8 月。

方的认可，对于尖团相混的现象，《原序》则从正统的立场要求予以纠正。冯蒸先生也持此观点："就本书而言，见系字和精系字当时都已变为 tɕ-tɕʰ-ɕ-，毫无区别，所以存之堂才有意识地编辑了本书。如果当时的实际口语中还有区别的话，编辑本书也就没有什么实际意义了。"[①] 而且可以肯定，当时的尖团相混已经非常普遍了，并且达到了非常"显著"的地步，从而迫使尖团问题的突出化。因此，通过《圆音正考》所反映的语音情况，我们可以肯定至迟在 18 世纪中叶，尖团音就已经完全合流了。

通过以上的讨论，我们可以肯定在 18 世纪中叶，尖团音已经完全合流，但是这种语音现象还没有得到社会的承认和官方的认可。作为《黄钟通韵》的作者都四德，是满族人，必然不敢违背正统的立场，那么在尖团音的处理上则是缩手缩脚，体现了他保守的一面。事实终究是事实，都四德虽然在韵图的安排上竭力将尖音、团音分开，但实际语音上的混同迫使他不可能作为万无一失，前文中所提到的例证，便是都四德"疏忽"的证据。所谓"千军易得，一将难求"，这些例证也足以说明当时的尖团音已经完全混同，毫无区别了。这是掩盖在表层音系之下的第二音系，它在语音史上具有更为重要的价值，我们在研究中要格外重视这种现象。

3.3 《黄钟通韵》韵母系统与东北方音考论

3.3.1 《黄钟通韵》的十二律图及其构成

《黄钟通韵》的十二律图分别是"元音黄钟律咿声字"、"极音蕤宾律呜声字"、"羽音大吕律唉声字"、"羽音应钟律哀声字"、"角音太簇律哦声字"、"角音无射律阿声字"、"宫音夹钟律暗声字"、"宫音南吕律唵声字"、"商音姑洗律嘤声字"、"商音夷则律映声字"、"徵音仲吕律呕声字"、"徵音林钟律嗷声字"，各图特点前有概述。

每章律图又分为轻上、轻下、重上、重下四等，关于分等的理由、原则和方法，都四德在"呕嗷"两图下注明："声有轻重，字有上下，轻等字声，数若一倍，重等字声，数若两倍，上等字声，若甚圆满，下等字声，若微缺欠。以上咿呜、唉哀、哦阿、暗唵、嘤映十律声字，或上下通用，或以圈代字，会意呼之，皆能得其声，是以分为轻上、轻下、重上、重下四等。惟有本律呕嗷二声，字音律数至轻至高，只有轻上轻下二等，并无重上重下二等。会意呼之，重上重下二等声字，俱归于蕤宾极音。蕤宾极

---

① 冯蒸：《尖团字与满汉对音》，载《汉语音韵学论文集》，首都师范大学出版社 1997 年版，第 296 页。

音声字，又与黄钟元音，合为轻上、轻下、重上、重下四等。"结合图中例字考察可知：轻音例字多为中古开口字；重音例字多为中古合口字，轻、重再分上下，就是开口、齐齿、合口、撮口四呼，即：轻上=开口呼；轻下=齐齿呼；重上=合口呼；重下=撮口呼。赵荫棠先生概括说："是书以韵书入，以律吕出，而所受影响之最大者，实为满文。"并且指明："十二律图实与《三教经书文字根本》之十二摄相同。"[①]

3.3.2　《黄钟通韵》的韵母与东北方音考论

如前所述，都氏分韵为十二韵，每韵又分轻重四等和平仄五声，每韵为一图，横列字母，纵排四等，每等又分声调，其中黄钟律没有重音，蕤宾律没有轻音，所以把这两图合为一图，共分十二图，现逐图加以讨论。

（1）元音黄钟律啝声字

本图仅有轻上、轻下二等，轻上只有齿、牙音字，这一图的例字，就中古音来源看主要来自止摄、蟹摄、梗摄，偶有来自曾摄的部分入声字。这些例字在《中原音韵》里分属支思、齐微两韵部。韵母包括开口呼、轻上的"知痴"[ʅ]和"赀思"[ɿ]；齐齿呼、轻下的"基低"[i]。啝声字实际包含了三个韵母，这三个韵母确有读音相似之处，所以都氏将其在一个图内，客观的理由也有，那就是在东北方音里，存在着[ʅ]与[ɿ]的自由变读。

（2）极音蕤宾律呜声字

本图仅有重上、重下二等，这一图的例字，就中古音来源看主要来自遇摄以及通摄、臻摄的部分入声字，这些例字在《中原音韵》里基本属于鱼模韵。韵母包括合口呼、重上的"姑都"[u]；撮口呼、重下的"居沮"[y]。按照等韵图的结构规律，重下的"居沮"[y]应当拟为[iu]，之所以拟为[y]而不为[iu]，应裕康先生（1973，477页）提出三点理由："第一，黄钟律'啝'声字二韵母，主要元音亦非绝对相同，故本图二类韵母，亦不如 u 及 iu 之整齐。第二，都氏之前，已肯定北音有 y 之事实。第三，都氏先分上下，再分轻重，是轻下与重下二等，必有不同之处，若拟居音为-iu，则轻下与重下介音不分矣。"论理非常充分，可补充者有二，一是[y]韵母的产生，不会太早，据李新魁先生的考察，可以理解为这个音一直到 17 世纪中叶才代替[iu]而出现。二是现代东北方音的实际，可以证明拟为[y]是正确的。

前已述及，啝、呜两声字，都氏认为是一切声音的基础，所以后面各图，轻上都没有介音，轻下有 i 介音，重上有 u 介音，重下有 y 介音，由啝、呜两声字图确定了无介音的开口呼、有 i 介音的齐齿呼、有 u 介音的合口呼、

---

① 赵荫棠：《等韵源流》，商务印书馆 1957 年版，第 238—239 页。

有 y 介音的撮口呼这样的固定编排格式。

（3）羽音大吕律唉声字

本图轻上、轻下、重上、重下四等齐全，这一图的例字，就中古音来源看主要来自止摄、蟹摄的部分字，这些例字在《中原音韵》里基本属于齐微韵的合口部分。韵母包括开口呼、轻上的"唉悲"[ei]；齐齿呼、轻下的"尾"[iei]；合口呼、重上的"圭堆"[uei]；撮口呼、重下的"尉"[yei]。其中[ei]韵特殊，已引起赵荫棠先生（1957，240 页）的注意，"一个特别之点，即将唉，而、尔、二四字于'唉'律之哦母，是当读为（ei）"。应裕康先生（1973）的解释："而、尔、二读-ei，则令人不解，然都氏亦未解释。若谓借位，则此三音，何不列于"呷"声一图哦母下耶？窃意此实都氏之疏也。"实际上[ei]韵母字可以分为两类：一类是"而、尔、二"等，这类字来自中古日母止摄开口三等字，都四德把它们排在哦声母下，是一种特殊的情况，试解赵荫棠先生疑问之一半：第一，[ei]和[er]发音的方法和发音的部位都十分接近，差别仅仅在于舌尖卷曲程度的不同，因此，二音发音易混。第二，儿化音在都氏看来并不存在抑或在都氏生活的范围内，儿化韵尚未广泛运用。第三，满语没有儿化韵尾。余下的一半是为什么"唉"的韵母是[ei]？第一，在都氏看来"唉"或是"诶"的异体字；第二，"唉"读作[ai]韵母，是都氏身后晚近的语音；第三，察东北方音，表示叹息之声，是有发[ei]这个语音的情况。这个解释，赵荫棠先生无乃不满意乎？第二类[ei]韵母字是唇音字，来自中古止摄开口、合口三等。如"悲、美"；以及蟹摄合口一等、三等，如"贝、配"，这一类在《中原音韵》里是合口字，到《黄钟通韵》中读为开口[ei]，这表明唇音合口呼介音逐渐消失的语音演变特点。[iei]、[yei]两韵母字，图中都各列一个字：尾；尉，它们的声母属哦母，按韵图规则当读为[iei]和[yei]，这两个音的来历不可考，可资参考者，仅有"尉"又音[yº]。[uei]韵母，来自中古止摄合口三等、蟹摄合口一等、三等，以及蟹摄合四等字。陈乔（2001）说："泥、来两母的'内、雷、累、类'等字的韵母在明清北京音已由合口[uei]变为开口[ie]了。《黄》仍保留了[u]介音，说明《黄》的音系与北京音不一样。"本文赞同此论，这个结论与王为民先生（2006）"《黄钟通韵》不是单一结构，它的规律性和有序性的背后蕴涵着北京官话和东北官话两种不同的音系规则"的论断并不矛盾。

（4）羽音应钟律哀声字

本图本图重下一栏没有例字，本图已有的例字，就中古音来源看主要来自中古蟹摄开口一等、二等字、蟹摄开口二等牙喉音、蟹摄合口二等，止摄合口三齿音字。这些例字在《中原音韵》里属于皆来韵。韵母包括开口呼、轻上的"该台"[ai]；齐齿呼、轻下的"皆解"[iai]；合口呼、重上的"乖衰"[uai]。这三个韵母在东北方音里的变化跟它们在北京音系中的变化基本一致，比如[iai]韵母字里"皆、解、界、谐、蟹"变为[ie]；"楷、隘、揢"变为[ai]。需要指出的是"解"字，东北方言里有两读，一读[ᶜtɕie]，例如，"解放"，多在书面语层面出现，另读[ᶜkai]，例如，"解开（绳子）"，是口语音，都氏图中所列的"解"反映的就是这个口语音，而且这个音是接近中古音的。[uai]韵母里的"崴"字，按图中位置读作上声[ᶜuai]，体现的是东北方音，崴，中古音地位：蟹合二平皆影，可拟做[ᶜwɐi]，现代音为[ᶜuai]，唯有东北方音读作上声[ᶜuai]，例如，海山崴（地名）；脚崴了（作动词）。重上去声唇属列有"拜、派、外"，都氏认为这三个例字的韵母是[uai]，这与北京音系不同，看它们的中古音，拜：蟹开二去怪帮；派：蟹开二去卦滂；外：蟹合一去泰疑，"拜、派"都是开口字，"外"是合口字。"外"字的问题容易解释，疑母混同影母，合口字进一步变作微母。至于"拜、派"列在这里，增加出来 u 介音，应当是都氏收到了当时东北方音的影响的结果，否则，无法解释这种变化。

（5）角音太簇律哦声字

本图轻上、轻下、重上、重下四等齐全，这一图的例字，就中古音来源看：开口呼"歌哦"[ə]一类韵母的字，主要来自中古果摄开口一等、假摄开口三等及宕、梗、曾、山四摄的部分字，与《中原音韵》的歌戈韵、车遮韵相当。齐齿呼"嗟些"[iə]一类韵母的字，主要来自中古假摄开口三等精组字以及山摄、咸摄的部分字，与《中原音韵》车遮韵相当。合口呼"锅多"[uə]一类韵母的字，主要来自中古果摄开口、合口一等，遇摄合口三等、宕摄、山摄、曾摄，与《中原音韵》哥戈韵相当。撮口呼"角爵"[yə]一类韵母的字，主要来自中古宕摄、江摄、果摄，与《中原音韵》萧豪韵相当。

哦声字的四个韵母，来源、演变复杂，拟音也复杂。兹选取宁继福先生《中原音韵表稿》对哦声字例字的拟音以观其语音来源，再用应裕康先生（1973）、陈乔女士（2001）的拟音以观其语音变化，列表如下：

表三　哦声字四个韵母三种拟音对比表

等呼例字	宁继福拟音	应裕康拟音	陈乔拟音
开口　歌哦车遮奢	ɔ	o	ə
齐齿　嗟耶些曳且	iɛ	io	iə
合口　锅窝多波坡	uɛ/uəi	uo	uə
撮口　角学约略爵	iau/ui	yo	yə

　　宁先生的拟音说明的是例字的元代大都音，与清代音相比，仍可见读音相近，合流明显，考虑到东北方音里圆唇音很不发达，以及现代东北方言的语音实际，本文认为陈乔的拟音更为符合实际语音状况。

　　关于哦声字图所收例字的特殊读音问题："黑"字，按照《黄钟通韵》所列位置，当读[xə]而《中原音韵》里，就已经都为[xei]，对此，陈乔（2001）认为"《黄》的读音与中古音是一致的，显然是存古现象"，其实这个读音明显是受到胶辽官话的影响而形成的，联系东北的山东移民的来源，清代又是移民的高峰时期之一，都氏是真实地记录了当时"黑"字的读音的。另外，"黑"字中古音有清塞音尾，清代东北话应该没有这个韵尾。"我"字按照都氏的安排读为[°ə]，也是受到胶辽官话影响的结果。重上合口呼例字 "科、颗、课、乐、芍"这些字，《黄钟通韵》列为合口呼，符合中古音韵地位而不同于北京音系，也与现代东北方音有别，则可以认为当时这类音的合口介音尚未脱落，山东方音的影响依然存在。不仅如此，重下撮口呼十个例字的都氏拟音，受到山东方音的影响更加明显，充分证明清代东北方音跟山东方音接触十分密切，并影响到了东北方言的形成和发展。考虑到哦声字韵图复杂情况，以及关系到该书的韵母的复杂性，下面列出该书涉及韵母韵图例字的中古音韵地位表：

表四　哦声字韵图例字中古音韵地位表

	黄钟声母	輕重	黄钟聲調	列字	聲母	等	開合	韻部	聲調	反切	攝
1	歌	輕上	上平	歌	見	一	開	歌	平	古俄	果
2	柯	輕上	上平	柯	見	一	開	歌	平	古俄	果
3	呵	輕上	上平	呵	曉	一	開	歌	平	虎何	果
4	哦	輕上	上平	哦	疑	一	開	歌	平	五何	果
5	知	輕上	上平	遮	章	三	開	麻	平	正奢	假
6	痴	輕上	上平	車	昌	三	開	麻	平	尺遮	假
7	詩	輕上	上平	奢	書	三	開	麻	平	式車	假
8	呵	輕上	下平	何	匣	一	開	歌	平	胡歌	果
9	哦	輕上	下平	鵝	疑	一	開	歌	平	五何	果
10	詩	輕上	下平	蛇	船	三	開	麻	平	食遮	假
11	歌	輕上	上	哿	見	一	開	歌	上	古我	果
12	柯	輕上	上	可	溪	一	開	歌	上	枯我	果
13	哦	輕上	上	我	疑	一	開	歌	上	五可	果
14	知	輕上	上	者	章	三	開	麻	上	章也	假
15	痴	輕上	上	撦	昌	三	開	麻	上	昌者	假
16	詩	輕上	上	捨	書	三	開	麻	上	書冶	假

续表

	黄钟聲母	輕重	黄钟聲調	列字	聲母	等	開合	韻部	聲調	反切	攝
17	日	輕上	上	惹	日	三	開	麻	上	人者	假
18	歌	輕上	去	箇	見	一	開	歌	去	古賀	果
19	柯	輕上	去	坷	溪	一	開	歌	去	口箇	果
20	哦	輕上	去	餓	疑	一	開	歌	去	五个	果
21	知	輕上	去	這	章	三	開	麻	上	止也	假
22	痴	輕上	去	庫	書	三	開	麻	去	始夜	假
23	詩	輕上	去	舍	書	三	開	麻	去	始夜	假
24	歌	輕上	入	各	見	一	開	唐	入	古落	宕
25	柯	輕上	入	客	溪	二	開	庚	入	苦格	梗
26	呵	輕上	入	黑	曉	一	開	登	入	呼北	曾
27	哦	輕上	入	額	疑	二	開	庚	入	五陌	梗
28	得	輕上	入	得	端	一	開	登	入	多則	曾
29	特	輕上	入	特	定	一	開	登	入	徒得	曾
30	勒	輕上	入	勒	來	一	開	登	入	盧則	曾
31	知	輕上	入	哲	知	三	開	仙B	入	陟列	山
32	痴	輕上	入	掣	昌	三	開	仙A	入	昌列	山
33	詩	輕上	入	舌	船	三	開	仙A	入	食列	山
34	日	輕上	入	熱	日	三	開	仙A	入	如列	山
35	白	輕上	入	白	並	二	開	庚	入	傍陌	梗
36	拍	輕上	入	拍	滂	二	開	庚	入	普伯	梗
37	默	輕上	入	默	明	一	開	登	入	莫北	曾
38	貲	輕上	入	則	精	一	開	登	入	子德	曾
39	覿	輕上	入	測	初	三	開	蒸	入	初力	曾
40	思	輕上	入	色	生	三	開	蒸	入	所力	曾
41	齋	輕下	上平	嗟	精	三	開	麻	平	子邪	假
42	詩	輕下	上平	些	心	三	開	麻	平	寫邪	假
43	日	輕下	上平	耶	以	三	開	麻	平	以遮	假
44	詩	輕下	下平	邪	邪	三	開	麻	平	似嗟	假
45	日	輕下	下平	爺	以	三	開	麻	平	以遮	假
46	齋	輕下	上	姐	精	三	開	麻	上	茲野	假

	黃钟聲母	輕重	黃钟聲調	列字	聲母	等	開合	韻部	聲調	反切	攝
47	妻	輕下	上	且	清	三	開	麻	上	七也	假
48	詩	輕下	上	寫	心	三	開	麻	上	悉姐	假
49	日	輕下	上	也	以	三	開	麻	上	羊者	假
50	詩	輕下	去	謝	邪	三	開	麻	去	辝夜	假
51	日	輕下	去	夜	以	三	開	麻	去	羊謝	假
52	低	輕下	入	牒	定	四	開	添	入	徒協	咸
53	梯	輕下	入	帖	透	四	開	添	入	他協	咸
54	泥	輕下	入	涅	泥	四	開	先	入	奴結	山
55	離	輕下	入	列	來	三	開	仙 A	入	良辥	山
56	齎	輕下	入	節	精	四	開	先	入	子結	山
57	妻	輕下	入	切	清	四	開	先	入	千結	山
58	詩	輕下	入	屑	心	四	開	先	入	先結	山
59	日	輕下	入	葉	以	三	開	鹽 A	入	與涉	咸
60	白	輕下	入	別	並	三	開	仙 B	入	皮列	山
61	拍	輕下	入	撇	滂	四	開	先	入	匹蔑	山
62	默	輕下	入	滅	明	三	開	仙 A	入	亡列	山
63	姑	重上	上平	鍋	見	一	合	戈	平	古禾	果
64	枯	重上	上平	科	溪	一	合	戈	平	苦禾	果
65	嗚	重上	上平	窩	影	一	合	戈	平	烏禾	果
66	都	重上	上平	多	端	一	開	歌	平	得何	果
67	圖	重上	上平	佗	透	一	開	歌	平	託何	果
68	㧖	重上	上平	波	幫	一	合	戈	平	博禾	果
69	鋪	重上	上平	坡	滂	一	合	戈	平	滂禾	果
70	母	重上	上平	摩	明	一	合	戈	平	莫婆	果
71	租	重上	上平	髽	莊	二	合	麻	平	莊華	假
72	初	重上	上平	蹉	清	一	開	歌	平	七何	果
73	蘇	重上	上平	梭	心	一	合	戈	平	蘇禾	果
74	圖	重上	下平	駝	定	一	開	歌	平	徒河	果
75	奴	重上	下平	那	泥	一	開	歌	平	諾何	果
76	盧	重上	下平	羅	來	一	開	歌	平	魯何	果
77	鋪	重上	下平	婆	並	一	合	戈	平	薄波	果

	黄钟聲母	輕重	黄钟聲調	列字	聲母	等	開合	韻部	聲調	反切	攝
78	母	重上	下平	磨	明	一	合	戈	平	莫婆	果
79	租	重上	下平	脞	精	三	合	戈	平	子髋	果
80	初	重上	下平	矬	從	一	合	戈	平	昨禾	果
81	姑	重上	上	果	見	一	合	戈	上	古火	果
82	枯	重上	上	顆	溪	一	合	戈	上	苦果	果
83	呼	重上	上	火	曉	一	合	戈	上	呼果	果
84	嗚	重上	上	婐	影	一	合	戈	上	烏果	果
85	都	重上	上	朵	端	一	合	戈	上	丁果	果
86	圖	重上	上	妥	透	一	合	戈	上	他果	果
87	盧	重上	上	裸	來	一	合	戈	上	郎果	果
88	書	重上	上	所	生	三	開	魚	上	疎舉	遇
89	拊	重上	上	跛	幫	一	合	戈	上	布火	果
90	鋪	重上	上	叵	滂	一	合	戈	上	普火	果
91	母	重上	上	抹	明	一	合	桓	入	莫撥	山
92	租	重上	上	左	精	一	開	歌	上	臧可	果
93	蘇	重上	上	鎖	心	一	合	戈	上	蘇果	果
94	姑	重上	去	過	見	一	合	戈	去	古卧	果
95	枯	重上	去	課	溪	一	合	戈	去	苦卧	果
96	呼	重上	去	禍	匣	一	合	戈	上	胡果	果
97	嗚	重上	去	卧	疑	一	合	戈	去	吾貨	果
98	都	重上	去	跢	端	一	開	歌	去	丁佐	果
99	圖	重上	去	柁	透	一	開	歌	去	他佐	果
100	奴	重上	去	諾	泥	一	開	唐	入	奴各	宕
101	盧	重上	去	樂	來	一	開	唐	入	盧各	宕
102	書	重上	去	槊	生	二	開	江	入	所角	江
103	拊	重上	去	播	幫	一	合	戈	去	補過	果
104	鋪	重上	去	破	滂	一	合	戈	去	普過	果
105	母	重上	去	磨	明	一	合	戈	去	摸卧	果
106	租	重上	去	坐	從	一	合	戈	去	徂卧	果
107	初	重上	去	錯	清	一	開	模	去	倉故	遇
108	姑	重上	入	國	見	一	合	登	入	古或	曾

续表

	黄钟聲母	輕重	黄钟聲調	列字	聲母	等	開合	韻部	聲調	反切	攝
109	枯	重上	入	闊	溪	一	合	桓	入	苦栝	山
110	呼	重上	入	活	匣	一	合	桓	入	戶括	山
111	嗚	重上	入	惡	影	一	開	唐	入	烏各	宕
112	都	重上	入	奪	定	一	合	桓	入	徒活	山
113	圖	重上	入	脫	透	一	合	桓	入	他括	山
114	奴	重上	入	諾	泥	一	開	唐	入	奴各	宕
115	盧	重上	入	落	來	一	開	唐	入	盧各	宕
116	諸	重上	入	拙	章	三	合	仙 A	入	職悅	山
117	除	重上	入	綽	昌	三	開	陽	入	昌約	宕
118	書	重上	入	勺	常	三	開	陽	入	市若	宕
119	如	重上	入	若	日	三	開	陽	入	而灼	宕
120	拊	重上	入	撥	幫	一	合	桓	入	北木	山
121	鋪	重上	入	莫	明	一	開	唐	入	慕各	宕
122	母	重上	入	縛	並	三	合	陽	入	符钁	宕
123	租	重上	入	作	精	一	開	唐	入	則落	宕
124	初	重上	入	錯	清	一	開	唐	入	倉各	宕
125	蘇	重上	入	索	心	一	開	唐	入	蘇各	宕
126	虛	重下	上平	靴	曉	三	合	戈	平	許肥	果
127	居	重下	入	角	見	二	開	江	入	古岳	江
128	區	重下	入	却	溪	三	開	陽	入	去約	宕
129	虛	重下	入	學	匣	二	開	江	入	胡覺	江
130	魚	重下	入	約	影	三	開	陽	入	於略	宕
131	奴	重下	入	搦	娘	二	開	江	入	女角	江
132	盧	重下	入	略	來	三	開	陽	入	離灼	宕
133	詛	重下	入	爵	精	三	開	陽	入	即略	宕
134	蛆	重下	入	鵲	清	三	開	陽	入	七雀	宕
135	胥	重下	入	削	心	三	開	陽	入	息約	宕
136	迂	重下	入	藥	以	三	開	陽	入	以灼	宕

表格说明见 3.2.2。

（6）角音无射律阿声字

本图重下一栏没有例字，就本图已有的例字的中古音来源看，开口呼、轻上的"哈搭"[a]一类韵母的字，主要来自中古假摄、果摄、山摄、咸摄。齐齿呼、轻下"加牙"[ia]一类韵母的字，主要来自中古假摄、咸摄、山摄，合口呼、重上"瓜刷"[ua]一类韵母的字，主要来自中古假摄、山摄、蟹摄。三个韵母都与《中原音韵》的家麻韵相当。本图来源线索清晰，演变符合规则。所收例字有特殊读音的有"喝"字，"喝"字应该是排列错误，陈乔（2001）论证详细，结论可靠，此不赘述。

（7）宫音夹钟律喑声字

本图轻上、轻下、重上、重下四等齐全，这一图的例字，就中古音来源看，开口呼、轻上的"根珍"[ən]一类韵母的喉音字见组，来自中古臻摄开口一等，齿音和牙音精组字，来自中古臻摄开口三等，唇音字来自中古臻摄合口一等、三等；齐齿呼、轻下的"金津"[iən]一类韵母的字来自中古甄摄开口三等、深摄开口三等；合口呼、重上的"昆敦"[uən]一类韵母的字来自中古甄摄开口三等、深摄开口三等 ；撮口呼、重下的"君熏"[yən]一类韵母的齿音字来自中古甄摄合口三等，喉舌牙音字来自中古臻摄合口一等。这些例字在《中原音韵》里基本属于真文韵，少数例字属于侵寻韵。像"金、音、心"这一类例字，属于《中原音韵》里的侵寻韵，其语音特征是[m]鼻音做韵尾，即"闭口韵"，依宁先生这类字的韵母为[iəm]，本图同一等里的例字"亲、宾"等，属于《中原音韵》里的真文韵，韵尾是鼻音[n]，这种排列说明《黄钟通韵》反应的是[m]已经消失，[m]韵尾字并入到了[n]韵尾中。本图来源以及演变都比较清楚清晰，所收例字有特殊读音的有"褪"、"嫩"二字，依本图所列位置，二字当读[tuənˠ][nuənˠ]，根据我们的调查，这就是东北方音，例如：你把裤子褪一褪！句中的"褪"就读为[tuənˠ]，陈章太、李行健主编《普通话基础方言基本词汇集》（语文出版社 1996 年），语音卷就有例证。"嫩"字的东北方言读音有两种：[nuənˠ]和[lənˠ]。又，"皱"在本图当读为[꜀tʃyən]，这种读音仍存在于现代东北方言，比这种读音更为常见的读音是[꜀tsuən]与[꜀tɕyən]，可以这样推断，"皱"读为[꜀tʃyən]产生得早，胶辽方言的影响因素更大一些，然后转变出来[꜀tsuən]与[꜀tɕyən]，这两个音更加本土化。

（8）宫音南吕律俺声字

本图轻上、轻下、重上、重下四等齐全，这一图的例字，就中古音来源看，开口呼、轻上的"干丹"[an]一类韵母的喉、舌、牙音主要来自中古山摄、咸摄开口一等、三等字，齿音来自中古山摄、咸摄开口三等字，重唇来自中古山摄合口一等、开口二等字，轻唇来自中古山摄、咸摄合口三等字，这些例字在《中原音韵》里基本属于寒山韵；齐齿呼、轻下的"坚颠"[ian]一类韵母的字主要来自中古山摄、咸摄开口二等、四等字，这些例

字在《中原音韵》里基本属于先天韵；合口呼、重上的"官端"[uan]一类
韵母的字来自中古山摄字，这些例字在《中原音韵》里基本属于桓欢韵；
撮口呼、重下的"涓全"[yan]一类韵母的字主要来自中古山摄合口三等、四
等字。这些例字在《中原音韵》里基本属于先天韵。寒山韵包括[an][ian][uan]
三个韵母、桓欢韵[uɔn]一个韵母、先天韵包括[iɛn][iuɐn]两个韵母，到俺声
字韵图里，合流为[an][ian][uan][yan]四个韵母。这说明元代到清代，北方话
的韵母在朝着简化的方向发展。另外，有研究者注意到"脔、恋" 两字在
《黄钟通韵》里的韵母[yan]跟《等韵图经》和《三教经书文字根本》里的韵
母一致，这说明这个韵母是当时普遍存在的，都氏记录的是时音，而与方
言音无关。

　　（9）商音姑洗律嘤声字

　　本图轻上、轻下、重上、重下四等齐全，这一图的例字，包括开口呼、
轻上的"庚登"[əŋ]一类韵母；齐齿呼、轻下的"京丁"[ieŋ]一类韵母；合
口呼、重上的"公东"[uəŋ]一类韵母；撮口呼、重下的"兄雍"[yəŋ]一类
韵母。本图所列例字的中古音来源主要来自通摄、梗摄、曾摄。从《中原
音韵》这个源头看，开口呼 [əŋ]韵母、齐齿呼 [ieŋ]韵母、撮口呼 [yəŋ]韵
母来自庚青韵，合口呼[uəŋ]韵母来自东钟韵。

　　（10）商音夷则律映声字

　　本图轻上、轻下、重上、重下四等齐全，这一图的例字，包括开口
呼、轻上的"康当"[aŋ]一类韵母的字，大多来自中古音宕摄开口一等，
偶有来自宕摄开口三等的字；齐齿呼、轻下的"香央"[iaŋ]一类韵母的
字，大多来自中古音宕摄开口三等的字，偶有例外，例如，"江"属于江
摄开口三等；合口呼、重上的"光帮"[uaŋ]一类韵母的字，大多来自中
古音宕摄合口一等；撮口呼、重下的"匡旺"[yaŋ]一类韵母的字，大多
来自中古音宕摄合口三等。这些例字在《中原音韵》里基本属于江阳韵。
可见，映声字韵图来源单一，变化规则，即使"江"字读音的变化，也
与北京音系相同。

　　（11）徵音仲吕律呕声字

　　本图只有轻上、轻下两等，这一图的例字，包括开口呼、轻上的"钩
兜"[əu]一类韵母的字，来自中古音流摄开口一等；齐齿呼、轻下的"鸠丢"
[iɐu]一类韵母的字，来自中古音流摄开口三等。这些例字在《中原音韵》里
基本属于尤韵。本图唇属有例字"茂"和"彪"的读音特殊，茂：中古音
地位是流开四平幽帮，可拟作[məu]；彪：中古音地位是流开一去候明帮，
可拟作[ₛpieu]。可见都氏的记音有存古音之处而与同时代的其他韵书有别。
《音韵逢源》中"彪"的读音跟《黄钟通韵》相同，可知"彪"的现代读音

晚近才产生。

（12）徵音林钟律嗷声字

本图只有轻上、轻下两等，这一图的例字，包括开口呼、轻上的"高刀" [au]一类韵母的字；齐齿呼、轻下的"交貂" [iau]一类韵母的字，这些例字来自中古音效摄开口字，涉及一、二、三、四等。这些例字在《中原音韵》里基本属于萧豪韵。嗷声字韵图例字来源单一，变化规则，未见特殊读音。

3.3.3　《黄钟通韵》韵母表

	十二律图	开口呼	齐齿呼	合口呼	撮口呼
1	咿声字	[ʅ] /[ɿ]	[i]		
2	呜声字			[u]	[y]
3	唉声字	[ei]	[iei]	[uei]	[yei]
4	哀声字	[ai]	[iai]	[uai]	
5	哦声字	[ə]	[iə]	[uə]	[yə]
6	阿声字	[a]	[ia]	[ua]	
7	暗声字	[ən]	[iən]	[uən]	[yən]
8	俺声字	[an]	[ian]	[uan]	[yan]
9	嘤声字	[əŋ]	[iəŋ]	[uəŋ]	[yəŋ]
10	映声字	[aŋ]	[iaŋ]	[uaŋ]	[yaŋ]
11	呕声字	[əu]	[iəu]		
12	嗷声字	[au]	[iau]		

3.4　《黄钟通韵》声调系统与东北方音考论

3.4.1　《黄钟通韵》的声调及其入声问题

《黄钟通韵》的韵图先分等，每"等"里再分平（含长平、短平）、上、去、入四个声调，关于分调的理由和原则，都四德在《声字第九》中说："韵书以口齿调字，平呼为平，高呼为上，重呼为去，急呼为入。平为平声，上去入为侧声。一字只有平上去入四声，以管弦律字，一字有合、四、上、尺、工、六、五七声，七声方足五音六律，四声不足五音六律。虽有上平下平、纯清次清、全浊半浊之论，不合律数。无凭分晰，细调其声，侧声却有上下，平声惟有长短。如咿宜、呜吾、威微、台臺、奢蛇、花华、申神、天田、通同、汪王、幽由、蒿豪之类，上音俱长，下音俱短。等韵旧例，横用三十六母，长短并例在一层，各有一母。窃谓各有一母，似不能各统平上去入四声，平声有长短，侧声无长短，侧声不敷两用，未免有就长弃短，就短弃长之偏废。是以于右十二律图内，以长平短平，直立为上下两层，共用一母。一母通统长平短平、上去入五声。"结合图中例字考察可知：长平就是指阴平、短平就是指阳平，即阴平、阳平、上声、去声，这种分调与现代四声调无异，差异存在于《黄钟通韵》的个别字的归属与现代普通话的四个声调不同。

最大的差别在于《黄钟通韵》的入声，而这入声并不是现实语音的记录，赵荫棠先生（1957）已有论述。该书韵图的入声只配咿、呜、哦、阿四律，因为这四章律图都是阴声韵，应裕康先生（1973）认为："入声与阴声韵相配，可见其韵尾皆为喉塞音ʔ矣。实则都氏为北人，其时已无入声之读，故认为入声字只可各随方音，轻呼入等，重呼入侧，以便叶韵耳！"赵、应两位都引用都氏《声字第九》里所说的："入声音少字少，不敷平上去三声音字，似属方音。况五方土音，唯南方有入声，北方无入声。北方呼入声字，俱如短平声字。其余他方，或呼为上，或呼为去，或转为别音者，各有不同。以管弦之声考之，本律重声，如长平声，轻声如短平声，上进一律如上声，下退一律如去声，详细闻听，惟有长短平声，上下侧声，亦无入声。是知入声字，只可各随方音，轻呼入平，重呼入侧，以便叶韵。"既然现实北方话里无入声，那么，北方话里也就不存在入声与阴声韵的相配，既然不存在这种配对，那推论出来的喉塞音ʔ就一定是莫须有的吧。

问题在于都氏为什么列有入声？仅用"都氏之缺失"或者"遵守旧规的表现"来解释，显然缺少说服力。下述几条理由也许可以对这个问题的解决有所帮助：其一，都氏设立入声，是为了满足他的阴阳律吕之说的需要；其二，他认为满语语音可以涵盖所有的汉语语音，当然也应该涵盖汉语南方方言较为普遍存在着的入声；其三，韵书、韵图大多会犯大而全的毛病，以至于有的韵书里的语音，既包括古今语音又包括各地方音，《黄钟通韵》也犯了其他韵书编撰时常犯的错误；其四，满语里有一些清塞音收尾的词语，例如：tob（正，正直）、cob（山顶）等，与汉语传统的入声以及汉语南方方言里的入声刚好可以产生对应，这种语音事实是重视满汉对音的都四德不会忽略的。至于说都氏守旧，对古代韵书多有承袭，这不是理由，先于《黄钟通韵》的韵书，也多有不列入声之作，都氏为什么不加以继承呢？都氏之作充满革新气息自不待辩，故不可以以守旧责之。存有入声，固有其因。就有入声的咿、呜、哦、阿四律图所收例字来看，全部来自中古入声字，在韵图中列在同声同韵之下，其实，在东北方言里入声字有很多不依常规的分派归并，很能体现出方言面貌，遗憾的是从《黄钟通韵》韵图所列入声字看不到对这种特征的反映。

3.4.2 《黄钟通韵》声调归属与东北方音考论

除去上面已经讨论的入声之外，《黄钟通韵》声调还包括长平、短平、上、去四个声调，跟北京音系相同的变化在此不述，就四个声调归属与北京音系不同的分别加以考证。

（1）长平

长平就相当于阴平，符合规则的变化是来自于中古清声母的平声字。《黄钟通韵》长平里下列例字的中古声母却是浊声母：佗（中古定母，下同）、拈（泥）、庭（定）、猱·（泥）、摩（明）、扪（明）、搂（来）、裒（并）等字就是这样。这种情况与北京音系的规则变化有很大的不同，其中在东北方音里可以找到用法的是：拈："顺手拈来"；庭："上法庭"；猱："抓了一只猱头（猱头：一种皮毛珍贵的动物）"；搂："那个贪官真能搂钱"；摩："累了，去按摩按摩[nanˊ ˌmə]"。直到今天，这些字在吉林、黑龙江方言里都有读阴平的语用事实。可见，都氏所记录的不规则变调，反映的就是东北方音。至于"佗"、"裒"两字，涉嫌冷僻，找不到例证，不能妄下结论，但是，根据类推的原则，应该也跟方言有关。又，长平里的例字"姑"、"迂"东北方音中又读阳平，都氏未予反映。

（2）短平

长平就相当于阳平，符合规则的变化是来自于中古浊声母的平声字。《黄钟通韵》短平里下列例字的中古声母却是清声母：魁（溪）、於（影）、侳（精）、咤（知）、荀（心）、嗟（精）。例字中的"荀"是清声，而"旬"属邪母、浊声，都氏显然认为二字同音，这反映的是浊声母清化以后造成的同音现象。

例字"侳"，按中古声调是去声，东北方言里意义为"惹祸、无理取闹"的方言词语的音读为[ˌtsuo]、[ˋtsuo]两个音，其本字现在通常写成"作"，[①]都氏在韵图里把"作"列在入声，阳平位置上安排"侳"，有理由认为他以此记录的是东北方言词的读音。此外，《黄钟通韵》韵图里的短评字，"嗟""而"等，东北方言又读上声；"危"、"挨"等又读阴平，都氏未能反映。"咤"中古以来都读去声，都氏列在短平，因不解而存疑。

（3）上声

符合规则的变化是上声来自于中古清声母上声字和次浊声母上声字，

---

① 马思周、姜光辉：《东北方言词典》，吉林文史出版社 2005 年版，第 397 页。

因为全浊声母上声字应该并入到了去声，而《黄钟通韵》韵图里却有少数全浊声母上声字仍读上声没有并入到去声，例如，蟹（匣）、挺（定）、奘（从）等字，这些字中古音是上声，都氏记音存古。但三个例字的变化情况各不相同："蟹"，无论在北京音系还是东北方音里，都已读作去声。"挺"，东北方音读为去声，对此，李师无未先生有专论（《〈醒世姻缘传〉"挺"字与今东北方言[tiŋ°]音》）。"奘"，记录的上声读音，仍存在现代东北方言里，例如："小伙子真奘！"意为强壮。韵图里的上声例字"崴"，中古音是影母平声，在北京音系里也读平声，都氏记为上声，是东北方音，前已证明。《黄钟通韵》韵图上声中，保留古音例字还有：慷（中古音见母上声）、脏（精母上声）、剖（滂母上声）这些字今读阴平。茗（明母上声），今读阳平。还有特殊的变化，瞬（中古音书母去声）、苍（清母平声），都氏作上声，未明其变。

（4）去声

符合规则的变化是去声来自于中古去声字和全浊声母上声字。《黄钟通韵》韵图里的去声，不符合规则的变化如下：依据古音而定去声，例如："慨、嗜、坷、播、玩、养、淙"等例字，都氏不顾时音而选择了古音，"养"字既出现在上声里，又出现在去声中，反映出都氏为了填充韵图，是不惜填入古音的。这些字的读音，东北方音跟北京音系大多一致，差异在于，"播"东北方音有读阳平的，例如，"广播"。还有中古音为平声的字，都氏列为去声，例如："浓、轰、湍、韬、钞"等字；"悄"中古为上声、"橙"中古为平声，都氏都列为去声。这两种情况当然不是保存古音，与北京音系、东北方音的情况都不符合。

第4章 《音韵逢源》语音系统与东北方音考论

4.1 《音韵逢源》简介及其研究状况

4.1.1 《音韵逢源》作者及其内容

《音韵逢源》，清代满族人裕恩撰，成书于道光庚子年，即 1840 年。作者裕恩，清史列传有相关记述。裕恩，号容斋，满洲正蓝旗人，清太宗努尔哈赤第十五子多尔衮裔孙，和硕睿恭亲王淳颖第五子，卒于道光二十六年（1846）。该书是一部字谱式的等韵图，是研究明清时期语音的重要材料。该书前有裕禧《音韵逢源序》，概括说明了《音韵逢源》的大致情况。"己亥孟冬五弟容斋以手订《音韵逢源》一书见贻，公余多暇反复推求，其法以国书十二字头，参合华严字母，定为四部、十二摄、四声、二十一母，统一切音，编成字谱，凡四千零三十二声。生生之序，出于自然，经纬错综，源流通贯，虽向之有音无字者，亦可得其本韵。天地之元音，于是乎备矣。惜其不列入声，未免缺然，问之则曰：'五方之音，清浊高下，各有不同，当以京师为正，其入声之字或有作平声读者，或有作上去二声读者，皆分隶于三声之内，周德清之《中原音韵》、李汝珍之《音鉴》，亦皆详论之矣。'且此谱只为传声射字之用，固音韵之游戏耳，故多收俗字而略僻字，至于研究音义，博证典籍，自有《音韵阐微》、《康熙字典》，六书之大成，广大精微，非此书之所能尽也。"四部、十二摄、四声、二十一母，概括了《音韵逢源》的语音框架。四部，作者用乾、坎、艮、震命名，实为合口、开口、齐齿、撮口四呼。十二摄，即为十二韵部，用十二干支来代表。四声，以巽、离、坤、兑命名，据目录可知，即阴平、上声、去声、阳平四声，入声没有保留。二十一母，即其声母系统，用二十一宿来代表，如角一、亢二、氐三、房四、心五、尾六、箕七、斗八、牛九、女十、虚十一、危十二、室十三、壁十四、奎十五、娄十六、胃十七、昂十八、毕十九、觜二十、参二十一。整个字谱分为元、亨、利、贞四个部分，其中每个韵部先按乾一、坎二、艮三、震四分图，共四十八个图，每个图中横列二十一声母，下有满文标音，纵列四声。对于有音无字者，用反切注音。

通过序言可知，编撰《音韵逢源》的目的是为"传声射字之用"，"故多收俗字而略僻字"，但该书对于明清语音研究很有价值。由于该书为满族学者所编著，因此每一个音类都附有满文标音，这与传统韵书的形式迥异，此书比《黄钟通韵》晚出九十六年，该书的满文标音就显得更加细密而合理。两书相距百年，比照两书语音系统，可见其百年间语音的变化。之所以这样考虑，是因为我们在研究中发现，虽然作者说"五方之音，清浊高下，各有不同，当以京师为正"，作者本意在于记录当时的北京语音系统，但是该书韵图却反映出来一些东北方言的语音特征，耿振生先生（1992）指出该书"声母系统没有严格从北京实际语音归纳，而比《等韵图经》多出疑母（[ŋ]）和微母（[v]），共立二十一母"，它为什么不严格遵守京师的语音实际？原因之一是作者不能克服东北方言的影响。何以见得东北方言影响到了作者？理由一，按《清史列传》载，裕恩出身皇族及其显赫，主要生活在乾隆嘉庆道光朝，嘉庆四年就被赏戴花翎，嘉庆十一年被赏头品顶带，一生任高级职务多种。据此推理其语言生活的状况：第一，他的母语是满语；第二，他的交游对象里不会有下层人士；第三，当时高层人物的语言普遍受到东北方言的影响——入关时间不算很长、学习汉语时还生活在东北或他们的汉语老师都是东北人说东北话等原因。理由二，耿先生、杨亦鸣先生、王为民先生就该书并不反映已出现的"尖团不分"等现象，指出该书的语音系统兼顾满文或为跟满文对音而设立。其实满语对汉语发生影响，如第二章所论那样，这种影响首先影响到的就是汉语的东北方言，如果说影响到北京话，那是后来的事情。所以作者使用的汉语不能说百分之百是东北方言至少是受到东北方言影响了的汉语。基于这样的认知，我们才选择《音韵逢源》作为探讨清代中期汉语东北方音特征的研究对象。

本书所用《音韵逢源》，为上海古籍出版社 2002 年影印道光聚珍堂刻本，收于《续修四库全书》经部小学类二八五卷。

4.1.2　《音韵逢源》的研究状况

也许因为书出满族学者，满文又几乎无人使用，所以一直以来并未得到学术界足够的重视，也未见赵荫棠先生论此书。直到近年来才有学者在其著作里对该书做简要的介绍。尤其值得注意的是应裕康先生、李新魁先生、杨亦鸣先生、耿振生先生、王为民先生、高晓虹先生等从不同的角度对《音韵逢源》所涉及的语音现象进行的较为深入的研究。按时间的先后叙述如下。

（1）应裕康先生对《音韵逢源》的研究。应裕康著《清代韵图之研究》对《音韵逢源》的作者、内容及体例做了简要的介绍，并对其音系进行了简要的分析和归纳，得出声母二十一个，韵母三十五个，并分别加以拟音。应先生的拟音如下：声母：k、kʰ、ŋ、t、tʰ、n、p、pʰ、m、ts、tsʰ、s、tʂ、tʂʰ、ʂ、ø、f、v、l、ʐ，其中调整书写了送气符号，零声母由原文的"O"改写作"ø"。韵母：1、uaŋ、aŋ、iaŋ、（yaŋ）；2、uan、an、ian、yan；3、uŋ、əŋ、iŋ、yuŋ；4、uən、ən、in、yn；5、（uau）、au、iau、（yau）；6、uai、ai、iai、（yai）；7、（uou）、ou、iou、（you）；8、uei、ei、（iei）、（yei）；9、uo、ɤ、（io）、（yo）；10、（ue）、（e）、ie、（ye）；11、u、ï、i、y；12、ua、a、ia、（ya），其中"ɤ"按原书之意应该是元音[ɔ]的不圆唇音，应先生写作"-c"，"-c"是辅音，疑誊写之误。这份拟音，不佞寡闻，当属首创，虽然未必都尽然之，但宜肯定其奠基之功。

（2）李新魁先生对《音韵逢源》的研究。李新魁著《汉语等韵学》认为："这部书是根据当时的北京音来编撰的，但是，它摆开来的音系，也是一个语音框架，其中也有许多有音无字的虚位"。[1]该书对其反映的语音特点也做了简要的介绍。

（3）耿振生先生对《音韵逢源》的研究。耿振生著《明清等韵学通论》将《音韵逢源》作为官话方言区北京地区等韵音系的代表，认为该书"声母系统没有严格从北京实际语音归纳，而比《等韵图经》多出疑母（[ŋ]）和微母（[v]），共立二十一母；并不反映已出现的'尖团不分'现象，这是兼顾满文的结果。"[2]对于其韵母系统，耿振生先生认为"反映出明末以来二百年间北京音的主要变化，背离实际语音的地方很少。"

（4）高晓红先生对《音韵逢源》的研究。高晓红的论文《〈音韵逢源〉的阴声韵母》对该书八个阴声韵的中古来源做了较为细致的分析，并将其阴声韵母与北京话进行了比较，"《音韵逢源》比北京话多出 iai yə两个韵母，正好相互抵消，使之数目相同。但北京话中，ɤ 与 o 互补，er 韵只有少数几个零声母的字，因此，实际上《音韵逢源》比北京话要多 iai 、yə 两个韵母。其中 iai 和 iɛ 合并，在北京话变为 iə，yə 和 yɛ 合并为北京话的 yə。"[3]同时，对《音韵逢源》入声字的文白异读进行了分析，认为"与北京话一样，文白异读主要集中在宕江曾梗通摄的入声字，音类的分合情况也一致。"

（5）杨亦鸣、王为民先生对《音韵逢源》的研究。王为民、杨亦鸣先生《〈音韵逢源〉氏毕胃三母的性质》从满汉对译的角度，认为《音韵逢源》的微母和疑母已经消失，裕恩设立"氏、胃、毕"三母是为了解决满汉翻

---

① 李新魁：《汉语等韵学》，中华书局 1983 年版，第 373—375 页。

② 耿振生：《明清等韵学通论》，语文出版社 1992 年版，第 176—178 页。

③ 高晓虹：《〈音韵逢源〉的阴声韵母》，《古汉语研究》1999 年第 4 期。

译中的困难而实施的一项人为举措。《〈圆音正考〉和〈音韵逢源〉所记尖团音分合之比较研究》也从满汉对译的角度认为《音韵逢源》中精组细音和见组细音的对立是人为区分的结果，是一种假象。也就是说，在当时的语音系统中，见组细音和精组细音都已经发生腭化，均演变成舌面音[tɕ]、[tɕʰ]、[ɕ]了。

4.2 《音韵逢源》的声母系统与东北方音考论

明清时期，汉语声母系统已经大大简化，"十九母、二十母、二十一母三种类型相差不大，区别在于有没有微母和疑母，三种类型反映官话方言区的声母面貌。"① 根据《音韵逢源目录》所示，该书共有二十一个声母，作者用二十八宿中的前二十一宿来代表，列举如下：角一、亢二、氐三、房四、心五、尾六、箕七、斗八、牛九、女十、虚十一、危十二、室十三、壁十四、奎十五、娄十六、胃十七、昴十八、毕十九、觜二十、参二十一。这些声母代表字与语音系统没有任何关系，只是一个符号而已。根据分析可知声母是按照发音部位排列的，从右向左分别为：牙音、舌音、重唇音、齿音、喉音、轻唇音、半舌音、半齿音。每一个声母下都有满文标音和汉语的代表字，为我们的研究提供了便利。关于其声母系统，耿振生先生认为："本书声母系统没有严格从北京实际语音归纳，而比《等韵图经》多出疑母（[ŋ]）和微母（[v]），共立二十一；并且也不反映已出现的'尖团不分'现象。这是兼顾满文的结果。"② 此外，杨亦鸣、王为民从满汉对译的角度考察了《音韵逢源》"氐、胃、毕"三母等声母问题，认为作者设立"氐、胃、毕"三母是为了解决满汉对译中的困难而实施的一项人为措施，即否认《音韵逢源》中疑母、微母和影母对立的存在。同时，认为《音韵逢源》将精组细音和见晓组细音分立也是人为区分的结果，是一种假象。可见，对于《音韵逢源》的声母系统，学术界还没有达成共识。因此，为了分析和归纳《音韵逢源》的语音系统，有必要深入分析每个声母的列字情况，以此全面了解声母的分合及演变关系。

4.2.1 《音韵逢源》各组声母及讨论

由于《音韵逢源》的声母是按照发音部位排列的，所以，我们也按照发音部位分组讨论其声母系统。

---

① 耿振生：《明清等韵学通论》，语文出版社 1992 年版，第 142—143 页。

② 同上书，第 176 页。

（1）牙音

牙音，即指《音韵逢源》中"角、亢、氐"三母。根据韵图列字的分析，角母主要来源于《广韵》见母和群母仄声；亢母主要来源于溪母和群母平声；氐母来源于疑母和日母。如下表所示：（《音》即《音韵逢源》，《广》即《广韵》，本文以下行文同此。）

表五　牙音例字音韵地位表

例字	《音》等呼	《音》声调	《音》韵部	《音》声母	《广》声母	《广》韵部	《广》声调
光	乾一	巽一	子部一	角一	见	唐	平
感	坎二	离二	丑部二	角一	见	覃	上
窘	震四	离二	卯部四	角一	群	真	上
郡	震四	坤三	卯部四	角一	群	文	去
腔	艮三	巽一	子部一	亢二	溪	江	平
欠	艮三	坤三	丑部二	亢二	溪	严	去
干	艮三	兑四	丑部二	亢二	群	仙	平
权	震四	兑四	丑部二	亢二	群	仙	平
银	艮三	兑四	卯部四	氐三	疑	真	平
傲	坎二	坤三	辰部五	氐三	疑	豪	去
崖	艮三	兑四	己部六	氐三	疑	佳	平
偶	坎二	离二	午部七	氐三	疑	侯	上
耳	坎二	离二	未部八	氐三	日	之	上
二	坎二	坤三	未部八	氐三	日	脂	去
儿	坎二	兑四	未部八	氐三	日	支	平

　　由于全浊声母的清化，中古群母已经失去独立的地位，分别归入角母和亢母，我们将两个声母拟音为[k]、[kʰ]。此外，《音韵逢源》氐母列字大部分来源于疑母，与影母、微母截然分开，我们暂且将其拟为鼻辅音[ŋ]。明清时期反映北京话的韵书和韵图，如明代徐孝《等韵图经》，清代李汝珍《李氏音鉴》等，疑母都失去了独立的地位，与影母合流。值得注意的是《音韵逢源》中疑母与影母保持对立，说明反映了东北方音的实际读音，在东北方音里，疑母或独立存在或与泥母合并，也有变为零声母的情况，这种情况涉及到文读与白读的区别，例如，东北方音里，"崖"读作[₌ŋai]，为疑母；"傲"读作[nauᵒ]、"偶"读作[ᶜnou]，变读作泥母；"银"读作零声母。氐母中还列入了中古日母字，如"耳、二、儿"等字，说明这些字的声母性质已经发生了变化，演变成了零声母字，这个变化在东北方音里也是如此。这组声母引起争论的在于精组细音和见组细音的对立问题，《音韵逢源》

韵图例字"见、江、窘、郡"按照韵图声母是[k]；"腔、欠、权"按照韵图声母是[kʰ]，这涉及的问题很多，在下文齿音部分一并探讨。

（2）舌音

舌音，即指《音韵逢源》中"房、心、尾"三母。根据韵图列字的分析，房母主要来源于《广韵》端母和定母仄声；心母主要来源于透母和定母平声；尾母主要来源于泥母。如下表：

表六　舌音例字音韵地位表

例字	《音》等呼	《音》声调	《音》韵部	《音》声母	《广》声母	《广》韵部	《广》声调
殿	艮三	坤三	丑部二	房四	端	先	去
东	乾一	巽一	寅部三	房四	端	东	平
惰	乾一	坤三	申部九	房四	定	戈	去
夺	乾一	兑四	申部九	房四	定	桓	入
天	艮三	巽一	丑部二	心五	透	先	平
通	乾一	巽一	寅部三	心五	透	东	平
跳	艮三	坤三	辰部五	心五	定	萧	平
条	艮三	兑四	辰部五	心五	定	萧	平
尿	艮三	坤三	辰部五	尾六	泥	萧	去
乃	坎二	离二	己部六	尾六	泥	咍	上
女	震四	坤三	戊部十一	尾六	泥	鱼	去
妠	乾一	巽一	亥部十二	尾六	泥	删	入

舌音发展较为稳定，我们将其拟音为[t]、[tʰ]、[n]。根据韵图中的列字，我们发现中古端母"鸟"字、疑母"牛"字也列入尾母中，说明此时声母已经变成了[n]，不过，"鸟"有又读音[ᶜtiau]，保留了端母的读音，但在尾母中读泥母，这种变化，北京音系、东北方音都与现代汉语普通话一致。

（3）唇音

唇音分为重唇和轻唇两类，《音韵逢源》在声母的排列中将重唇和轻唇分开，为了讨论的方便，我们放在这里一起讨论。《音韵逢源》"箕、斗、牛"三母，即重唇；"昴、毕"二母，即轻唇。根据韵图列字的分析，箕母主要来源于《广韵》帮母和并母仄声；斗母主要来源于滂母和并母平声；牛母主要来源于明母；昴母主要来源于非母、敷母和奉母；毕母主要来源于微母，但有一"翰"字为影母字，且在韵图中应用非常广泛，作为毕母的反切上字使用，这种情况如何解释，值得讨论。

表七　唇音例字音韵地位表

例字	《音》等呼	《音》声调	《音》韵部	《音》声母	《广》声母	《广》韵部	《广》声调
谤	坎二	坤三	子部一	箕七	帮	唐	去
般	乾一	巽一	丑部二	箕七	帮	桓	平
鳔	艮三	坤三	辰部五	箕七	並	宵	上
白	坎二	兑四	已部六	箕七	並	庚	入
剖	坎二	离二	午部七	斗八	滂	侯	上
胚	乾一	巽一	未部八	斗八	滂	灰	平
邳	坎二	兑四	未部八	斗八	並	脂	平
婆	乾一	兑四	申部九	斗八	並	戈	平
民	艮三	兑四	卯部四	牛九	明	真	平
猫	坎二	巽一	辰部五	牛九	明	肴	平
缪	艮三	兑四	午部七	牛九	明	尤	平
每	乾一	离二	未部八	牛九	明	灰	上
方	坎二	巽一	子部一	昂十八	非	阳	平
飞	坎二	巽一	未部八	昂十八	非	微	平
翻	乾一	巽一	丑部二	昂十八	敷	元	平
梵	坎二	坤三	丑部二	昂十八	奉	凡	去
佛	乾一	兑四	申部九	昂十八	奉	文	入
文	乾一	兑四	卯部四	毕十九	微	文	平
尾	坎二	离二	未部八	毕十九	微	微	上

　　重唇音的发展较为稳定,"箕、斗、牛"三母可拟音为[p]、[pʰ]、[m]。轻唇音在中古时期从重唇音分化出来,即"非、敷、奉、微"。到元代周德清《中原音韵》时,"非、敷、奉"已合并为唇齿擦音[f],《音韵逢源》"昂"母与此一致,拟音为[f]。关于微母,元《中原音韵》和明《韵略易通》中,微母保持独立。通过《音韵逢源》"毕"母韵图列字的分析,发现微母列字与影母、疑母保持着对立,并没有发生相混的现象。根据其列字情况,姑且将毕母看作一个独立的声母,没有演变成纯元音 u,因此应是一个半元音,拟音[υ]。在明清时期反映北京话的韵书和韵图中,如明代徐孝《等韵图经》,清代李汝珍《李氏音鉴》等,微母已不复存在,失去了独立的地位,与零声母合流。《音韵逢源》微母的存在,可以用反映的是当时的东北方音来解释,如果进一步解释,东北方音保留微母是受到胶辽话影响的结果,并且《音韵逢源》之前一百年的《黄钟通韵》也反映

出微母的存在。

（4）齿音

《音韵逢源》齿音包括"女、虚、危、室、壁、奎"六个声母，其中前三个声母为齿头音，后三个声母为正齿音，下面分别讨论。

齿头音

齿头音包括"女、虚、危"三母，根据韵图列字，女母主要来源于《广韵》精母和从母仄声，虚母主要来源于清母和从母平声，危母主要来源于心母和邪母。见下表：

表八 齿头音例音韵地位表

例字	《音》等呼	《音》声调	《音》韵部	《音》声母	《广》声母	《广》韵部	《广》声调
静	艮三	坤三	寅部三	女十	精	清	去
尊	乾一	巽一	卯部四	女十	精	魂	平
赠	坎二	坤三	寅部三	女十	从	登	去
就	艮三	坤三	午部七	女十	从	尤	去
逡	震四	巽一	卯部四	虚十一	清	谆	平
操	坎二	巽一	辰部五	虚十一	清	豪	平
存	乾一	兑四	卯部四	虚十一	从	魂	平
秦	艮三	兑四	卯部四	虚十一	从	真	平
笑	艮三	坤三	辰部五	危十二	心	宵	去
腮	坎二	巽一	己部六	危十二	心	咍	平
随	乾一	兑四	未部八	危十二	邪	支	平
谢	艮三	坤三	酉部十	危十二	邪	麻	去

齿头音三母在汉语语音史上发展比较稳定，《中原音韵》拟音为[ts]、[tsʰ]、[s]，根据这三母发展的稳定性，我们将这三母也拟音为[ts]、[tsʰ]、[s]。问题在于按照《音韵逢源》韵图的安排，例字"秦"读为[ꞎtsʰin]"笑、谢"的声母是[s]，这与这些例字的今音有别，这就又涉及尖团音问题、颚化现象是否产生[tɕ][tɕʰ][ɕ]是否已经存在等一系列问题。从韵图来看，精组声母确实与细音相拼，还真没见到[tɕ][tɕʰ][ɕ]的影子，结合前面牙音的精组细音和见组细音的对立的韵图实际来看，如果认为这是一种假象，确实要慎重下结论。

正齿音

正齿音包括"室、壁、奎"三母，根据韵图列字可知，室母主要来源于《广韵》庄母、知母、章母和澄母仄声、崇母仄声；壁母主要来源于初母、彻母、昌母和澄母平声、崇母平声、禅母平声和船母平声；奎母主要来源于生母、书母、禅母和船母。

表九　正齿音例字音韵地位表

例字	《音》等呼	《音》声调	《音》韵部	《音》声母	《广》声母	《广》韵部	《广》声调
壮	乾一	坤三	子部一	室十三	庄	阳	去
张	坎二	巽一	子部一	室十三	知	阳	平
掌	坎二	离二	子部一	室十三	章	阳	上
着	坎二	兑四	辰部五	室十三	澄	阳	入
宅	坎二	兑四	己部六	室十三	澄	庚	入
寨	坎二	坤三	己部六	室十三	崇	夬	去
创	乾一	坤三	子部一	壁十四	初	阳	去
敞	坎二	离二	子部一	壁十四	昌	阳	上
逞	坎二	离二	寅部三	壁十四	彻	清	上
床	乾一	兑四	子部一	壁十四	崇	阳	平
长	坎二	兑四	子部一	壁十四	澄	阳	平
成	坎二	兑四	寅部三	壁十四	禅	清	平
垂	乾一	兑四	未部八	壁十四	禅	支	平
唇	乾一	兑四	卯部四	壁十四	船	谆	平
爽	乾一	离二	子部一	奎十五	生	阳	上
商	乾二	巽一	子部一	奎十五	书	阳	平
慎	坎二	坤三	卯部四	奎十五	禅	真	去
醇	乾一	兑四	卯部四	奎十五	禅	谆	平
神	坎二	兑四	卯部四	奎十五	船	真	平
盾	乾一	离二	卯部四	奎十五	船	谆	上

　　据上表可知，中古禅母和船母的演变较为复杂，并没有按照声调的平仄发生分化，没有规律性。中古知、庄、章三组声母在《音韵逢源》中已经合流，与《中原音韵》、《韵略易通》所体现的语音现象一致，今拟音为[tʂ]、[tʂʰ]、[ʂ]。

　　在《音韵逢源》中，正齿音与齿头音有相混的现象。齿头音精组混入正齿音照组中，如：

表十　齿头音精组混入正齿音照组对比表

例字	《音》等呼	《音》声调	《音》韵部	《音》声母	《广》声母	《广》韵部	《广》声调
奘	乾一	离二	子部	室十三	从	唐	上
拴	乾一	巽一	丑部	奎十五	清	仙	平
省	坎二	离二	寅部	奎十五	心	清	上

此外，还有正齿音照组混入齿头音精组中，如：

表十一　正齿音照组混入齿头音精组对比表

例字	《音》等呼	《音》声调	《音》韵部	《音》声母	《广》声母	《广》韵部	《广》声调
譖	坎二	坤三	卯部	女十	庄	侵	去
厌	坎二	坤三	申部	女十	庄	蒸	入
策六切	坎二	坤三	子部	虚十一	初	唐	去
梢	艮三	离二	辰部	虚十一	生	肴	平
森	坎二	巽一	卯部	危十二	生	侵	平

正齿音照组字与齿头音精组字相混的情况在现代北方话里面比较常见，主要体现了[tʃ]向[ts]的演变。比较东北方音，据孙维张先生《吉林方言分区略说》、郭正彦先生《黑龙江方言分区略说》以及本人 1987 年对佳木斯地区方言的调查①，时至今日东北大部分地区的方言分不清平卷舌，普通话里的平舌音，这些地方的人常读成卷舌音；普通话里的卷舌音，在东北很多地方又被读成平舌音。因此，通过对《音韵逢源》声母中精照组字读音相混现象的分析，可看出其与今天东北方里里"平翘舌不分"的情况相吻合，与北京音系却不同。所以我们认为《音韵逢源》的基础语音是包括东北方音在内的，而非单一的北京语音。

（5）喉音

在《音韵逢源》中，喉音是指娄、胃二母，即中古的晓、影母。其中娄母主要来源于《广韵》晓母和匣母，胃母主要来源于影母、云母和以母。

表十二　喉音例字音韵地位表

例字	《音》等呼	《音》声调	《音》韵部	《音》声母	《广》声母	《广》韵部	《广》声调
厚	坎二	坤三	午部七	娄十六	匣	侯	去
侯	坎二	兑四	午部七	娄十六	匣	侯	平
休	艮三	巽一	午部七	娄十六	晓	尤	平
朽	艮三	离二	午部七	娄十六	晓	尤	上
约	震四	坤三	申部九	胃十七	影	阳	入
噎	艮三	巽一	西部十	胃十七	影	先	入
运	震四	坤三	卯部四	胃十七	云	文	去
云	震四	兑四	卯部四	胃十七	云	文	平
也	艮三	离二	西部十	胃十七	以	麻	上
夜	艮三	坤三	酉部十	胃十七	以	麻	去

---

① 见陈章太、李行健主编：《普通话基础方言基本词汇集·语音卷上》，语文出版社 1996 年版，第 578—605 页。

　　云母和以母于宋代已经合为喻母，后经过宋元时期，喻母与影母合并为零声母，元代《中原音韵》即为明证。《中原音韵》将晓、影母拟音为[x]、[ø]，从发展的主流来看，直到现代，两母发展较为稳定，未发生变化，因此，我们将娄、胃也拟音为[x]、[ø]。例字里，"朽"东北方音又读[ʰtɕiou]，"约"又读[ɕiau]，这种变化跟入声字的归并有关，该书的韵图看不到这个变化。

　　（6）半舌、半齿音

　　在《音韵逢源》中，半舌即为觜母，半齿即为参母。这两个声母看上去来源简单，觜母来源于《广韵》来母，参母来源于《广韵》日母。

表十三　半舌音半齿音例字音韵地位表

例字	《音》等呼	《音》声调	《音》韵部	《音》声母	《广》声母	《广》韵部	《广》声调
邻	艮三	兑四	卯部四	觜二十	来	真	平
捞	坎二	巽一	辰部五	觜二十	来	豪	平
略	震四	坤三	申部九	觜二十	来	阳	入
列	艮三	坤三	酉部十	觜二十	来	仙	入
仍	坎二	兑四	寅部三	参廿一	日	蒸	平
闰	乾一	坤三	卯部三	参廿一	日	谆	去
柔	坎二	兑四	午部七	参廿一	日	尤	平
蕤	乾一	离二	未部八	参廿一	日	支	上

　　中古来母、日母发展稳定，直到近代基本没有较大变化，我们将这两个声母拟音为[l]、[ʐ]。韵图参母例字（源于中古音的日母字）变化整齐，不同于《黄钟通韵》的复杂变化，是不是当时纷乱的变化过了一百年就都变得整齐划一了呢？不是，在这一点上，《黄钟通韵》反映的是东北方音特色，这种特色至今仍有遗存，而《音韵逢源》反映的是北京音。

4.2.2 《音韵逢源》的声母表

　　通过以上的分析，我们大致了解了《音韵逢源》各组声母的中古来源、分合及其演变的关系，通过归纳和总结，我们将其声母系统列表如下：

　　《音韵逢源》二十一母：

唇音	重唇	箕 p	斗 pʰ	牛 m	
	轻唇	昴 f	毕 ʋ		
舌音		房 t	心 tʰ	尾 n	觜 l
齿音	正齿	室 tʂ	壁 tʂʰ	奎 ʂ	参 ʐ
	齿头	女 ts	虚 tsʰ	危 s	
喉音		娄 x	胃 ø		
牙音		角 k	亢 kʰ	氐 ŋ	

4.3 《音韵逢源》的韵母系统与东北方音考论

明清时期，不仅声母系统简化了，韵母系统也发生了简化，特别是表现北方语音的韵书韵图，如《韵略汇通》分韵十六；《等韵图经》分十三摄；《元韵谱》分十二佸，等等。与宋元时期的韵书韵图相比，韵母系统大大简化了。到了清代，由于满文十二字头的影响，清代的韵书韵图均采用十二部分部法，如《五方元音》、《等韵精要》、《黄钟通韵》、《本韵一得》、《字母切韵要法》、《三教经书文字根本》等。裕恩的《音韵逢源》也分韵十二，"以国书十二字头参合华严字母，定为四部、十二摄、四声、二十一母，统一切音，编成字谱。"（《音韵逢源序》）十二摄，即十二韵部。以干支为名，即子一、丑二、寅三、卯四、辰五、巳六、午七、未八、申九、酉十、戌十一、亥十二。每个韵部又分乾一、坎二、艮三、震四，即合、开、齐、撮四呼。每呼为一图，共四十八图。为了深入了解《音韵逢源》的韵母系统，下面分组进行讨论，以此观察各组韵部之间的分合演变，以及所体现的语音现象。

4.3.1 各组韵部的讨论

（1）子部

《音韵逢源》子部中乾一、坎二、艮三有列字，但震四无列字，俱为切语，说明撮口呼有音无字。因此，子部共有三个韵类，主要来源于《广韵》的江、阳、唐韵字，相当于《中原音韵》的江阳韵。如下表：

表十四 子问例字音音韵地位表

例字	《音》等呼	《音》声调	《音》韵部	《音》声母	《广》声母	《广》韵部	《广》声调
桄	乾一	坤三	子部一	角一	见	唐	去
黄	乾一	兑四	子部一	娄十六	匣	唐	平
筐	乾一	巽一	子部一	亢二	溪	阳	平
磢	乾一	离二	子部一	壁十四	初	阳	上
牕	乾一	巽一	子部一	壁十四	初	江	平
哝	乾一	兑四	子部一	尾六	娘	江	平
张	坎二	巽一	子部一	室十三	知	阳	平
掌	坎二	离二	子部一	室十三	章	阳	上
姎	坎二	离二	子部一	胃十七	影	唐	平
汤	坎二	巽一	子部一	心五	透	唐	平

续表

例字	《音》等呼	《音》声调	《音》韵部	《音》声母	《广》声母	《广》韵部	《广》声调
胖	坎二	坤三	子部一	斗八	滂	江	去
邦	坎二	巽一	子部一	箕七	帮	江	平
娘	艮三	兑四	子部一	尾六	娘	阳	平
央	艮三	巽一	子部一	胃十七	影	阳	平
江	艮三	巽一	子部一	角一	见	江	平
讲	艮三	离二	子部一	角一	见	江	上

宕摄开口三等知三章组字列于坎二中，说明介音[i]已消失，与今音一致。但清代一些韵书韵图，如《五方元音》，将这部分字列于齐齿呼中，由此可见，介音[i]消失的时间并不长。此外，江摄开口二等牙喉音字，如"江姜僵讲胜绛降"等字列于艮三中，说明开口二等牙喉音字已经腭化，产生了[i]介音，与开口三四等合流，这实际上说明了[tɕ][tɕʰ][ɕ]三个声母的存在，既然存在，为什么不在韵图里表现出来呢？这就是有研究者指出的该书对实际语音反映不充分之处，我们还认为这是作者因袭传统韵书加上审音不足使然。

就韵图的子部来看，与《中原音韵》是一致的，《中原音韵》江阳韵共三个韵类，即[aŋ，iaŋ，uaŋ]，此后《韵略易通》、《韵略汇通》、《五方元音》莫不如此。《音韵逢源》子部所分三个韵类，与上述韵书无别，因此拟音为[uaŋ，aŋ，iaŋ]。

（2）丑部

《音韵逢源》丑部中乾一、坎二、艮三、震四均有列字，说明丑部共有四个韵类，根据列字分析，主要来源于《广韵》的元、寒、桓、删、山、先、仙、覃、谈、盐、添、咸、衔、严、凡韵字。相当于《中原音韵》的寒山、先天、桓欢和闭口韵盐咸、廉纤。如下表：

表十五　丑部例字音韵地位表

例字	《音》等呼	《音》声调	《音》韵部	《音》声母	《广》声母	《广》韵部	《广》声调
晚	乾一	离二	丑部二	毕十九	明	元	上
万	乾一	坤三	丑部二	毕十九	明	元	去
穿	乾一	巽一	丑部二	壁十四	昌	仙	平
喘	乾一	离二	丑部二	壁十四	昌	仙	上
钻	乾一	坤三	丑部二	女十	精	桓	去
弯	乾一	巽一	丑部二	胃十七	影	删	平

续表

例字	《音》等呼	《音》声调	《音》韵部	《音》声母	《广》声母	《广》韵部	《广》声调
旦	坎二	坤三	丑部二	房四	端	寒	去
班	坎二	巽一	丑部二	箕七	帮	删	平
扮	坎二	坤三	丑部二	箕七	帮	山	去
干	坎二	巽一	丑部二	角一	见	寒	平
簪	坎二	巽一	丑部二	女十	精	覃	平
览	坎二	离二	丑部二	觜二十	来	谈	上
三	坎二	巽一	丑部二	危十二	心	谈	平
占	坎二	巽一	丑部二	室十三	章	盐	平
边	艮三	巽一	丑部二	箕七	帮	先	平
扁	艮三	离二	丑部二	箕七	帮	先	上
便	艮三	坤三	丑部二	箕七	并	仙	去
焉	艮三	巽一	丑部二	胃十七	影	仙	平
掩	艮三	离二	丑部二	胃十七	影	盐	上
念	艮三	坤三	丑部二	尾六	泥	添	去
眷	震四	坤三	丑部二	角一	见	仙	去
圈	震四	巽一	丑部二	亢二	溪	仙	平
阮	震四	离二	丑部二	氐三	疑	元	上
愿	震四	坤三	丑部二	氐三	疑	元	去
渊	震四	巽一	丑部二	胃十七	影	先	平
挛	震四	兑四	丑部二	觜二十	来	仙	平

在《中原音韵》中，盐咸与寒山主要元音相同，廉纤与先天主要元音相同，其区别就在于韵尾不同，前者为[m]尾，后者为[n]尾。《音韵逢源》将《中原音韵》的寒山、先天、桓欢、盐咸、廉纤合并为一个韵部——丑部，说明闭口韵[m]尾已经消失。闭口韵的消失，实际上早在《中原音韵》时期已经发生了，但仅仅涉及了唇音，称为"首尾异化"现象。而到了十七时期出现的韵书韵图中，闭口韵已经消失得无影无踪了，完全并入[n]尾中了，《等韵图经》《交泰韵》《西儒耳目资》《韵略汇通》《拙庵韵悟》《等音》《声位》等韵书都反映出来这样的语音特征。关于其演变的时间，王力先生认为："在北方话里，-m 的全部消失，不能晚于 16 世纪，因为 17 世纪初叶（1626）的《西儒耳目资》里已经不再有-m 尾的韵了。"[①]杨耐思先

① 王力：《汉语史稿》，中华书局 1980 年版，第 135 页。

生考察了 14 世纪至 16 世纪的汉语韵书、语音材料及朝鲜韵书，认为："–m 的部分转化不晚于 14 世纪，全部转化不晚于 16 世纪初叶。"[①]

"穿、喘、软、钏"等为中古山摄合口三等字，今列入乾一中，说明失去了[i]介音，与现代语音一致。山摄合口一等、合口三等唇音字"潘判盘般翻旛番幡反"列于合口呼中，与今音则不符，但咸摄合口三等"凡泛梵"等字却列在坎二中，这种安排值得怀疑。山摄开口三等知三章组字都列在坎二中，说明失去了[i]介音，与现代语音一致。此外，山摄开口二等牙喉音产生了[i]介音，与开口三四等无别，故列入艮三中。丑部震四收录了山摄合口三来母字，在今北京音中已读为合口呼（"恋"例外）。实际上，山摄合口三等来母字读撮口呼，保留的时间较长，《元韵谱》《五方元音》《拙庵韵悟》《三教经书文字根本》《西儒耳目资》，甚至清末的《官话萃珍》都有撮口一读。在现在广州话中，"恋"仍有撮口一读。

《音韵逢源》丑部将《中原音韵》五韵合并，说明不仅韵尾相同，而且主要元音也相同了。王力《汉语语音史》在明清韵部中将言前韵的主要元音拟为[a]，并且认为："齐齿受韵头[i]的影响，元音挪前，[ian]实际上读[iɛn]，合口和撮口呼受韵头[u]、[y]的影响，元音挪后，[uan]、[yan]实际上读[uɑn]、[yɑn]。"由于受到韵头的影响，音值略有变化，但这四个元音不同时间出现在一个语音环境中，处于互补关系，从音位学的角度来看，可以归纳为一个音位。因此，我们采用王力先生的拟音，将丑部拟音为[uan，an，ian，yan]。

有趣的是丑部一图排列极为整齐，可还是露出了东北方音的马脚，看其例字"阮"，按图当读为[yan]，这毫无疑问是东北方音，北京话是读作[ʐuan]的。又，例字"孪"，按图当读[lyan]，这也不是北京音，例字"孪"的同音字，在东北方音里更加省事，去掉介音，直接读作[lan]。

（3）寅部

《音韵逢源》寅部中四呼中均有列字，说明共有四个韵类。根据列字分析，主要来源于《广韵》的东、冬、钟、庚、耕、清、青、蒸、登韵字，对应于《中原音韵》东钟韵和庚青韵。

《中原音韵》东钟韵[uŋ，iuŋ]与庚青韵[əŋ，iəŋ，uəŋ，iuəŋ]主要元音不同，故分为两个韵部。但在当时就已有混淆的迹象，"东钟与庚青的混淆，在《中原音韵》中已见端倪。中古梗摄合口和曾摄合口部分喉牙音字（如'肱、觥、轰、兄、横、永、莹'等），唇音字（如'崩、鹏、盲、萌、孟'等），《中原音韵》兼收于东钟和庚青。周德清把收在东钟韵的梗、曾摄字称为外来字，说明当时两韵合流的趋势是庚青韵转向东钟韵。《中原音韵》

① 杨耐思：《近代汉语-m 的转化》，载《近代汉语音论》，商务印书馆 1997 年版，第 60 页。

之后，这种趋势逐渐发展，到十六世纪初《四声通解》今俗音里，两韵已完全合流。"①明代徐孝《司马温公等韵图经》将两个韵部合并为"通摄"，明代乔中和《元韵谱》、清代樊腾凤《五方元音》也将其合二为一，可见，庚青与东钟合并是当时时音的真实描述。那么，合并后的韵部，其主要元音是什么呢？王力先生认为："从音位观点上看，[uŋ]也可以写作[uəŋ]，认为是[ə]的合口呼；[iuŋ]也可以写作[yəŋ]，认为是[ə]的撮口呼罢了。"②那么，东钟和庚青就有了一个共同的主要元音，就是[ə]。《音韵逢源》寅部共四个韵类，韵尾为[ŋ]，可拟音为[uəŋ，əŋ，iəŋ，yəŋ]。

下面来看每个韵类的中古来源：

表十六　寅部例字音韵地位表

例字	《音》等呼	《音》声调	《音》韵部	《音》声母	《广》声母	《广》韵部	《广》声调
洪	乾一	兑四	寅部三	娄十六	匣	东	平
风	乾一	巽一	寅部三	昂十八	非	东	平
嗪	乾一	离二	寅部三	昂十八	並	锺	上
春	乾一	巽一	寅部三	奎十五	书	锺	平
宗	乾一	巽一	寅部三	女十	精	冬	平
松	乾一	巽一	寅部三	危十二	心	冬	平
赠	坎二	坤三	寅部三	女十	从	登	去
争	坎二	巽一	寅部三	室十三	庄	耕	平
整	坎二	离二	寅部三	室十三	章	清	上
仍	坎二	兑四	寅部三	参廿一	日	蒸	平
烹	坎二	巽一	寅部三	斗八	滂	庚	平
绷	坎二	巽一	寅部三	箕七	帮	耕	平
迎	艮三	兑四	寅部三	氐三	疑	庚	平
娉	艮三	巽一	寅部三	斗八	滂	清	去
聘	艮三	坤三	寅部三	斗八	滂	清	去
平	艮三	兑四	寅部三	斗八	并	庚	平
丁	艮三	巽一	寅部三	房四	端	青	平
顶	艮三	离二	寅部三	房四	端	青	上
炯	震四	离二	寅部三	角一	见	青	上
穹	震四	巽一	寅部三	亢二	溪	东	平
浓	震四	兑四	寅部三	尾六	娘	锺	平
雍	震四	巽一	寅部三	胃十七	影	锺	平
永	震四	离二	寅部三	胃十七	云	庚	上
兄	震四	巽一	寅部三	娄十六	晓	庚	平

---

① 郭力：《古汉语研究论稿》，北京语言大学出版社 2003 年版，第 48 页。

② 王力：《汉语语音史》，中国社会科学出版社 1985 年版，第 406 页。

　　古通摄合口三等知庄章组及非日母"宠充崇戎春凤中仲"等字失去了[i]介音，与合口一等无别。古曾梗开口三等知庄章日母"逞成扔省圣"等字失去了[i]介音，与开口一等无别。艮三中开口二等均为牙喉音字，开口二等牙喉音腭化产生[i]介音，与开口三四等合流，这项演变早在《中原音韵》音系中已经产生，如"庚青"韵中行衡珩开二形铏硎开四音同，敬镜竟开三径经开四更开二音同。但有一些开口二等牙喉音字如"庚耕耿羹赓埂"等字列入坎二中，与普通话相一致。按照开口二等牙喉音腭化的规律，应产生[i]介音，与开口三四等合流。那么，为什么会出现这种演变呢？朱晓农先生讨论三四等字的腭化时，曾经提出："中古以后，有两条互相争夺的音变规则：一条是腭化规则，另一条是i介音失落规则。腭化规则大约在元代以后开始起作用，而i介音失落原则出现得更早。不过，两条规则在一段时间内曾共同起作用，相互争夺同一群语素，因而导致了今天一些韵中腭化与非腭化的分化。"①由此可见，"耕耿更"等字正是i介音失落规则在起作用的结果。

　　震四收字较少，均为牙喉音字。实际上，明清时期[yəŋ]韵正处于剧烈演变的动态过程中，其收字的范围不断缩小，从圆唇音舌尖前音开始逐渐向洪音演变，在《西儒耳目资》中只剩下了牙喉音还保留细音。《音韵逢源》寅部震四的收字情况与此相一致。其中例字"浓"，很有代表性，在本图读作[nyəŋ]，东北方音读作[nəŋ]，北京音读作[noŋ]。分析：本图例字"浓"的读音，不是北京音，而是时音，记录的是[yəŋ]韵处于正在变化的过程中，稍后介音消失变为开口，就是[əŋ]，这是最为便利的变化，至于韵腹变为圆唇音，一定是继续变化的结果，北京话的音读晚于东北话音读已明，可见本图所记之音读，更接近东北方音。

　　（4）卯部

　　《音韵逢源》卯部四呼俱全，具有列字。根据列字分析，主要来源于《广韵》的真、谆、臻、文、欣、魂、痕、侵韵字，相当于《中原音韵》的真文韵和侵寻韵。真文韵与侵寻韵主要元音相同，差别在于前者为[n]尾，后者为[m]尾。《音韵逢源》卯部将两个韵部合二为一，说明闭口韵已经消失，并入[n]尾中了。《中原音韵》真文韵拟音为[uən，iuən，ən，iən]，侵寻韵拟音为[əm，iəm]，卯部四呼均有列字，可拟音为[uən，ən，iən，yən]。

　　卯部例字可见下表：

———————————

① 朱晓农：《三四等字的腭化与非腭化问题》，《汉字文化》1989年第21期。

表十七 卯部例字音韵地位表

例字	《音》等呼	《音》声调	《音》韵部	《音》声母	《广》声母	《广》韵部	《广》声调
诨	乾一	坤三	卯部四	氏三	疑	魂	去
喷	乾一	巽一	卯部四	斗八	滂	魂	平
吻	乾一	离二	卯部四	毕十九	明	文	上
问	乾一	坤三	卯部四	毕十九	明	文	去
谆	乾一	巽一	卯部四	室十三	章	谆	平
准	乾一	离二	卯部四	室十三	章	谆	上
认	坎二	坤三	卯部四	参廿一	日	真	去
人	坎二	兑四	卯部四	参廿一	日	真	平
根	坎二	巽一	卯部四	角一	见	痕	平
䑛	坎二	离二	卯部四	角一	见	痕	上
审	坎二	离二	卯部四	奎十五	书	侵	上
枕	坎二	离二	卯部四	室十三	章	侵	上
寅	艮三	兑四	卯部四	胃十七	以	真	平
亲	艮三	巽一	卯部四	虚十一	清	真	平
寝	艮三	离二	卯部四	虚十一	清	侵	上
沁	艮三	坤三	卯部四	虚十一	清	侵	去
谨	艮三	离二	卯部四	角一	见	欣	上
欣	艮三	巽一	卯部四	娄十六	晓	欣	平
勋	震四	巽一	卯部四	娄十六	晓	文	平
训	震四	坤三	卯部四	娄十六	晓	文	去
俊	震四	坤三	卯部四	女十	精	谆	去
迅	震四	坤三	卯部四	危十二	心	谆	去

　　臻摄开合三等唇音及知庄章日母字、深摄开口三等字失去了[i]介音，分别与合口一等、开口一等合流。[yən]韵主要来自臻摄合口三等字，收字较少，均为精组和牙喉音字，与《五方元音》收字范围一致。值得一提的是乾一列有"吞"字，《广韵》吐根切，开口一等字。但在明清很多韵书韵图中，"吞"字已经由开口读成合口，即[ₑtʰuən]，如《等韵图经》、《拙庵韵悟》、《西儒耳目资》等，《音韵逢源》也反映了这一语音变化，今普通话与此一致，也读为合口。

　　（5）辰部

　　《音韵逢源》辰部中坎二、艮三有列字，而乾一、震四无列字，均为切语，说明合口、撮口有音无字。根据列字分析，主要来源于《广韵》的萧、宵、肴、豪韵字，相当于《中原音韵》的萧豪韵。如下表所示：

表十八　辰部例字音韵地位表

例字	《音》等呼	《音》声调	《音》韵部	《音》声母	《广》声母	《广》韵部	《广》声调
桃	坎二	兑四	辰部五	心五	定	豪	平
操	坎二	巽一	辰部五	虚十一	清	豪	平
猫	坎二	巽一	辰部五	牛九	明	肴	平
卯	坎二	离二	辰部五	牛九	明	肴	上
朝	坎二	兑四	辰部五	壁十四	知	宵	平
扰	坎二	离二	辰部五	参廿一	日	宵	上
尿	艮三	坤三	辰部五	尾六	泥	萧	去
幺	艮三	巽一	辰部五	胃十七	影	萧	平
妙	艮三	坤三	辰部五	牛九	明	宵	去
苗	艮三	兑四	辰部五	牛九	明	宵	平
教	艮三	坤三	辰部五	角一	见	肴	去
敲	艮三	巽一	辰部五	亢二	溪	肴	平

效摄开口三等知三章日母字介音[i]消失，并入开口呼中。艮三中的效摄开口二等字均为牙喉音字，说明也产生了介音[i]。

《中原音韵》萧豪韵拟音为[ɑu，au，iau]，即效摄一二等仍保持对立，但三四等已经合流。但《音韵逢源》辰部中效摄一二等的对立已经消失，如下表：

表十九　辰部例字等韵对比表

例字	《音》等呼	《音》声调	《音》韵部	《音》声母	《广》声母	《广》韵部	等第	开合	《广》声调
猫	坎二	巽一	辰部五	牛九	明	肴	二	开	平
卯	坎二	离二	辰部五	牛九	明	肴	二	开	上
貌	坎二	坤三	辰部五	牛九	明	肴	二	开	去
毛	坎二	兑四	辰部五	牛九	明	豪	一	开	平
包	坎二	巽一	辰部五	箕七	帮	肴	二	开	平
宝	坎二	离二	辰部五	箕七	帮	豪	一	开	上
报	坎二	坤三	辰部五	箕七	帮	豪	一	开	去
苞	坎二	兑四	辰部五	箕七	帮	肴	二	开	平

因此，辰部只有两个韵类，即开口和齐齿，我们将其拟音为[au，iau]。

（6）巳部

《音韵逢源》巳部中乾一、坎二、艮三有列字，而震四仅有切语，无别字，说明没有撮口呼字。根据列字分析，巳部主要来源于《广韵》的皆、佳、泰、咍、夬和入声陌韵，相当于《中原音韵》的皆来韵。

巳部例字如下表：

表二十　巳部例字音韵地位表

例字	《音》等呼	《音》声调	《音》韵部	《音》声母	《广》声母	《广》韵部	《广》声调
外	乾一	坤三	巳部六	氏三	疑	泰	去
派	乾一	坤三	巳部六	斗八	滂	佳	去
拜	乾一	坤三	巳部六	箕七	帮	皆	去
乖	乾一	巽一	巳部六	角一	见	皆	平
拐	乾一	离二	巳部六	角一	群	佳	上
快	乾一	坤三	巳部六	亢二	溪	夬	去
摆	坎二	离二	巳部六	箕七	帮	佳	上
筛	坎二	巽一	巳部六	奎十五	生	佳	平
该	坎二	巽一	巳部六	角一	见	咍	平
改	坎二	离二	巳部六	角一	见	咍	上
盖	坎二	坤三	巳部六	角一	见	泰	去
奈	坎二	坤三	巳部六	尾六	泥	泰	去
宅	坎二	兑四	巳部六	室十三	澄	陌	入
白	坎二	兑四	巳部六	箕七	并	陌	入
皆	艮三	巽一	巳部六	角一	见	皆	平
解	艮三	离二	巳部六	角一	见	佳	上
楷	艮三	离二	巳部六	亢二	溪	皆	上
骇	艮三	离二	巳部六	娄十六	匣	皆	上

中古时期的牙喉音由于腭化产生了[i]介音，所以出现了[iai]韵，与《中原音韵》是一致的。但《音韵逢源》巳部[iai]韵收字很少，并且很多字与西部重出，如"皆、解、戒"等，说明[iai]韵此时已经处于消亡的边缘，而在此三十五年之前写就的《李氏音鉴》，[iai]韵还没有发生转化。乾一中还有个别支脂韵字，如"揣、帅、衰"等。值得注意的是例字"解"，东北方音又读[ᶜkai]（例：解开绳子！），跟本图音读[tɕiai]极为接近，是东北话保留了传统读音？还是此图记录了东北方音？不管怎样，这个例证至少可以说明《音韵逢源》跟东北方音关系密切。又，例字"派、拜"按图属于合口呼字，

与今音不同，圆唇 u 介音何时、何由消失？未明。此外由于入声的消失，塞音韵尾的脱落，入声韵字合并到阴声韵字中，如陌韵开口二等"白、拍、宅、择、翟"等字，并入开口呼中。因此，巳部可拟音为[uai，ai，iai]。

（7）午部

《音韵逢源》午部中坎二、艮三有列字，乾一、震四仅有切语，说明午部只有两个韵类。根据列字分析，主要来源于《广韵》的尤、侯、幽和入声屋韵字，相当于《中原音韵》的尤侯韵。

午部例字如下表：

表二十一　午部例字音韵地位表

例字	《音》等呼	《音》声调	《音》韵部	《音》声母	《广》声母	《广》韵部	《广》声调
收	坎二	巽一	午部七	奎十五	书	尤	平
首	坎二	离二	午部七	奎十五	书	尤	上
透	坎二	坤三	午部七	心五	透	侯	去
头	坎二	兑四	午部七	心五	定	侯	平
妯	坎二	兑四	午部七	室十三	澄	屋	入
肉	坎二	坤三	午部七	参廿一	日	屋	入
谬	艮三	坤三	午部七	牛九	明	幽	去
彪	艮三	巽一	午部七	箕七	帮	幽	平
鸠	艮三	巽一	午部七	角一	见	尤	平
九	艮三	离二	午部七	角一	见	尤	上
敲	艮三	巽一	辰部五	亢二	溪	肴	平

坎二中列有部分尤韵开口三等字，且均为轻唇及知三章组字，说明其[i]介音已经脱落，与开口呼无别。因此，午部共有两个韵类，其区别在于介音[i]的有无，今拟音为[əu，iəu]。本图列字里例外读音的是"彪"、"敲"，"彪"在本图的读音跟《黄钟通韵》一致，在《韵略易通》里也是这个读音（据张玉来 1999 拟音），说明该字的现代读音是晚近的事情。"敲"按图当读[ₑkʰiəu]或[ₑtɕʰiən]，东北方音里，"敲"又音[ₑkʰau]（例：敲打敲打，"打"读轻声），与本图音读接近。

（8）未部

《音韵逢源》未部中乾一、坎二有列字，艮三、震四仅有切语，无列字，可见未部仅有两个韵类。根据列字分析，主要来源于《广韵》的灰、祭、支、脂、齐、微、泰及入声德、缉韵字，对应于《中原音韵》齐微韵的一部分，与《等韵图经》垒摄、《韵略汇通》灰微韵收字一致。

未部例字如下表：

表二十二　未部例字音韵地位表

例字	《音》等呼	《音》声调	《音》韵部	《音》声母	《广》声母	《广》韵部	《广》声调
推	乾一	巽一	未部八	心五	透	灰	平
腿	乾一	离二	未部八	心五	透	灰	上
醉	乾一	坤三	未部八	女十	精	脂	去
追	乾一	巽一	未部八	室十三	知	脂	平
赘	乾一	坤三	未部八	室十三	章	祭	去
奎	乾一	兑四	未部八	亢二	溪	齐	平
尾	坎二	离二	未部八	毕十九	明	微	上
未	坎二	坤三	未部八	毕十九	明	微	去
眉	坎二	兑四	未部八	牛九	明	脂	平
贼	坎二	兑四	未部八	女十	从	德	入
给	坎二	离二	未部八	角一	见	缉	入
耳	坎二	离二	未部八	氐三	日	之	上
二	坎二	坤三	未部八	氐三	日	脂	去

乾一中收录了一部分蟹摄止摄合口三四等字，如"吹危规癸贵醉追髓虽"等，说明[i]介音已经消失，与合口呼没有区别。"黑给北贼勒"等入声韵字列于坎二中，与阴声韵字合并。值得注意的是中古止摄开口三等"耳二儿"等字列于坎二影母下，说明这部分字已经转化为零声母了，读[ɚ]韵母，与今音一致。因此，未部应包括三个韵类，即[uei，ei，ɚ]。本图反映东北方音的例字有"尾"、"未"、"勒"。先分析"尾"、"未"，二例字列在"坎二"，说明裕恩认为它们是开口呼字，是把二例字开头的圆唇介音 u 当成了辅音，东北人说话普遍不愿意发圆唇音，遇到上面的情况，常常读作不圆唇略带摩擦的唇齿音，同《黄钟通韵》的微母，北京话不是这样的，至于"尾巴"的"尾"读作[ᶜi]，是北京话与东北话都一致的读音。再说"勒"，"勒"跟"黑给北贼勒"等入声韵字列于坎二，说明作者拟定的读音是[ᴄlei]而不是[lə˞]，记录的是东北方音，当然北京音也有[ᴄlei]这个"又读音"，但是，"勒"在北京话读作[lə˞]的情况，东北方音一般都读[ᴄlei]，一般没有"又读音"，强调"一般"是因为东北方言口语之外的读书音的情况不容易概括，它跟说话人受教育的程度有关系。

（9）申部

《音韵逢源》申部中乾一、坎二、震四有列字，艮三仅有切语，说明申部共有三个韵类。根据列字分析，主要来源于《广韵》的歌、戈、麻和入声薛、陌、德、盍、职、铎、没、麦、末、觉、药、物韵字，基本上对应于《中原音韵》的歌戈韵。因此，申部可拟音为[uə，ə，yə]。

申部例字如下表：

表二十三　申部例字音韵地位表

例字	《音》等呼	《音》声调	《音》韵部	《音》声母	《广》声母	《广》韵部	《广》声调
妥	乾一	离二	申部九	心五	透	戈	上
唾	乾一	坤三	申部九	心五	透	戈	去
驼	乾一	兑四	申部九	心五	定	歌	平
搓	乾一	巽一	申部九	虚十一	清	歌	平
国	乾一	兑四	申部九	角一	见	德	入
说	乾一	巽一	申部九	奎十五	书	薛	入
朔	乾一	坤三	申部九	奎十五	生	觉	入
摸	乾一	巽一	申部九	牛九	明	铎	入
撦	坎二	离二	申部九	壁十四	昌	麻	上
掣	坎二	坤三	申部九	壁十四	昌	祭	去
个	坎二	坤三	申部九	角一	见	歌	去
珀	坎二	坤三	申部九	斗八	滂	陌	入
德	坎二	兑四	申部九	房四	端	德	入
岳	震四	坤三	申部九	氐三	疑	觉	入
玃	震四	坤三	申部九	角一	见	药	入
觉	震四	兑四	申部九	角一	见	觉	入
却	震四	坤三	申部九	亢二	溪	药	入
谑	震四	坤三	申部九	娄十六	晓	药	入

果摄合口一等唇音字列于乾一中，有介音[u]，现代汉语语音一般将这类字纳入开口呼中。但我们发现申部坎二中也有一部分唇音字，其来源于中古开口二等入声陌韵字。我们知道即使在《中原音韵》中，开口和合口的对立也仅限于牙喉音字，在唇音并没有对立。因此，乾一中唇音字的安排就值得怀疑了。值得注意的是申部坎二中的唇音字，如"珀、迫、伯、陌"等字，乾一的"摸"等字，与今普通话及北京话读音不同，而与今东北方言相一致，与"歌、阁、可"等字的主要元音相同，即东北方音主要元音是[ə]而北京音则为[o]，本图记录的就是东北方音的圆唇读作不圆唇的

特点。另外，假摄开口三等知庄章日母字与开口呼合流，说明其介音[i]已经消失；震四收字均为中古江宕摄入声字，且声母为精组、见晓组和泥来母字，这些字在《中原音韵》拟音为[io]，今北京音中则为[yə]。可见，[yə]正是由[io]向[yε]演变的中间阶段，我们粗略地考察，这种中间阶段还出现于《李氏音鉴》、《音泲》中，这些著作均为十九世纪初中期的作品，而这项音变直到《官话萃珍》才最后完成。

（10）酉部

《音韵逢源》酉部中艮三、震四有列字，乾一、坎二仅有切语，无列字，可见酉部只有两个韵类。根据列字分析，主要来源于《广韵》的戈、麻、佳、皆和入声帖、屑、薛、月、业韵字，对应于《中原音韵》的车遮韵。

酉部例字如下表：

表二十四　酉部例字音韵地位表

例字	《音》等呼	《音》声调	《音》韵部	《音》声母	《广》声母	《广》韵部	《广》声调
乜	艮三	离二	酉部十	牛九	明	麻	上
嗟	艮三	巽一	酉部十	女十	精	麻	平
解	艮三	离二	酉部十	角一	见	佳	上
皆	艮三	巽一	酉部十	角一	见	皆	平
戒	艮三	坤三	酉部十	角一	见	皆	去
帖	艮三	坤三	酉部十	心五	透	帖	入
灭	艮三	坤三	酉部十	牛九	明	薛	入
切	艮三	巽一	酉部十	虚十一	清	屑	入
业	艮三	坤三	酉部十	氐三	疑	业	上
瘸	震四	兑四	酉部十	六二	群	戈	平
靴	震四	巽一	酉部十	娄十六	晓	戈	平
悦	震四	坤三	酉部十	胃十七	以	薛	入
劣	震四	坤三	酉部十	觜二十	来	薛	入
缺	震四	巽一	酉部十	六二	溪	屑	入
血	震四	离二	酉部十	娄十六	晓	屑	入
穴	震四	坤三	酉部十	娄十六	匣	屑	入
月	震四	坤三	酉部十	氐三	疑	月	入
厥	震四	兑四	酉部十	角一	见	月	入

《中原音韵》车遮韵有两个韵类，拟音为[iε, yε]，《音韵逢源》酉部与《中原音韵》车遮韵一致，故也拟为[iε, yε]。

艮三中出现大量蟹摄开口二等见晓组字，说明已经产生了[i]介音。但已部艮三中也有蟹摄开口见组字，但数量很少，且这些字也出现在酉部艮三中。这说明这部分字当时有[iɛ]和[iai]两读，但从列字的数量来分析，[iɛ]音已经占据了绝对优势。[yɛ]韵与申部[yə]韵的音值很相近，且在今天北京话中二者已经没有分别，但从其列字的中古来源来看，[yə]主要为宕江摄入声字，而[yɛ]韵主要为山臻摄的入声字。由于其来源不同，在《音韵逢源》中还是又分别的。引起我们注意的例字是"劣"字，按图读为[lyɛ°]，普通话读作[lie°]，该图记音与东北方音一致。

（11）戌部

《音韵逢源》戌部中四呼均有列字，根据列字分析，主要来源于《广韵》的支、脂、之、模、鱼、虞、齐、微、祭韵和入声质、职、烛、锡、屋韵字，相当于《中原音韵》支思、鱼模和齐微的齐齿呼。《中原音韵》支思拟音为[ɿ、ʅ]，鱼模韵拟音为[iu]，齐微齐齿呼为[i]。明清时期，[iu]已经演变成[y]，因此，《音韵逢源》戌部共有五个韵母，即[u，ɿ，ʅ，i，y]。

戌部例字如下表：

表二十五　戌部例字音韵地位表

例字	《音》等呼	《音》声调	《音》韵部	《音》声母	《广》声母	《广》韵部	《广》声调
卢	乾一	兑四	戌十一	觜二十	来	模	平
初	乾一	巽一	戌十一	壁十四	初	鱼	平
助	乾一	坤三	戌十一	室十三	崇	鱼	去
武	乾一	离二	戌十一	毕十九	明	虞	上
读	乾一	兑四	戌十一	房四	定	屋	入
俗	乾一	兑四	戌十一	危十二	邪	烛	入
思	坎二	巽一	戌十一	危十二	心	之	平
慈	坎二	兑四	戌十一	虚十一	从	之	平
螭	坎二	巽一	戌十一	壁十四	彻	支	平
施	坎二	巽一	戌十一	奎十五	书	支	平
自	坎二	坤三	戌十一	女十	从	脂	去
至	坎二	坤三	戌十一	室十三	章	脂	去
祭	艮三	坤三	戌十一	女十	精	祭	去
米	艮三	离二	戌十一	牛九	明	齐	上
批	艮三	巽一	戌十一	斗八	滂	齐	平
锡	艮三	兑四	戌十一	危十二	心	锡	入

续表

例字	《音》等呼	《音》声调	《音》韵部	《音》声母	《广》声母	《广》韵部	《广》声调
希	艮三	巽一	戊十一	娄十六	晓	微	平
吉	艮三	兑四	戊十一	角一	见	质	入
基	艮三	巽一	戊十一	角一	见	之	平
余	震四	兑四	戊十一	胃十七	以	鱼	平
驴	震四	兑四	戊十一	觜二十	来	鱼	平
句	震四	坤三	戊十一	角一	见	虞	去
区	震四	巽一	戊十一	亢二	溪	虞	平
菊	震四	兑四	戊十一	角一	见	屋	入
勖	震四	坤三	戊十一	娄十六	晓	烛	入

遇通摄合口三等字失去了[i]介音,与合口呼无别。坎二列字均来自中古止摄开口三等字,主要是精组、庄组和一部分章组字。艮三列字均为开口三四等字,震四列字均为合口三等字。就本韵图而言,上述五个韵母合成一张图确实看不出来作者的主观意图是怎样的,本图的"ʅ"与"ɿ"在东北方言里根据声母的自由变换而变换,这种情况用"[ɿ]"来概括是困难的。

(12)亥部

《音韵逢源》亥部中乾一、坎二、艮三均有列字,震四仅有切语,可见,亥部包括三个韵类。根据列字分析,主要来源于《广韵》的麻、佳、歌韵及入声乏、月、狎、黠、合、盍韵字,相当于《中原音韵》的家麻韵,亥部三个韵母拟音为[ua,a,ia]。

亥部例字如下表:

表二十六 亥部例字音韵地位表

例字	《音》等呼	《音》声调	《音》韵部	《音》声母	《广》声母	《广》韵部	《广》声调
卦	乾一	坤三	亥十二	角一	见	佳	去
娃	乾一	兑四	亥十二	胃十七	影	佳	平
瓦	乾一	离二	亥十二	氐三	疑	麻	上
瓜	乾一	巽一	亥十二	角一	见	麻	平
刷	乾一	巽一	亥十二	奎十五	生	黠	入
妠	乾一	巽一	亥十二	尾六	娘	黠	入
大	坎二	坤三	亥十二	房四	定	歌	去
那	坎二	巽一	亥十二	尾六	泥	歌	平

续表

例字	《音》等呼	《音》声调	《音》韵部	《音》声母	《广》声母	《广》韵部	《广》声调
怕	坎二	坤三	亥十二	斗八	滂	麻	去
爬	坎二	兑四	亥十二	斗八	并	麻	平
飒	坎二	坤三	亥十二	危十二	心	合	入
塔	坎二	离二	亥十二	心五	透	盍	入
贾	艮三	离二	亥十二	角一	见	麻	上
呀	艮三	离二	亥十二	六二	溪	麻	平
袷	艮三	兑四	亥十二	角一	见	洽	入
押	艮三	兑四	亥十二	胃十七	影	狎	入

梗摄开口二等"打"字列于坎二中，在《中原音韵》中此字收在家麻韵上声，可见，这个字的演变很早已经完成。艮三收字为中古假摄开口二等及咸摄开口二等、山摄开口二等的入声字，且均为牙喉音字，开口二等牙喉音由于腭化产生介音[i]，所以有别于开口呼字。此外，亥部艮三中有一"两"字，《广韵》为宕摄开口三等阳韵字，《中原音韵》列于江阳韵上声，但根据在《音韵逢源》所处位置应读为[lia]，应是东北方音的实际反映。

根据以上对《音韵逢源》十二部也就是十二张韵图的分析，可以发现，虽然总的来说十二图表明的韵母系统跟现代普通话语音系统区别不大，但是仍然反映出来一些东北方言的语音特征，如果否定这一结论，那么韵图出现的诸多例外就没有解释的办法了。

4.3.2 《音韵逢源》的韵母表

	合口	开口	齐齿	撮口
子部	uaŋ	aŋ	iaŋ	
丑部	uan	an	ian	yan
寅部	uəŋ	əŋ	iəŋ	yəŋ
卯部	uən	ən	iən	yən
辰部		au	iau	
巳部	uai	ai	iai	
午部		əu	iəu	
未部	uei	ei、ə		
申部	uə	ə	yə	
西部			iɛ	yɛ
戌部	u	ʅ、ɿ	i	y
亥部	ua	a	ia	

4.4　《音韵逢源》的声调系统与东北方音考论

《音韵逢源》的声调系统共有四个调类，裕恩用卦名来表示，即巽一、离二、坤三、兑四。《音韵逢源目录》标明这四个调类即为上平声、上声、去声、下平声。上平声、下平声，就是今普通话的阴平、阳平，只是所用术语不同罢了。关于中古的入声，《音韵逢源序》说："惜其不列入声，未免缺然。问之则曰：'五方之音，清浊高下，各有不同，当以京师为正。其入声之字，或有作平声读音，或有作上去二声读者，皆分隶于三声之内，周德清之《中原音韵》、李汝珍之《音鉴》皆详论之矣。'"可见，《音韵逢源》中入声作为一个调类已经消失，可是作者的哥哥为该书做序对于没有列入入声仍然感到可惜，就是这种心态导致都四德在写《黄钟通韵》时明明知道北方汉语没有入声，那也要把入声字加在韵图里。由此看来，在尊重语音实际以及对传统韵书改革方面，裕恩的境界是高于都四德和其兄禧恩的。下面对《音韵逢源》声调系统的几个问题加以详细论述。

4.4.1　平分阴阳

《音韵逢源》中平声分为两类：上平声、下平声，即阴平、阳平。中古平声分成阴阳两类，早在元代《中原音韵》已经完成，其演变是按声母的清浊发生分化，即清音变成阴平，浊音变成阳平。下面我们看一下《音韵逢源》中平声分化的情况：

表二十七　《音韵逢源》平声分化表

例字	《音》等呼	《音》声调	《音》韵部	《音》声母	《广》声母	《广》韵部
瓢	艮三	兑四	辰部五	斗八	群	宵
群	艮三	兑四	辰部五	亢二	匣	豪
明	坎二	兑四	辰部五	牛九	明	宵
明	艮三	兑四	辰部五	牛九	定	豪
从	坎二	兑四	辰部五	虚十一	从	宵
从	艮三	兑四	辰部五	虚十一	来	豪
来	艮三	兑四	辰部五	觜二十	澄	仙
澄	坎二	兑四	丑部二	壁十四	日	仙
日	坎二	兑四	丑部二	参廿一	疑	删
疑	干一	兑四	丑部二	氐三	群	宵

例字	《音》等呼	《音》声调	《音》韵部	《音》声母	《广》声母	《广》韵部
超	坎二	巽一	辰部五	壁十四	彻	宵
飘	艮三	巽一	辰部五	斗八	滂	宵
刀	坎二	巽一	辰部五	房四	端	豪
标	艮三	巽一	辰部五	箕七	帮	宵
高	坎二	巽一	辰部五	角一	见	豪
敲	艮三	巽一	辰部五	亢二	溪	肴
烧	坎二	巽一	辰部五	奎十五	书	宵
蒿	坎二	巽一	辰部五	娄十六	晓	豪

通过上面的列字，我们可得出结论：《音韵逢源》平声的分化也是以声母的清浊作为分化的条件，其规律为清音变成阴平，浊音变成阳平，与今普通话、大多数方言相一致。此外，有个别字没有按照规律发展，例如：

"扔"，日母字，浊音，本应变为阳平，但《音韵逢源》列于上平声中，与东北方音一致，该字在东北方言里又音[ˌləŋ]也读阴平。

"捞"，来母，浊音，《音韵逢源》列于上平声，与东北方音一致。

"那"，泥母，浊音，《音韵逢源》列于上平声，与今音不符，这很特别，考"那"字在多种韵书里，与"哪"混形，读音或为上声或为去声，读作阴平的情况只出现在东北方言里，意义是满族的一个姓氏改成汉族姓氏称为"那"姓，源于叶赫部的那拉氏。

"森"，生母字，浊音，但《音韵逢源》列于上平声中。实际上，"森"字在《中原音韵》也为阴平，列于侵寻韵平声阴中；"沙纱砂鲨"等字，生母字，浊音，本应变为阳平，《音韵逢源》列于上平声；"生湦衫删"等字，生母字，浊音，《音韵逢源》列于上平声；"猫"，明母，浊音，《音韵逢源》列于上平声，在今音中，与"猫"字中古音韵地位相同的其他字均按照规律演变，如"苗描缃"。"奎"，溪母，清音，本应变成阴平，《音韵逢源》列于下平声，与今音一致。以上例外变化与《中原音韵》的变化及大部分北方话的变化一致。以上几个字的特殊演变，都事出有因，并不会影响平分阴阳的总的演变规律。

4.4.2　全浊上声变为去声

在现代汉语中，中古全浊的上声字大部分读成去声。罗常培先生《唐五代西北方音》认为"全浊跟次浊的上声在这种方音里已竟显然的变成去声了"，其依据为《开蒙要训》五例"浊上注去"例、九例"去注浊上"例，此外还引唐末李涪《刊误·切韵》的话作为旁证。可见，浊上归去最早在唐五代时期已经出现，直到元代《中原音韵》时已完成演变。通过对《音韵逢源》中全浊上声字的分析发现，全浊上声字大部分已经归为去声，如下表：

表二十八　《音韵逢源》上声变化表

例字	《音》等呼	《音》声调	《音》韵部	《音》声母	《广》声母	《广》韵部	《广》声调
鳔	艮三	坤三	辰部五	箕七	並	宵	上
浩	坎二	坤三	辰部五	娄十六	匣	豪	上
象	艮三	坤三	子部一	危十二	邪	阳	上
陛	艮三	坤三	戊十一	箕七	並	齐	上
亥	坎二	坤三	巳部六	娄十六	匣	哈	上
并	艮三	坤三	寅部三	箕七	並	青	上
幸	艮三	坤三	寅部三	娄十六	匣	耕	上
篆	干一	坤三	丑部二	心五	澄	仙	上
杜	干一	坤三	戊十一	房四	定	模	上

但在《音韵逢源》中我们发现还有一些全浊上声字没有变成去声，如"缓"、"很"、"挺"、"啤""沉""滓""铉"等字，仍读上声。其中"缓"、"很"、"挺"、"啤"等字直到今天普通话中仍读上声，而"沉""滓""铉"已经读为去声了，前已述及"挺"在东北方言里也有读作去声的用法。可见，任何语音演变都要经过一个漫长的发展过程。王力先生指出："虽然也有少数的例外（"腐""釜""辅""缓""皖""窘""强""挺""艇"），但是全浊上声的发展规律是可以肯定的。"①因此，个别字的例外演变，不会影响浊上归去的发展规律。

4.4.3　入声的演变

入声问题一直是近代汉语语音研究中的一个重要课题。王力先生《汉语史稿》指出入声在北方话里的消失是近代汉语的一大特点，其标志是周德清的《中原音韵》。但在明清时期出现的韵书韵图中，有的保留，有的取消，可见入声问题在近代汉语研究中的复杂性。《音韵逢源》没有保留入声，分别派入到阴平、阳平、上声、去声中。《中原音韵》的入派三声具有很强的规律性，即全浊声母变阳平，次浊声母变去声，清声母变上声。那么，《音

① 王力：《汉语史稿》，中华书局 1980 年版，第 194 页。

韵逢源》入声演变的规律是否与《中原音韵》一致呢？通过对《音韵逢源》中古入声演变的分析，我们发现全浊入声字归阳平，次浊入声归去声，如下表所示：

表二十九　《音韵逢源》浊入声变化表

例字	《音》等呼	《音》声调	《音》韵部	《音》声母	《广》声母	《广》韵部	《广》声调
达	坎二	兑四	亥十二	房四	定	寒	入
拔	坎二	兑四	亥十二	箕七	並	元	入
勺	乾一	兑四	申部九	奎十五	禅	阳	入
蛇	坎二	兑四	申部九	奎十五	船	麻	入
学	震四	兑四	申部九	娄十六	匣	觉	入
贼	坎二	兑四	未部八	女十	从	德	入
熟	坎二	兑四	午部七	奎十五	常	屋	入
妯	坎二	兑四	午部七	室十三	澄	屋	入
榻	坎二	坤三	亥十二	心五	透	谈	入
腊	坎二	坤三	亥十二	觜二十	来	谈	入
热	坎二	坤三	申部九	参廿一	日	仙	入
岳	震四	坤三	申部九	氐三	疑	江	入
鹊	震四	坤三	申部九	虚十一	清	阳	入
洛	乾一	坤三	申部九	觜二十	来	唐	入
肋	坎二	坤三	申部九	觜二十	来	登	入
略	震四	坤三	申部九	觜二十	来	阳	入
肉	坎二	坤三	午部七	参廿一	日	屋	入

但清声母入声的演变则与《中原音韵》不一致，并不是整齐划一地变为上声，而是分别归入阴平、阳平、上声、去声中，并没有规律性，如下表：

表三十　《音韵逢源》清入声变化表

例字	《音》等呼	《音》声调	《音》韵部	《音》声母	《广》声母	《广》韵部	《广》声调
缺	震四	巽一	西部十	亢二	溪	先	入
歇	艮三	巽一	西部十	娄十六	晓	元	入
喥	艮三	巽一	西部十	胃十七	影	先	入
贴	艮三	巽一	西部十	心五	透	添	入

例字	《音》等呼	《音》声调	《音》韵部	《音》声母	《广》声母	《广》韵部	《广》声调
切	艮三	巽一	酉部十	虚十一	清	先	入
塔	坎二	离二	亥十二	心五	透	谈	入
得	坎二	离二	未部八	房四	端	登	入
北	坎二	离二	未部八	箕七	帮	登	入
给	坎二	离二	未部八	角一	见	侵	入
珀	坎二	坤三	申部九	斗八	滂	庚	入
迫	坎二	坤三	申部九	箕七	帮	庚	入
矍	震四	坤三	申部九	角一	见	药	入
却	震四	坤三	申部九	亢二	溪	药	入
德	坎二	兑四	申部九	房四	端	登	入
伯	坎二	兑四	申部九	箕七	帮	庚	入
国	乾一	兑四	申部九	角一	见	登	入
阁	坎二	兑四	申部九	角一	见	麻	入
觉	震四	兑四	申部九	角一	见	江	入

因此，《音韵逢源》中古入声的分派与《中原音韵》并不一致，其条件为：全浊入声归阳平，次浊入声归去声，清声母入声分别派入阴平、阳平、上声、去声，这种复杂的情况可以反映出来作者面对东北方言内部的分歧，很难确切规定出来分派的标准，所以显示出清声母的演变则没有规律性，而浊声母的演变规律性是很强的。

4.5　《音韵逢源》音系所见东北方音特征考论

通过上面的分析和归纳，现将《音韵逢源》所体现的语音现象归纳如下。

第一，全浊声母清化，这一点跟《黄钟通韵》的情况是一致的，一百年间没有反复。这是汉语北方话声母简化的主要原因。

第二，微母[v]和疑母[ŋ]保留，并未变成零声母，反映了当时的东北方音，本书的微母就是《黄钟通韵》的"倭[v]母"。至于疑母[ŋ]的保留，反映的是东北方音的文白异读，疑母或保留或变作零声母都是常态，至今仍然如此，其实《黄钟通韵》的情况也是这样的，只不过都四德没有单列疑母罢了。

　　第三，从韵书例字排列来看，舌面前音[tɕ]、[tɕʰ]、[ɕ]还未产生。但精组细音和见组细音的对立又确实存在，这一现象比《黄钟通韵》更加明显，由此认定当时的东北方言口语音里已经使用[tɕ]、[tɕʰ]、[ɕ]三个声母，而《音韵逢源》没有明确加以记录是可以的。

　　第四，照组声母与精组声母有相混的现象，《黄钟通韵》也反映出这个特征，看来东北方言的"平翘舌音不分"的问题存在已久，至今如是，要解决这个问题，还需要较长的时间，也依赖普通话的推广和普及。

　　第五，闭口韵[m]尾已经消失，并入[n]尾中。这一点，大多数汉语北方话都如此。

　　第六，保留[iai]韵，但字数较少，大多与[iɛ]合流，演变时间早于北京话，反映了当时的东北方音。《黄钟通韵》哀声字里的[iai]韵字是正常形态，一百年以后至《音韵逢源》已经变化。

　　第七，儿化韵已经产生。《黄钟通韵》对"儿化韵"未加以反映。

　　第八，陌韵开口二等唇音"伯陌迫"等字的主要元音与"歌阁可"相同，《黄钟通韵》与此相同，没有圆唇的[o]或[ɔ]做单韵母的情况。这与今东北方音的发音特点仍然保持一致。

　　第九，保留[yə]韵，与[yɛ]韵形成对立。这里保留的[yə]韵，明显可见是继承《黄钟通韵》的哦声字，对东北方音的反映是比较具体的。

　　第十，声调：平分阴阳，其规律为清音变成阴平，浊音变成阳平。

　　第十一，浊上归去。

　　第十二，入派四声，条件为全浊入声归阳平，次浊入声归去声，清声母入声分别派入阴平、阳平、上声、去声。浊声母的演变规律性较强，但清声母的演变则没有规律性。

　　声调变化的原则和特征基本跟《黄钟通韵》一致，两份韵图对东北方音的反映都体现在为数不多的个别例字声调的特殊变化上面。

　　以上两章通过两部汉语传统的韵图文献探讨了清代汉语东北方言的一些重要的语音特征，也稍微注意到两份韵图产生的差距反映了清代东北方音一百年间的变化。1840年以后的一百年间，东北方言的基本状况就是下面要讨论的主要内容。

第5章 《奉天通志》语音系统与东北方音考论[①]

5.1 《奉天通志》简介及其研究状况

《奉天通志》原定书名为《辽宁通志》，1928 年通志馆正式成立开始纂修，中间经过日本侵略，底稿散失不少，后由金毓黻补充纂辑，1934 到年成书，1937 年刊行，是辽宁省志书中既完备又系统的通志。全书 260 卷 10 函 100 册，洋洋数百万言，该志全面记录了辽宁历史沿革，山川地貌，天文气象，风土人情，物产资源及政治、经济、文化等各方面情况，保留了丰富的自然和社会的各方面资料。大事叙至清末，其他各志从其断限不宜分者间亦叙及近代，所以其资料性相当充实。大事志，人物志，记录了上自秦汉下至清末涉及到辽宁的内政、外交、民事、军事等各种事件，记录了二千年来活跃于辽宁历史舞台上的勋阀、乡宦、文学、武材、社会名流等一万多人的传记资料；金石志搜集了历代的金石碑刻，保留了很多的文史资料；其他如物产、租赋、捐税、职官、艺文等志，均从不同侧面反映了辽宁人民在各个历史时期的社会生活，是研究辽宁自然史和社会史的一部资料总汇。这部通志的编纂者如辽阳的白永贞、金毓黻，新城的王树楠，江宁的吴廷燮等，都是当时著名学者，东北史地专家，从而使这部通志从内容到体例都达到相当水平。当然，由于历史和社会条件的限制，该书资料遗漏。内容讹误之处也是存在的。1982 年辽沈书社对《奉天通志》进行了标点，校勘，影印出版。《奉天通志》"礼俗四"列有大量方言词汇，并附有"方音"一节，主要说明入声字的读音，此外也涉及声母、韵母的信息，为我们了解清末民初东北方言语音系统尤其是奉天话的语音系统提供了宝贵的资料。

关于清代奉天话的状况，《奉天通志》载"虽满汉异俗，并直、鲁、豫、晋之人，杂居此地，语言各殊，而日久同化，自成一方俗语相沿。"可见《奉

---

① 本章节的一些内容曾由汪银峰、陶娥等执笔，以《奉天通志》所见清末民初奉天方言；论《奉天通志》对辽宁方言的保存为题，发表论文在《古籍整理研究学刊》2013 年第 9 期；《兰台世界》2011 年第 25 期。

天通志》对今天辽宁方言的形成及来源的复杂性有了较为清楚的认识。因此，我们要充分挖掘反映清代奉天话的文献材料，如韵书、方志、笔记、民俗资料等等，为今东北方言的历时研究提供支持。《奉天通志》"礼俗四"将辽宁方言词汇纂入省志，"以补《辽东志》《全辽志》《盛京通志》之阙"。方言词汇后附有"方音"一节，为方言词标注读音，共六十六组，主要是说明入声字的读音，此外也涉及声母、韵母的信息，为我们了解清末东北方言语音系统提供了宝贵的资料。

如"竹读如足"，竹，知母；足，精母，知精相混；"桑读如伤"，桑，心母；伤，书母，心书混同。精组与知组、章组混同，表明二十世纪初奉天话语音中舌尖前音和舌尖后音是不分的。在今天辽宁方言中，舌尖前音和舌尖后音的关系比较复杂，大部分方言混而不分，基本只有舌尖前音，没有舌尖后音，这可以说是东北官话的普遍特征，也是与北京官话的重要区别之一。可见，在 20 世纪初，这一语音现象在辽宁语音中已经很普遍。

再如"日读如意"、"肉读如宥"、"瑞读如类"、"扔读如哼"，体现了二十世纪初辽宁语音中日母字读音的复杂性。其中"日读如意"、"肉读如宥"，表明中古日母与零声母相混。在今辽宁方言中，大部分地区仍是如此，这也是东北官话、胶辽官话的重要特征，东北官话大部分地区没有 r 声母，北京话读 r 声母的字东北官话大部分都读零声母。"古止摄开口之外的日母字在胶辽官话的大多数地区读零声母，韵母为细音，以[i-]或[y-]开头。""瑞读如类"，则说明日母与来母相混，条件是合口呼字。日母字在东北官话中多读零声母，与胶辽官话一致。但今辽南地区很多字仍读 l，如"辱"、"锐"等。在冀鲁官话中，日母字的读音则较为复杂。其中部分地区日母合口呼字读 l 声母，"合口呼读 l; 沧惠片的阳寿小片不论开合多读 l"。"扔读如哼"，《奉天通志》注："二音相近，本省安、宽等县人呼扔如哼。"安，即安东，1965 年更名丹东；宽，即宽甸。这个读音至今仍保留在东北胶辽官话区。辽宁地区，由于历史和地域的特殊性，移民来源较为复杂，日母字的读音充分说明了这一点，体现了语言接触对辽宁方言的影响。

另外"本省辽河左右人读我如诺，去声"、"辽河左右人呼鹅如挪"、"袄读如恼，字皆上声，音近，辽河左右人呼袄曰恼"、"士人讥人太俗，及僧人还俗，皆读俗如徐，亦声相转耳"、"略读如料"、"学读如斅"、"觉读如绞"等，这些对语音特征的描写，都反映了当时的东北方言语音特点，涉及到影母与泥母混读或影母字变读作泥母，入声字多两读等一系列问题。下文主要根据《奉天通志》中的方音材料，勾勒清末民初奉天话的语音状况，借此反映出当时东北方言语音的一些重要特征。

5.2 《奉天通志》反映的清末民初奉天话的声母状况

据《奉天通志》中的方音材料，我们可以稽考清末民初奉天话的声母状况，主要体现在以下几个方面。

（1）全浊声母消失

如"矢读如时，失、石、实并同"，矢、失，书母；石、时，禅母；实，船母，书禅船合流，全浊声母已与清声母混同。此类例子还有很多，如"皆读如捷"，见从相混；"防读如访"，並滂相混；"笛、迪读如抵"，定端相混；"漆读如齐"、"七读如齐"，清从相混；"惑读如悔"，晓匣相混；"锡读如习"，邪心相混。虽材料有限，但已涉及船、禅、並、定、从、匣、邪等大部分全浊声母。

（2）z 组与 zh 组声母相混

如"竹读如足"，竹，知母；足，精母，知精相混；"桑读如伤"，桑，心母；伤，书母，心书混同。精组与知组、章组混同，表明清末民初奉天方言中舌尖前音和舌尖后音是不分的。此外，知庄章三组声母应该也没有分别，如"闯读如创"，闯，彻母三等；创，初母三等，知三庄三相混。在今天辽宁方言中，z 组与 zh 组声母的关系也比较复杂，大部分方言混而不分，基本只有 z 组声母，没有 zh 组声母，这可以说是东北官话的普遍特征，也是与北京官话的重要区别之一。清代前期反映东北方言特征的《黄钟通韵》也揭示了这一语音现象。在《黄钟通韵》赀组声母中混入了中古庄、崇、初、生母字，如"皱、鬃、愁、衬、锄、初、瘦"等，最突出的表现是竟然用"初"作为赀组声母的代表字。

（3）j 组声母已产生，尖团不分

如"皆读如捷"，皆，见母二等；捷，从母三等，精组细音与见组相混。又如"鞋读如邪"，鞋，匣母二等；邪，邪母三等，精组细音与匣母相混。中古时期见晓组二等字滋生[i]介音，与三等合流。见晓组与精组细音相混，说明当时的见晓组和精组在齐齿、撮口前都已经腭化为舌面前音，尖团不分。这一语音现象的完成大概在清代前期，《黄钟通韵》韵图从表面上看见组和精组是截然分开的，但对其列字进行考察，则会发现个别见组字混入精组，如"橘、屈、闲"等，同时参考同时期的语言材料《圆音正考》，可以肯定在十八世纪中叶的东北方言中尖团音已经完全合流，但是这种语音现象并没有得到社会的承认、官方的认可。《黄钟通韵》作者都四德是满族人，必然不敢违背正统的立场，那么在尖团音的处理上则是缩手缩脚，体现了他保守的一面。作为明清官话音终结的老国音，见组腭化，精组尚未腭化，仍保持尖团对立。可见，尖团不分，在方言的演变可谓先行一步。

（4）古日母的读音

在《奉天通志》所反映的材料中，古日母字的读音较为复杂。其中，一部分日母读同零声母，如"日读如意"，日，日母；意，影母；又如"肉读如宥"，肉，日母；宥，云母，日母与零声母相混。在今辽宁方言中，大部分地区仍是如此，这也是东北官话、胶辽官话的重要特征。《黄钟通韵》列有二日母，齿属日母下有字，牙属日母下无字，韵图日母列字共65个，其中中古日母26个，排列于轻上（开口）、重上（合口）位置上；喻母32个，排列于轻下（齐齿）、重下（撮口）位置上。此外，还有6个影母字"怨於嬰雍偎挨"，1个疑母字"俏"。日母与喻母、影母列在一起，说明当时的日母已经失去独立地位，读同零声母了，与今辽宁方言是一致的。

日母还有读 l 声母，如"瑞读如类"，瑞，《广韵》禅母，今北京话读日母；类，来母。日母与来母相混，条件是合口呼字。日母字在东北官话中多读零声母，与胶辽官话一致。但今辽南地区很多字仍读 l，如"辱"、"锐"等。

另有一例，日母读晓母，如"扔读如哼"。《奉天通志》在此条下注："二音相近，本省安、宽等县人呼扔如哼。"安，即安东，1965年更名丹东；宽，即宽甸。这个读音至今仍保留在东北胶辽官话区。可见，清末民初的奉天方言，由于移民来源的复杂，日母字的读音也比较复杂，体现了语言接触的特殊性。

（5）古疑母混入零声母

中古疑母在清末民初的奉天方言中，已不是独立的声母，混入零声母了，如"月读如越"，月，疑母；越，喻母，疑喻相混。此类例子如"危读如委"、"屋读如吴"，疑影相混。《黄钟通韵》"喉属"声母有歌、柯、呵、哦四母，歌，中古见母；柯，中古溪母；呵，中古晓母。哦，中古疑母字，但此为零声母的代表字，所收字为中古影、疑、云、以母，如影母"鸭、烟、英、妖、约、要、幽、隘"等字，疑母"艾、饿、嗷、吾、危、义、银、硬"等字，云母"位、王、有、云"等字，以母"由、遥、允"等字。可见，在清代前期的东北方言中，疑母已经失去了独立的地位，混入零声母中了。

（6）古影疑母开口呼字读[n]母

根据材料，我们发现中古疑母字大多归入零声母，但也有一部分开口呼字读[n]母，如"本省辽河左右人读我如诺，去声。""辽河左右人呼鹅如挪"。我、鹅，中古疑母开口一等；诺、挪，中古泥母开口一等。不仅疑母存在这种现象，影母开口呼字也有此类现象，如"袄读如恼，字皆上声，音近，辽河左右人呼袄曰恼。"袄，中古影母开口一等；恼，中古泥母开口一等。可见，古影疑母开口呼字，在二十世纪初的辽宁方音中读[n]母。今东北官话中，部分地区古影疑母开口呼也读[n]母，如长春、哈尔滨、佳木斯等地。但在反映清代东北方言的语音材料中，并没有发现这一语音现象。而在今河北方言中，"普通话开口呼零声母字（'而儿耳'除外）在河北各地方言中大多有声母，这些字的声母主要有三个：n、ŋ和ɣ。其中 n 分布在河北东部、东北部地区，如武邑、献县、蠡县、涿州、固安、大城、丰南、遵化、秦皇岛、抚宁、平泉、围场等地。"①在地理上，河北东部及东北部与辽宁地区毗邻，在历史上曾经也是移民的重镇。可见，古影疑母开口呼字读[n]母这一语音现象，是受到河北移民语言影响的结果。

可见，《奉天通志》所反映的语音现象中，除了反映近代汉语发展的共性外，如全浊清化、知庄章合流、疑母消失等，同时也体现了辽宁方言特有的语音特征，如[ts]组与[tʂ]组声母相混、古日母与零声母相混、古影疑母开口呼字读[n]母等。由于材料有限，虽无法全面体现辽宁语音的声母系统，但从其反映的语音现象来看，与今辽宁语音基本一致。近年来，随着普通话的推广，靠拢普通话的趋势更加明显，很多方音特征也正在逐渐消失。

5.3 《奉天通志》反映的清末民初奉天话的韵母状况

由于材料较为零散，无法反映系统的韵母系统，只能根据材料分析所反映的语音现象。

（1）通摄合口三等精组字的读音

通摄合口三等精组字，如"足、俗、松"等，在今北京话中与合口一等字合流，介音[i]脱落。但在清末民初奉天方言中，这些字的读音与北京话有别，如"土人讥人太俗，及僧人还俗，皆读俗如徐，亦声相转耳。"俗，通摄合口三等邪母；徐，遇摄合口三等邪母。俗读如徐，说明合口三等的介音[i]并没有消失，而读撮口呼，与"徐"音同。再如"二音相近，本省安东、宽甸人往往读松如雄。"松，通摄合口三等邪母；雄，通摄合口三等云母。松读如雄，说明其介音[i]也没有消失，与"俗"的演变一致，故与"雄"音同。在反映清代东北方言语音的材料中，并没有反映这一语音现象。查阅相关方言材料，今山东方言中，通摄合口三等精组字多读为撮口呼，如从[tsʰyŋ]或[tɕʰyŋ]，松[syŋ]或[ɕyŋ]，俗宿肃[sy]或[ɕy]，足[tsy]或[tɕy]、龙

---

① 河北省地方志编纂委员会：《河北省志·方言志》，方志出版社 2005 年版，第 7 页。

[lyŋ]等。①今河北方言的白读音也多为撮口呼，文读音与北京话一致。因此，清末民初奉天方言所反映的这一语音现象，很明显是受到山东、河北移民的语言影响。新中国成立后随着普通话的推广，在今辽宁方言中，这些字的读音已与北京话无别。

（2）宕摄三等、江摄二等入声字的读音

清末民初奉天方言中，宕摄三等、江摄二等入声字的读音与今北京话不同，读[iau]韵，如"略读如料"、"学读如敩"、"觉读如绞"。宕江摄入声字，在《中原音韵》中大部分归萧豪韵，只有一小部分归歌戈韵，并且这部分字在萧豪韵重出。宁忌浮先生认为归萧豪韵是白读，读歌戈韵是文读。可见在元代大都话中，或者在当时幽燕方言中，这些字都读[iau]韵。今河北方言中，这部分字的白读也读[iau]韵。辽宁方言是在幽燕方言的基础上形成的，所以这部分字的读音可能是继承幽燕方言，或者是清代河北移民语言的影响所形成的。

（3）曾梗摄合口匣母入声字的读音

曾梗摄合口匣母入声字，如"或、惑、获"等，今北京话读[uo]韵。清末民初奉天方言中，这些字的读音与北京话并不相同，如"或读如怀、何"、"惑读如悔、怀"、"获读如槐"。或、惑，曾摄合口匣母；获，梗摄合口匣母，读如"怀"或"槐"，读[xuai]或[xuɛ]；读如"悔"，读[xuei]；读如"何"，读[xɤ]。在五六十年代的辽宁方音中，"或惑"仍读[xɤ]或[xuei]，而[xuai]或[xuɛ]音已经消失。在今山东方言中，大多读[uei]韵，如莱州、平度、潍坊、利津、寿光、章丘、泰安、单县、菏泽等，也有读[uo]韵，如牟平、烟台、蓬莱、德州等，个别地方读[uɛ]韵，如荣成、聊城等。②今辽宁语音的这一现象，体现了移民来源的复杂性。

（4）个别字的特殊读音

除了以上较为系统的语音现象外，还有一些零散的特殊读音。如"叔读如搜"，叔，书母屋韵；搜，生母尤韵，[u]读[ou]。"叔"字在今河北晋州、冀州读[ʂou]，山东宁津文读音[ʂu]，白读音也为[ʂou]。又如"笔读如北"，"笔"与"北"，北京话读音不同，而今山东、河北的诸多地方，如宁津、德州、泰安、章丘、石家庄、衡水、沧州等均读为[pei]，与"北"读音相同。"堡读如普"，不送气声母[p]读成送气声母[pʻ]，今很多地名仍保留此音，如黑龙江"双城堡"中"堡"字与"普"读音相同。"辕读如檐"，撮口呼变成齐齿呼，圆唇特征消失，河北清苑"缘"字读[ian]，与此相同。"色读如

① 山东省地方史志编纂委员会编：《山东省志·方言志》，山东人民出版社1993年版，第70页。
② 同上书，第262—263页。

洒"、"骰读如洒","色"读[ʂai],今辽宁语音仍保留此音,北京话的白读音也与此相同。"骰",《广韵》度侯切,应读[tʰou],因民间有一种骨制的赌具为骰子,俗称"色子",故方音将其读"色"[ʂai]。

5.4　《奉天通志》反映的清末民初奉天话的声调状况

《奉天通志》所反映的方言材料中,主要是关于入声字的读音,入声已经消失。入声字在北方方言中的消失,从元代周德清《中原音韵》已经开始了。在清代东北方言中,入声也已经消失,多归入阳平。都四德《黄钟通韵》曾有过论述,"五方土音,惟南方有入声,北方无入声,北方呼入声字,俱如短平声字,其余他方,或呼为上,或呼为去,或转为别音者,各有不同。"在现代北方方言中,中古入声字归类的情况非常复杂,李荣先生《中国语言地图集》就是以中古入声字今读调类的不同为条件,对官话方言进行分区。根据《奉天通志》"方音"所提供的材料,我们进行归纳和整理如下:

	阴平	阳平	上声	去声
清声母	10	6	6	3
全浊声母		11	4	2
次浊声母				11

从表中可以看出,清声母入声字分别归入阴平、阳平、上声、去声中,全浊声母入声字大多归入阳平,次浊声母入声字归入去声,入声字的归类情况与今北京官话、东北官话是一致的。东北官话与北京官话的区别是清声母入声字归上声的字较多,但由于材料限制,无法对其量化分析。但有一个字的读音值得注意,如"福读如府"。福,非母入声字;府,非母上声字,清声母入声字读如上声。在北京官话中,"福"归入阳平,虽仅有一例,很有代表性,说明清末民初奉天方言入声字的归派已与东北官话基本一致。

综上,根据《奉天通志》所反映的语音现象来看,清末民初的奉天方言与今辽宁语音差别不大,语音系统基本一致,只有个别字保留特殊的读音。但总的来说,辽宁地区由于其地域和历史的特殊性,其语音的构成也体现了特殊性和复杂性。这也是为什么在东北方言中,辽宁语音比吉林、黑龙江语音更复杂的原因。

5.5 《奉天通志》所录奉天方言词汇考论

《奉天通志》"礼俗四"中首先收录了大量的奉天方言词汇，按照单音节、双音节、三音节、四音节的排序进行排列。每个方言词后，除解释词义外，还引经据典，推本溯源。考察这些方言词汇可以直观地体会到东北方言的语音特征。

【蹨】追逐谓之蹨。《广韵》：乃殄切，音撚。《类篇》：蹈也，逐也。或作趁，作碾，亦作趁。省俗谓犬逐兔曰蹨。"蹨"，《简明东北方言词典》作"撵"，追赶。例如：他快跑，我也快跑，这不还是撵不上吗？（王金石《夜查饲养员》，载《辽宁文艺》1955，15）根据词义，该字应与足有关，故本字应为"蹨"字，而"撵"不过是"蹨"字的同音替代。

【含殄】省俗谓失体面曰含殄。《集韵》：殄，止忍切，音轸，声母属章母。或作"寒碜"，"碜"的声母为送气音，此类语音变化，在东北方言语音里，并不罕见。《说文》颜色殄磷，慎事也。一曰惭也。《广韵》：殄磷，少头发也。含殄云者，谓颜面含带惭恶也。《简明东北方言词典》作"坷碜"，即"寒碜"，例如：（孙二雷）心想："……这些'杨排风'可能要让我光屁股推磨——坷碜一圈儿。"（李惠文《八出戏》，载《辽宁文艺》1978，5）在方言中有时还写作"磕碜"、"砢碜"等，意义相同。

【胡诌】无稽之谈也。《广韵》：诌，楚鸠切，声母属于初母。问题在于"诌"的方言读音声母为庄母或精母，反映的是知庄章组字跟精组字的对应以及不送气与送气发音方法的界限模糊。《类篇》：诌，漆阴私小言也。又《集韵》：小言私授谓之诌。省俗以人说谎曰胡诌。《简明东北方言词典》收录"胡诌八扯"、"胡诌八咧"、"胡诌白咧"，意义相同。

【犟眼子】犟，《唐韵》《集韵》《韵会》《正韵》并居良切，音姜，偃也。《宋史》：犟立失措。意谓木立失所举措也。故人言行固执，不知变通，俗谓犟眼子。声读若姜去声，事实上，声读若姜去声造成了词形上"犟"与"犟"的差别，这种情况是胶辽官话的语音特征。《简明东北方言词典》收录"犟眼子"，例如：明天我就送小春桃把学上，看你这老犟眼子有啥高招！（关润宏《送女归校》，载《辽宁群众文艺》1982，12）可见，《奉天通志》收录的很多方言词汇仍保留在今天方言中，只不过写法有些许差异而已。

此外，《奉天通志》所收录的方言词汇至今仍在使用，但现行的东北方言词典漏收，以下诸条可补现行东北方言词典之缺。

【熝】炊黍或煮肉方熟仍留釜中使之烂熟，谓之熝。《五音篇海》：熝，乌没切。《字汇》：火熄也。又乌古切，音鄔，义同。

【饥荒】谓债累为饥荒。《说文》：谷不熟曰饑，从食幾声，荒芜也。一曰草掩地也。《韩诗外传》：四谷不升，谓之荒。《尔雅》：果不熟为荒。俗以债累为饥荒，义亦可通。

【川换】往来交通财物曰川换。……《前汉叙传》：项氏畔换。注：孟康曰：换，易也。农商人言川换，正合古谊。

奉天自古以来就是少数民族聚居地，鲜卑、契丹、女真、蒙古等都勃兴于此，奉天话同鲜卑、契丹、女真、蒙古、满等语言相互碰撞、融合，形成了不同的语言层面，而满族作为东北的土著民族，是东北地区人口数量较多、分布地域较广的民族共同体，满语自然也成为当时主要的交际工具。特别是清人入主中原，满语一度成为国语，虽然最终被汉语所替代，但在语言接触的过程中，满语对东北方言产生了重要影响，形成了"语言底层"，从而造就了独具特色的东北方言。《奉天通志》专门列"满语沿为方言"，记录了汉语中的满语词汇，成为满汉语言接触的历史见证。

【佩】满语讥诮之辞也。俗人相口角，辄曰你佩，或曰佩不佩是也。

【忽剌】满语风动物也，又风动物声。

【秃鲁】满语事不履行，约不践言，曰秃鲁。

【喇忽】满语谓遇事疏忽曰喇忽。

【稀罕】谓喜欢或罕见曰稀罕，满语合意也。

【多缩】俗谓战惧瑟缩曰多缩。重言之曰多多缩缩。满语苦楚耐得曰多缩。

【縠利】谓物质精美曰縠利。又曰精深。满语縠利，心意相合也。

【扎孤】俗谓治病为扎孤病，满语治也。

【撤拉】满语谓碟子为撤拉。俗以器物之口外张者皆曰撤拉。如撤拉碗之类是也。

有些满语词汇已融入东北方言中，成为东北方言的重要组成部分。《简明东北方言词典》收录"秃噜"，释为"事情没办成"，例如：整天价东溜西串就知道搞对象，找一个黄一个，一个一个全突（秃）噜。（杨云程《找对象》，载《参花》1982，5）由于使用时间较长，人们竟然不知道它的历史来源。可见，《奉天通志》满语词汇的记录，不仅为我们揭示了很多辽宁方言的来源，而且成为今后研究满汉语言接触的重要材料。

综上，《奉天通志》的"礼俗四""方音"两部分内容，对于清末民初的东北方言尤其是奉天话的记录，是十分丰富而准确的。因此，在东北方言研究中，这部史书是重要的参考资料，其学术意义还有待于进一步挖掘。

第6章 清代朝鲜文献所见音系与 清代东北方音考论

6.1 清代朝鲜文献简介及其研究状况

汉语与朝鲜语分属不同语系。汉语属于汉藏语系,使用的汉字一般被认为是表意文字;朝鲜语在 1443 年世宗庄宪大王创制训民正音之后开始使用表音文字,朝鲜语一般被认为属于阿尔泰语系。虽然两者系属不同,但由于中国与朝鲜地理上的邻近关系,民族间文化交流比较频繁,在早期朝鲜半岛没有属于自己的文字之前,很多地方都在使用中国的汉字。因此,汉语跟朝鲜语在语音和词汇方面非常相似。其实朝鲜王朝为了自身的发展和经济文化的繁荣,一直注重跟中国的交往,先后设置了"通文馆"、"吏学都监"、"汉文都监"、"司译院"等政府机构,来掌管译诸方言语和汉语教育。[①]朝鲜王朝通过政府机构所进行的汉语教学,非常重视发音的正确性,有很多汉学专家通过"质正制度"监督、改进和完善汉语教学,从而紧密地追随着汉语的发展变化。汉学教科书《老乞大》、《朴通事》、《伍伦全备记》、《华语类抄》、《直解小学》等逐渐确立了权威地位,随着社会的发展,朝鲜后期的社会生活与初期相比已发生了巨大的变化,朝鲜王朝的汉语官话教科书体系也随之进行了相应的调整。一方面,他们根据现实的汉语官话语言特征,对原有的《老乞大谚解》和《朴通事谚解》进行了广泛的校勘、修订,刊印出版了《老乞大新释》及其谚解本、《朴通事新释》及其谚解本,以及《重刊老乞大》及其谚解本,也包括《伍伦全备谚解》。另一方面又陆续刊印多种汉朝对音韵书、辞书以及汉语会话教科书,这些教科书,如前所述,都能及时反映汉语的发展与变化,所以张卫东先生(2003)说:"韩国十五世纪以来之汉语教材中保存的'正音''俗音'资料,可能正是解决近代汉语史上某些疑难公案的理想文献。"[②]

---

① [朝鲜] 崔恒:《经国大典》,亚西亚文化社 1983 年版,第 79 页。

② 张卫东:《近代汉语语音史研究的现状与展望》,《语言科学》2003 年第 2 期。

　　会话教科书中的《华音启蒙谚解》和《你呢贵姓》几乎可以说是朝鲜李朝最后两部中国语教科书，相对于前代的教科书，这两本书在内容上变化较大，在同类韩语会话教科书里显得成熟而实用，流传的范围也比较广泛。这两部书流传之时又逢我国的清代，因为历史、地理、陆路交通、贸易交流、生活习俗、移民等方方面面的原因，使得朝鲜王朝的韩语会话教材的语音系统跟当时的东北方言有千丝万缕的亲近关系，据岳辉博士（2006）的论证，《华音启蒙谚解》和《你呢贵姓》两书的语言"以东北官话为基础，兼收并蓄北京官话的某些特点，东北官话中又以辽东话为主体，时限则是在清末。"①因此，我们在讨论清代汉语东北方言语音系统时，选择了这两部教材以及与这两部教材密切相关的《华音启蒙谚解》《学清》共计四种朝鲜王朝时期的文献作为研究对象。

　　我们知道，研究汉语的历史语音、方言语音，当然要以汉语文献为主要研究对象，但是，朝鲜语的对音材料在语音标示方面比照汉语传统韵书充满术数和术语的玄妙描写更为直观和明晰，所以，朝鲜对音文献在揭示语音特征、验证研究结论等方面具有重要作用。正像金基石先生（1999）指出的："申叔舟、崔世珍等朝鲜汉学家对汉语语音做了较全面、精确的描写论述，其中近代音中的热点问题几乎囊括无遗，因此具有非常重要的文献价值。系统整理朝鲜对音文献，并同有关资料进行比较研究，可弥补国内近代音资料的遗缺，为近代汉语语音史的研究提供新的较为可信的参证。"② 本文研究的主要对象是传统的汉语韵书和韵图，朝鲜、日本的汉语教科书及其对音文献是重要的旁证，可以起到验证作用。

6.1.1　《华音启蒙》《你呢贵姓》及相关文献的内容

（1）《华音启蒙》《华音启蒙谚解》版本及其内容

　　《华音启蒙》与《华音启蒙谚解》，是同一内容书的两种不同形式。《华音启蒙》是汉语写成的，据尹泰骏《序文》可知，《华音启蒙》由当时的译官李应宪编纂。李应宪，字稚章，金山人，1838 年生，卒年不详。曾于 1855年登科，官至汉学教诲知枢、通津府使。所编《华音启蒙》成书于高宗二十年（清光绪九年，1883 年），卷末附载千字文、百家姓、天干地支、二十八宿、算数、华音正俗变异部分。正文无注音，但附载部分有注音，除"华音正俗变异"注左右二音外，其余只注一音，所谓左右音是指右音注的是前代音，左音注的是现实音。《华音启蒙谚解》是对《华音启蒙》正文所做

---

　　① 岳辉：《〈华音启蒙谚解〉和〈你呢贵姓〉的语言基础》，《吉林大学社会科学学报》2006 年第 4 期。

　　② 金基石：《朝鲜对音文献浅谈》，《民族语文》1999 年第 5 期。

的谚解，作者也应为李应宪本人，无尹泰骏序和附载部分。根据韩国藏书阁所藏《华音启蒙谚解》有"光绪九年癸未印出"的刊期，由此推知"谚解"本和汉文本是同时刊行的，都刊行于 1883 年。此书现由韩国藏书阁所藏。《华音启蒙谚解》分上下两卷，共 40 页，一册，1.2 万余字。对正文里的问答体文字，每字下用谚语注音，与从前"谚解"一类的书不同的地方是：每字只注一个音，也没有带点；每句完后加个圆圈，用谚文夹汉字翻译。正文前本无尹泰骏《华音启蒙序》，卷末也本无《华音启蒙》所附的"千字文"、"百家姓"、"天干地支"、"二十八宿"、"算数"、"华音正俗变异"等内容，《华音启蒙谚解》一般被看作综合性公务会话教科书。

汪维辉先生依据韩国藏书阁所藏本对《华音启蒙谚解》进行了点校，并将韩国国立中央图书馆所藏的《华音启蒙》本之尹泰骏序和"千字文"、"百家姓"、"算数"、"华音正俗变异"附于正文前后，编入了《朝鲜时代汉语教科书丛刊》。本文所使用的就是这个汪先生的点校本，本文涉及朝鲜文的转写，采用的是李得春先生的转写系统，详见李先生的《朝鲜对音文献标音手册》。

就内容来看，《华音启蒙》分为三部分，第一部分为卷首尹泰骏序；第二部分为正文；第三部分是卷末附载的千字文、百家姓、天干地支、二十八宿、算数、华音正俗变异等内容。正文这一部分，以时间为主线，记述了朝鲜使臣李氏赴京、住店、交接公务、拜访老友的全过程。分为上下两卷，上卷的主要内容：路遇闲聊，然后商议住店事宜并投宿王家店，次日启程，经过摆渡到了张家湾，在张家湾打尖（即吃饭）以后进城住店，并且跟世交之子交谈，谈了上海的情况，着重谈及英国洋行和义丰银号。下卷的内容：拜访礼部郎中江南苏州府人王氏，谈论升官的历史和朝鲜王朝的王法，然后核查贡物并且移交朝贡物品，完成公务回馆接待古董行里的张老四，张老四述说见闻，后拜访老朋友王大人并述说子母珠及其来历和价值。正文这一部分的内容，《华音启蒙》与《华音启蒙谚解》相同。

（2）《你呢贵姓》、《学清》版本和内容

《你呢贵姓》一册，抄本，共 34 页，67 面。作者不详，是成书于朝鲜后期高宗年间（1864—1906）的一本商务汉语会话教科书，据此，一般认为成书于 1864—1906 之间，书名取自此书会话部分的第一句。该书由三大部分组成：第一部分是《千字文》、《百家姓》、天干地支、二十八宿、算数；第二部分从第 8—20 页是课文主体，为朝鲜商人崔氏和中国辽东商人王氏的对话：对话以时间为线索，由闲聊家常发展到谈生意，做生意包括看货、讨价还价直到买卖成交，记述了朝鲜崔姓商人与中国王姓商人买卖皮货的全过程。第三部分是单词、俗语、惯用语和一些句子。我们所要研究的主要是第二、三部分。该书的体例是：中间为一行汉字，右边用谚文逐字注音，左边是谚文译文。卷首题"大正八年己未十一月日修缮"一行字。学术界据此推测此抄本为1919年的改装本。盖有"李王家图书之章"一印，现藏于韩国精神文化研究院。由于书中内容都属于是"商贾庸谈"，没有多少文采，应是实用会谈课本一类，书中使用了大量的俗字和记音字。在文章第三部分，还出现一些只用谚文标注其读音的词语等。而这些口语实录内容对我们研究其语音特征有很高的价值。但是篇幅很短，字数不多。

《学清》是《你呢贵姓》的另一种手抄本，一册，15页。原为文友书林金荣福的旧藏本，现为韩国鲜文大学校朴在渊教授收藏。它只有中间的正文部分，与《你呢贵姓》基本相同，但也有些许差异。主要表现为词语的增补、删减及顺序的变化等方面。《你呢贵姓》的版本相对较少，但版本之间存在着一些显著差异。

《华音启蒙》和《你呢贵姓》均为会话教科书，虽然《华音启蒙》主要为综合性公务会话教科书，而《你呢贵姓》则为贸易性商务教科书，但两书从内容上可以相互衔接，二书的成书年代相近，方言特征也比较相似，因此非常有利于我们在研究时进行比较。

6.1.2　朝鲜汉语教科书及《华音启蒙》《你呢贵姓》的研究状况

有关朝鲜司译院所用教科书以及相关的一系列问题的研究，国内开展的时间较短，研究成果相对韩国和日本学者来说，显得不够充分。很长时期内，继胡明扬先生之后仅有李得春先生、张卫东先生、金基石先生等几位学者在这个研究领域有可喜的创获。我们有幸在2004年参观拜访了张卫东、张林涛先生主持的深圳大学语言研究所，该所关于朝鲜汉语教科书的庞大数据库令我们叹为观止，他们基于这套数据库进行研究所得出的结论是不容辩驳的。跟韩国和日本对该领域的研究相比，我们的差距是明显的，日本学者小仓进平在《朝鲜语学史》一书第五章"支那语学"中，对汉语研究史、汉语辞书、汉语读本、通汉语的学者等问题进行了探讨。他的《朝鲜日、汉、满、蒙语读本》一文，对司译院"汉学"的读本及其变迁问题进行了深入探讨。本师李无未先生撰文《日本学者对朝鲜汉字音的研究》，文中对日本的朝鲜汉语教科书的研究也有论析。韩国学者姜信沆的《韩国的译学》一书，对朝鲜司译院"汉学"通事、所用书籍等进行了系统研究。韩国学者蔡瑛纯《李朝朝汉对音研究》是一本综合的论著，本书将不同时期代表性对译资料进行探讨，主要包括15世纪的《洪武正韵译训》、16世纪的《翻译老乞大》、17世纪《译语类解》、18世纪的《朴通事新释谚解》以及19世纪的《华音启蒙谚解》、《华语类抄》，用以分析李朝朝汉对译汉音声母、韵母以及声调的变迁。最后，分析出李朝朝汉对音与中国官话方言之间的关系。作者认为：对于近代中国音韵史料所反映的北音的语音演变特征，朝鲜朝的对译汉音资料均有充分的反映，并且特别认为其大都与反映北京音的明清音韵史料的音韵情况非常相像。由此，著者推断，译音的基础方言可能是当时的北京音，且受到当时官话正音——洛阳音的影响，这部著作的很多结论都是发人深省的。

　　近年来，这个领域的研究状况大有好转。国内学者对朝鲜时代汉语教科书产生了浓厚的兴趣，研究成果不断增多，主要体现在以下几个方面：第一，点校。汪维辉先生对朝鲜时代汉语官话教科书进行了比较系统的考订，并给出了朝鲜时代汉语官话教科书发展的基本脉络，其代表性的著作是《朝鲜时代汉语教科书丛刊》和《朝鲜时代汉语教科书丛刊续编》。《朝鲜时代汉语教科书丛刊》及《续编》广收汉语教科书善本，对所收集的每一本教科书都进行了认真考订，初步解决了有关教科书的作者、时代、版本以及校勘等问题。第二，专书。李得春先生撰《朝鲜对音文献标音手册》，本书选朝鲜王朝不同时期的教科书如《翻译老乞大》(《老乞大》的朝鲜文译本)、《翻译朴通事》(同上)、《华东正音通释韵考》、《华音启蒙谚解》、《华语类抄》等九部文献，把文献中的全部汉字按汉语拼音顺序排列，后附正俗二音谚文注音，最后用国际音标转写；李老先生早在1998年出版的自选论文集《韩文与中国音韵》里，对朝鲜教科书多有独创而深刻的见解。金基石先生《朝鲜韵书与明清音系》，本书以15—19世纪近500年来的十八部文献作为研究对象，全面考察了朝鲜文献的谚文注音体系即正音与俗音、今俗音体系和左音与右音体系。同时，分析朝鲜文献中，谚解书的声母体系和韵母体系。并最终整理出声母对音字表和韵母对音字表。所论的十八部文献，有多部教科书。第三，学术论文。这一方面成果数量最多，但研究队伍不算壮大，李得春先生、金基石先生仍是主力，《老乞大》《朴通事》仍是热点。可喜的是岳辉博士把她的研究注意力转到了朝鲜时代汉语官话教科书的研究上面，她以较长时间和很大精力撰写的博士论文《朝鲜时代汉语官话教科书研究》，对朝鲜时代汉语官话教科书著录、版本进行了翔实的考证。在对朝鲜时代汉语官话教科书版本点校的基础上，对比了现存各种点校本的异同和精确程度，尤其是她对朝鲜时代汉语官话教科书内容选取进行了动态演进过程的描述，并给出了朝鲜时代不同历史阶段教科书内容选取的特点和教科书内容嬗变的原因。此外，作者在对朝鲜时代初中期和后期官话教科书，特别是教科书不同版本的语言特征研究中发现，不论是语音还是词汇、语法都发生了非常大的变化。在语音方面，微母的消失、见晓系颚化、全浊声母清音化、/-m/尾韵及入声消失等特点已经成为反映汉语北方话音系发展变化的一种活化石，同时也证明了朝鲜时代的汉语官话教科书是以北方官话为语音基础的；最后，作者对朝鲜时代汉语官话教科书中出现的诸多"非常规汉语用法"进行了重点研究，发现朝鲜时代汉语官话教科书的"非常规汉语用法"主要表现为两条线索，一是初中期的"汉儿言语"，另一个则是汉语官话教科书作者汉语习得所产生的"非常规汉语"，并且判断其主要原因为官话教科书作者母语负迁移和目标语规则泛化。这是近来笔者所经见的经典之作。岳辉（2006）的论文：《〈华音启蒙谚解〉和〈你呢贵姓〉的语言基础》，通过结合现代方言和历史文献资料，从语音和词汇两方面着手分析，认为《华音启蒙谚解》和《你呢贵姓》以东北官话为语音基础，在东北官话的基础上又更接近于辽东官话。她的另一篇论文《19 世纪朝鲜汉语教科书语言的干扰》，集中讨论了语言干扰对朝鲜汉语教科书的影响，其研究更加深入。

6.2　清代朝鲜文献所见声母系统与东北方音声母考论

6.2.1　从清代朝鲜文献行文讹误看其东北方音特征

虽然《华音启蒙》和《你呢贵姓》几乎可以看做是朝鲜李朝最后两部中国语教科书，朝鲜王朝到了时这一时期，它的汉语官话教科书体系已经非常发达和完善了，尽管如此，我们还是注意到，由于疏于校勘，或者是受作者汉语文字使用水平的限制等原因，朝鲜时代汉语官话教科书中或多或少地存在一定程度的文字讹误。而有些讹误，尤其是同音替代和音近替代造成的讹误，正好反映出来语音系统的语音特征，看以下《华音启蒙谚解》《你呢贵姓》等文献的讹误例：

《华音启蒙谚解》讹误例分析：

【1】三兄弟是咳（还）在书房念书呢。分析：咳，中古音为晓母咍韵，可拟[ₒxɒi]，还，中古音匣母删韵，可拟[ₛɣwan]，以"咳"替代"还"，说明此时浊声母的清化，匣母已经并入晓母。这个音，北京音系读阳平，东北方音可读阴平。

【2】老爷哈（喝）不哈（喝）酒呢？分析："哈"替代"喝"，差异在于韵母，今胶辽话仍说：哈酒。胶辽话与东北方言的密切关系前已论及，不赘述。

【3】顿（炖）咧（了）半天咳（还）嫌不好麼？分析：炖，中古音[ₛtʰuən]，现代读音晚起，[tuənᶜ]音反映了该意义的东北方音读法，有音无字，只能以"顿"来替代。又，以"咧"替代"了"，文本中常见，文本里的"了"字，

只表示终了意义，推论："咧"为助词，"了"为动词，其读音至今仍然是有别的。

【4】好说，回来再恼（唠）罢。恼，即恼，泥母字；唠，来母，泥母与来母混用，不是北京音系的特征，也不是东北方音的特征。

【5】今天行路的客人们忒（特）多，店里没有閒（闲）屋子咧。分析：以"忒"替代"特"，反映的是东北方音，该用法可读去声，也可读阴平，都阴平时变读作[tʰuəi]或[tʰei]，入声字在东北方音里大多都有两读。

【6】我急忙到那里冒（猫）一夜，找（遭）多大的罪！分析："冒（猫）一夜"是东北方言的说法，"猫一夜"的"猫"意义就是"躲藏"，东北方言"猫冬"有"避寒"意义，"躲猫猫"东北方言里作"藏猫猫"是同义语素构成合成词。以"冒"同音替代是因为此意在当时本字难寻。以"找"替代"遭"，明显反映的是东北方音，典型的精组与照组声母混淆现象，就是"平翘舌不分"的东北方言语音特征。

【7】吃客穿客，所以不打客身上增（挣）钱就打那里来使用的呢？分析：以"增"替代"挣或赚"，也明显反映出来东北方音的特点，同【6】的以"找"替代"遭"。

【8】我這塘（趟）是沒有甚麼大事，所以少帶幾箇人來咧。分析：以"塘"替代"趟"，今胶辽话如是。

【9】我本来无心进京，排（驳面子）不得朋友的脸，巴不得随他走。以"排"替代"驳"，应该是入声字在东北方音里的变读。

【10】我们打天津往这里来，天道（头，轻声）好不大离疎 shu（利索），隔一天下一天雨，——分析："天道"、"离疎"为东北方言词语"天头""利索"，以"疎"替代"索"原因同【6】。

【11】这么一来他的生意越大法（发）儿。分析："大发"，"发"读轻声，东北方言词语。

【12】恼半天的口，一半候（会）儿不教（叫）回来，分析："一半候儿"即东北方言的"一时半会儿"，以"候儿"代替"会儿"，是儿化引起的音变。

【13】早已拾得（拾掇）好啊（了）。分析："拾得"就是东北方言词语"拾掇"，今"掇"东北方音一读[tou]或[te]，轻声。

【14】寡（光）下个大雪该（还）是不要紧的，又刮一场大风——分析：以"寡"代替"光"是明显的东北方音，东北音系统常常遗失圆唇介音。

【15】咱们吗晌（马上）哺理（[ʂpʰu][lə]/[ʂpʰu][lu]/[ʂpʰu][lɤ]）都打开瞧一瞧，寡（光）调（挑）出来不好的来。分析："哺理"是东北方言词语，该词的本字不详，拟音见上，意为摆放出来。

《你呢贵姓》讹误例分析：

【1】寡（光）吃穿使用的打得（到）一块算起来　分析："寡"代替"光"是东北方音，意为只，只是。原因见【14】。

【2】回来咱们讲主（讲去声咕轻声）罢。分析："讲主"是东北方言词语，读音为[tɕiaŋ˺][ku]，意为：争论、讨论。值得注意的是："主"中古声母是章母，在此混读作中古见母洪音；而"讲"读去声，为中古声调，该词及其读音来源于胶辽话之痕迹尚存。

【3】我也勾你寔在難得找嚷（讓），每一張牛皮我給你讓二戔（錢）銀子。分析："嚷"在句中读作零声母，属于日母在东北方音里的变化，本文3.2 有论述。

【4】我也不愿意该（本用，"该欠"的简省）你银子。分析："该"都如字，在东北方音里意为"欠"。

【5】辨（辦）道（到）這頭不合寔（合适），辨道那頭又不對盡（对劲儿）。分析："對盡"是东北方言词语。

【6】若说是你上我的儅（当），赶明个你咳理我吗？分析：句中"赶明个"是东北方言词语。"明个"又作"明儿"。

上举数例，都是音同、音近而产生的讹误，这些讹误，也可以认为是同音字或音近字的替代用法，就是朝鲜式的"通假"。这里关于讹误的讨论没有包括为数众多的形近讹误，因为形近讹误对于我们要讨论的问题意义不大。事实上，由于文化背景的差异，朝鲜文献的汉字使用，存在着重语音轻字形的现象，因此就会造成诸多书写上的讹误，这些书写讹误刚好可以反映语音特征和语音的变化状况，利用通假、谐声系统寻求语音的变化和发展的做法，乾嘉学派已经取得了空前的成功。相比于前代汉语教科书，朝鲜后期编著刊印的《华音启蒙谚解》和《你呢贵姓》的差错率远远高于前期。造成这一原因，岳辉博士（2008）认为是中国朝代的更迭和语言政策的变迁对朝鲜王朝汉语官话语言文字政策产生了显著影响，以及质正制度的由盛而衰的影响。但对于我们的研究来说可不是坏事，这些音同、音近及谐音字在很大程度上是对当时语音尤其是对东北方言的最鲜活的反映，对于我们研究清代汉语东北方言语音系统是非常有价值的。

6.2.2　从清代朝鲜文献口语词看其方言语音特征——以《骑着一匹》系列汉语教科书为核心

朝鲜王朝时代汉语教科书《骑着一匹》系列读本是民间编写的汉语会话书抄本，内容都是以中朝边境的贸易为主体，性质跟《你呢贵姓》和《学清》很相近。从此系列至少有五个不同的抄本来看，此书在当时应该是很有影响、颇为流行的一种汉语口语教科书。这批资料对于研究汉语史、汉语方言、对外汉语教学等具有重要的价值。该系列教科书具有浓郁的口语色彩和明显的东北方言色彩，基本反映了成书时代的口语语言实际，反映出当时的汉语东北方言的语音特征和词汇特征，间或涉及其他方言，但以北方方言为主，书中有大量目前依然使用的东北方言词语。从方言视角讨论该系列汉语教科书的文章尚不多见，郑兴凤《〈骑着一匹〉方言词汇研究》（2011）有所发现，该文跟其他研究北方方言的文章一样，并未受到重视，这与北方方言研究的重要性是不相称的。本文精选若干条有代表性的或者释义分析较大的方言词语加以考证，在教科书中以穷尽式的方式搜集含有这些词语的句子加以比较，参考教科书中的谚文注音和释义部分，再参考目前依然"活着"的东北方言，来确认这些词语相对准确的发音和意义。

下文所引例句均出自汪维辉等《朝鲜时代汉语教科书丛刊续编》（2011年中华书局出版）《续编》中收录了《骑着一匹》的三个抄本：一是《中华正音（骑着一匹）》抄本一册，现藏于韩国顺天大学图书馆，共 34 页，《续编》中简称为"顺天本"。二是《骑着一匹》抄本一册，现藏于韩国学中央研究院藏书阁，共 49 页，比顺天本的篇幅略短，《续编》中简称为《骑》。三是《中华正音（骑着一匹）》抄本一册，现藏于日本驹泽大学濯足文库，在《续编》中简称"濯足本"，这个抄本在三种抄本里篇幅最短，不到五千字，但该抄本在每个汉字的右侧用谚文注音，每个句子的下面有谚文翻译，因此对于确定字词的确切含义和读音的意义重大。

1.【不理（離）】

噯呀，人品却到（倒）不理（離），天生明公。（濯足本 38a）/大哥，聽著說今年你們這裡海菜行事（市）不離，那個也不出勢。（顺天本 9a）/我看着不離，橫豎可以吃得咧。（顺天本 30b）

解释：《汉语方言大词典·第一卷》释为：〈形〉好，不坏，过得去。（一）东北官话。陈纪滢《荻村传》："我们几个人素常日里和莲儿侄处的不离。"（二）北京官话。北京。老舍《骆驼祥子》："老头子看了车一眼，点了点头，'不离！'"（三）冀鲁官话。如：他唱的不离。所以教科书中句子的意思是说"人品还行，还算可以"。要强调的是，这个词在实际使用中经常是"儿化"的，经常以"差不离儿"形式出现，多处官话都使用这个词，说明该词使用广泛但也局限在北方官话当中。

2.【赶明个】

赶明個開板（盤）的時候，只怕斫他們鍋，萬一人家胡離胡塗斫一路鍋，他們也惱得裡頭白費（賠）錢。（顺天本 35b）

解释：《汉语方言大词典》解释为同"赶明儿个"，〈名〉明天；以后。

（一）东北官话。李振明《买鞋》："赶明儿个你可别这么尖了。"（二）冀鲁官话。又同赶明儿，如：赶明儿，立交桥修好了，有多么棒!《现代汉语大词典》解释为"到明天，将来"，举书证为王蒙《组织部新来的青年人》："赶明儿我得了风湿性关节炎或者犯错误受了处分，就也写小说去。"现在东北方言中也还保留这种说法。

3.【摩（摸）不着】

大哥，你們這裡往外發貨呢，都是雇車起早拉，我也摩（摸）不着這一點意思。（濯足本 7a）/車上門簾子一放下來咧，我們是惱（鬧）在裡頭，莫（摸）不着你在外頭該怎嗎惱（鬧）？（順天本 20b）

解释："摩"字按《续编》中 31 页注释① 《骑》和顺天本均作"莫"，按照濯足本这句话的谚文，该处为"不知道、不清楚、不了解"之义，所以"摩""莫"都应为"摸"，即"摸不着"。据《汉语方言大词典·第五卷》"摸不着"是"不清楚"之义，胶辽官话。又见"我们府里有一个做小旦的琪官，一向好好在府里，如今竟三五日不见回去，各处去找，又摸不着他的道路，因此各处访察。"《红楼梦语言词典》

4.【恼大难子】

二來一遭大風就必惱大難子，倘若踢蹬幾隻舡，白丟銀錢是擱得一邊先不用提，白遭揭多少性命？（濯足本 10a）/我們這四輛大車、一輛小車，裡頭都有值錢的貨物呢，教人明白查看，萬一這裡有賊，惱出大難子咧，只往你們找嚷，這不是頑哪。（順天本 22a）

解释：《续编》在顺天本时"恼"后用括号标注为"闹"。按照这句对应的谚文解释，此处的含义应为招惹麻烦或引起变故，和汉语中"闹大乱子"的含义相符，从语音关系来看，多地汉语方言里声母 n 与 l 是经常混拼的，"难"与"乱"混用就是可以解释的了。"闹乱子"按照《现代汉语惯用语词典》指制造麻烦或事端。《汉语同韵大词典》：惹出麻烦。《现代汉语三音词词典》中解释为招惹麻烦。举书证为茅盾《虹》："可是又要劝你谨慎些，留心闹大乱子!"又有《红楼梦语言词典》中解释为"惹麻烦"书证为：慌的佩凤说，"罢了，别替我们闹大乱子!到是叫野驴子来送送使得。""闹大乱子"的"乱"或读同"烂"。

5.【头里】

若不是那嗎着，連各人頭裡吃的也吞不下去，如何又是收買人家的呢？（濯足本 36a）

解释：头里，北方官话词语，东北方言常用。《古代汉语大词典》释为① "先前"。张国宾《合汗衫》第一折："你这一会儿，比头里那冻倒的时分，可是如何？" ② "前面"。王晔《桃花女》第三折："他出门时，他教人先拿着一个千只眼在头里走。"在濯足本 36a 这句中应该取①义表先前。

6.【講主】

講主 1：若有錯處否咧，管他誰也一點不講主，只照罪過輕重立刻治罪，故此旗粧（莊）民（莊）的百姓家，終不敢惱事連累。（濯足本 39a）

解释：例句中，濯足本谚文"讲主"的注音为 쟝쥬，读音和 jiang jiu 相近，所以该词应该为"将就"，"就"读轻声。通过上下文推测该词是"原谅，讲情面，迁就"之义是顺畅的，《东北方言词典》收录"将就"，列出了三个义项：（1）勉强适应某种情况。（2）迁就。（3）应付得了。在濯足本 39a 这句中"讲主"应该为"将就"的第二个义项"迁就、原谅"之意，该句子此处的意思是：如果犯了错误，不管是谁也一点都不迁就，只按照罪过的轻重立刻处罚。

講主 2：一替三年是一定的規矩，講主是三年才為滿。（順天本 7a）

解释：根据上下文，此处"讲主"的意思应该是"讲定"。

講主 3：初會的朋友們跟前纔講主這個禮來啊。咱們裡頭否咧，不拘甚嗎都是得，咱們酒却是從邊（便）哈。（順天本 12a）

解释：例句中该词表示"讲究"之意。

"讲主"一词在多种朝鲜王朝的汉语教科书里多次出现，也有"犟咭"（争论、商量）的用例。

7.【大緊】

阿哥，咳有一件大緊東西，先沒有托你咧。（順天本 10a）

解释：大紧，当为"打紧"，常以否定形式出现，即"不打紧"。出现这种肯定形式的句子，汉语里不多见，当是受到了母语的负迁移的影响。《汉语方言大词典》中释义为：〈形〉要紧；关系重大。江淮官话。例如：发风还不打紧，就怕落雨。

8.【替另】

我替另給你一把刀子，到那裡只照這個樣子買法，和這個一般長的，也不大怎嗎個兒，比這一把刀子越長越好。（順天本 10a）

解释：替另，东北方言常读作"提另"，《汉语方言大词典·第五卷》释义为：〈副〉另外；重新。（一）北京官话。北京这篇稿子，写得不好，要替另写一篇。《红楼梦》第一○六回："你替另告诉你们姑娘，不用把我放在心上。"（二）西南官话。云南昆明、腾冲这双鞋子小了，替另做一双给你。《现代北京口语词典》释义为：重新，再一次，另外。如：你们俩要替另做一遍。……/这个不好，替另再拿一个。综合词典释义，此处"替另"应该解释为"另外"，即"我另外给你一把刀子，到那里照着这个样子买"。

9.【起旱】

大哥，你們這裡往外發貨呢，都是雇车起旱拉，我也摩（摸）不着這一點意思。（濯足本 7a）/一說就你却是必明白着：江南、江西、蘇州、湖南、泗（四）川、福建、廣東地方，離這裡道路遙遠，起旱走不到，都是上舡纜到得呢。（濯足本 9a）

解释：《现代汉语分类大词典》释义为方言，指不走水路，走陆路（多指徒步）：他是起旱来到这里的。《现代汉语大词典》指走陆路。巴金《家》："他们还说，路上不太平，坐船、起旱都危险。"《红楼梦语言词典》离船走陆路：（贾政）自己在船中写家书，先要打发人起旱到家。

10.【央及】

太爺們既是這嗎說，無法可治，該怎嗎着隨你們爺爺們的邊（便），我再不敢央及。（順天本 17b）/遭他（糟蹋）牲口呖，別處從新現買，不過是苦在我們身上，往你們爺爺們央及甚嗎呢？（順天本 29a）

解释：元代关汉卿的戏曲《赵盼儿风月救风尘》中已经出现"央及"表示"请求、拜托、恳求"的义项了。如：第一折中"当初姨姨引章 要嫁我来，如今却要嫁周舍，我央及你劝他一劝。"《汉语方言大词典》解释为〈动〉请求；拜托。（一）北京官话。冰心《离家的一年》："他恐怕这同学以后要拿他泄愤，反央及他们，不叫他们去。"（二）中原官话。例如：你好好地央及人家吧。兰银官话、江淮官话词义同前。顺天本中该句中"央及"的含义应该为"请求、恳求"。

11.【一屯（顿）】

咱們這嗎的罷，這五輛车不用一屯（顿）過嶺，有一輛趕過一輛。（順天本 18a）

解释：《骑》中该处的谚文为둔얼，音 dun.er，现在东北方言发音为一堆儿 yìduǐer《现代北京口语词典》中释为"一起，一块儿"。如：我们下课后一堆儿去看电影。《汉语方言大词典·第一卷》该词的第一个义项为〈副〉一起；一道。东北方言用如：你去买菜，一堆儿打点酱油、醋。词中"堆儿"常读上声。

12.【理（俚）戏】

咱們理（俚）戲的話先別講，你呢給我們躧個存下地方，回来再往你頑笑。（順天本 21b）

解释：该词中'戏'应读为轻声。《关东文化大辞典》中释为〈方言〉指玩笑，又作"离戏"、"俚稀"：午休大家伙凑一起说几句～话。《东北方言词典》中释为"玩笑"，如：全当咱们闹个小俚戏。/一有空闲就说几句俚戏话。顺天本中"俚戏的话"指"开玩笑的话"。

13.【当先】

差不多點當先白認得你咧。（順天本21b）

解释：《汉语方言大词典》中第一个义项释为〈名〉从前，过去。（一）江淮官话。江苏东台：你家大大～做过大官的。《现代汉语大词典》中解释为"当初"，如当先她嫁到刘家，如今她又成了王家的媳妇。教科书中例子中应该解释为"当初白认识你了"。

14.【各人】

那嗎咱們走路的吃不慣店飯，飯是咱們各人做，喫哈使用的是都是你們的呢。（順天本22b）

解释：各人不是每个人的意思，而是"自己"的意思。早在关汉卿戏曲中就有这样的用法。《关汉卿戏曲词典》释义为：自己。《窦娥冤》二[斗虾蟆]：值着风寒暑湿，或是饥饱劳役，各人病症自知。《红楼梦》中也出现过"各人"表示"自己"的用例，《红楼梦语言词典》解释为"自己；自个儿"，举书证"自然不止你两个，想这园里凡大的都要去呢，依我说，将来终有一散，不如你～去罢。《汉语方言大词典·第二卷》中释为：〈代〉自己。冀鲁官话。清光绪十年《玉田县志》："各人，自己也。又云自各儿。"中原官话、江淮官话、晋语、西南官话都有这个义项的用法。教科书中又有"各自"出现，也表示"自己"的意思。见（《骑》40b）又是打發一個人給我們買四五個雞來罷，雞錢卻在外，咱們各自開付啊。

15.【正南正北】

嗳呀，你這個小子們不知正南正北，只惱胡說。（順天本25a）

解释：《汉语方言大词典》中释为 〈熟〉正正经经；正正当当。（一）胶辽官话。山东牟平得找个正南正北的人家儿。（二）西南官话也作"正南齐北"。在例子中是说卖鸡的小子不正经开价，漫天要价的意思。

16.【开付】

掌櫃的，你有現錢，給我們開付雞錢，回手寫我們一筆賬罷，臨走連店錢一並還你啊。（順天本25b）

解释：《汉语方言大词典》释为：东北官话。①〈动〉付钱：房钱我已经～了。②〈动〉打发走：赶快把他～了。

17.【惹】

我開三十多年的店房，惹過多少客商們，辦過多少銀子的生意，開頭裡以來，正沒有干過像這樣不並一（便宜）的買賣，也沒有看過像你們二位不體面的皮（脾）氣。（順天本6a）

解释：据汪维辉等在《续编》中对顺天本《骑着一匹》年代的推测，该抄本应是道光四年（1824）二月抄写完毕的。同时期的《清文指要》各抄本中，也有"惹"字出现，但大都为"招惹"义，该义也用"招"，各版情况是"惹〉招"。如：（1818 年）就只看见得罪了长上，惹了大祸，耽误要紧的事罢咧①。又如：（1830 年）好像给誰湊趣而的一樣，把這個招了惹那個，甚麼樂？②相比较之下，《骑着一匹》用例中的"惹"并非为"招惹"义，而是"和……打交道，联手、携手（合作）"之意，该例子的谚文也解释为该含义。目前在词典中没有查到"惹"表示这个含义的其他书证。

18.【勾當】

王夥計你有話就只管說，該行的勾當否咧，也有不依的嗎？／（順天本 17a）這並不是但我一個人的勾當。（順天本 16b）／你有甚嗎別的難勾當，都退（推）得我們身上。（順天本 29b）／那嗎你們這裡許多的句（勾）當，幾天裡頭怎沒都完得了啊？（濯足本 40b）／顧得我們句（勾）當，當（耽）誤王法嗎？（濯足本 41b）

解释："勾當（gòu dàng）"《现代汉语词典》（第五版）中解释为名词，表事情，今多指坏事情。如：罪恶勾当／从事走私勾当。汪维辉（2006）③认为该词开始为动词，指"处理，办理，做（事情）"，主要通行于唐宋时期。元代以后引申的名词用法占据上风，指"事情"，明代以后动词用法渐趋消亡。该词在《骑》系列中出现时均为名词词性，指"事情"，但是并无贬义的感情色彩，可以推断在《骑》系列抄写的时代该词还没有变为现代的贬义。

19.【你呢】

王夥計，你呢吆呼掌櫃的往這裡來，我合他問一問，咱們可以交得交不得。（順天本 21a）/這個咳用你呢說嗎？（順天本 18b）/該怎嗎着纏合實（適）呢？請你呢各人說罷。（順天本 32b）

解释："你呢"有时出现在句头，有时在句中，但不论位置在哪，都出现在人称代词的位置上。在教科书中也有"你"作人称代词的情况，如：王夥計你有話就主管說，該行的勾當否咧，也有不依的嗎？（順天本 16b）/你瞧今年年成到處不收。/王夥計，你這個明白人，又是惱粎胡塗！因此"你呢"并不等于"你"。"你呢"也作"你纳、你呐"，即"您"，北京话特征词。吕叔湘（1985）认为"您"的成词路径为：你老〉您〉您纳，但刘云（2009）"北京话敬称代词'您'考源"中则认为成词路径应是"你老〉你/

① 出自《清文指要》汇校与语言研究中的 B 版本，嘉庆二十三年（1818）西安将军署重刻本，依据北京大学图书馆藏本。

② 出自《清文指要》汇校与语言研究中的 C 版本 C55，即 1830 年《三合语录》，北京大学图书馆藏。

③ 汪维辉：《论词的时代性和地域性》，《语言研究》2006 年第 6 期。

您纳〉您。①张美兰（2011）指出，《语言自选集》（1867 年第一版）多用"你纳"、"您纳"、"您"，反映的信息似最早。但我们看到在《骑着一匹》教科书系列中比《语言自选集》早很多年已经出现很多"你呢"的用例。

20.【底根/起根】

東長家底根有的存貨是，先不筭銀數兒，只有三四十大堆子，自己的連一張貨賣不出去咧，為甚嗎收買人家的呢？（濯足本 34a）/起根各人打着發賣存貨，到等現銀子皈（歸）人家的票，所以他們一去的時候，親手並沒有帶連一分銀子去，白在那裡住些日子。（濯足本 16b）

解释：这两个词都表示"起初、起先、本来"之意。"底根儿"，元代已有，如：（柳云）师父，你怎生识的小圣来。我底根儿把你来看生见长。（元马致远《岳阳楼》第一折）"起根儿"也见于《清文指要》1809、1818、1830、1867 等诸版本的抄本中，如：在背後跟着肯放嗎？我起根兒臉軟，你狠知道的，人家這樣着了急跪拜央求，怎麼好意思教他無趣兒回去呢？B33②"起根"也见于《清语教科书》《官话类编》等，如起根兒很乾淨，現在腌臢了。（《清语教科书》）今《北京话词语》、《北京土语辞典》、《北京话语词汇释》收有"底根儿"和"起根儿"这两个词。③

《骑着一匹》系列会话教科书的会话中，使用的是纯粹的口语和方言，生活气息浓郁，地域特征明显，反映了当时的口语和方言的语言实际。

6.2.3　清代朝鲜文献所见声母系统与东北方音考论

（1）微母的消失问题

关于微母的消失问题，王力先生在《汉语史稿》中论述比较全面：微母本来是属于唇音之列的。在《切韵》时代，它是明母的一部分，读[m]；到了唐末宋初，明母分化了，除了东韵三等字之外，它的合口三等字变为唇齿音[ɱ]（mv）。[ɱ]的发音方法与[m]相同，但是发音部位和[v]相同，于是在北方话里就逐渐变为一个[v]。这个[v]从十四世纪《中原音韵》时代起，一直保持到十七世纪。然后才变为半元音[w]，最后成为元音[u]（韵头或全韵）。它到了这个阶段，才和喻疑合流了。④我们通过对《华音启蒙谚解》和《你呢贵姓》中的微母变化的调查，跟这两部教材之前朝鲜时代汉语教科书连续起来考察，结果如下表：

① 刘云：《北京话敬称代词"您"考源》，《北京社会科学》2009 年第 3 期。

② B 指的是版本，《清文指要》嘉庆二十三年（1818）西安将军署重刻本，依据北京大学图书馆藏本。

③ 参见张美兰、刘曼：《〈清文指要〉汇校与语言研究》，上海教育出版社 2013 年版。

④ 王力：《汉语史稿》，中华书局 1980 年版，第 131 页。

表三十一　微母在朝鲜文献五种中的拟音表①

摄	例字	中	《洪武正韵译训》15 世纪	翻译老乞大16 世纪	译语类解17 世纪	朴通事新释谚解18 世纪	华音启蒙谚解19 世纪
止	未	ŋ		o	o		o
	味	ŋ			o	o	o
遇	無	ŋ		w			o
	務	ŋ		W		o	o
	武	ŋ			o	o	o
臻	文問	ŋ	w	W			
山	晚萬襪	ŋ		O	o	o	o
宕	綱妄望	ŋ		O	o	o	o

如表所示，表中"中"一列是指《中原音韵》，拟音从宁继福先生《中原音韵表稿》。《华音启蒙谚解》和《你呢贵姓》之前的朝鲜时代汉语教科书的微母读音采用蔡瑛纯教授（2002）《李朝朝汉对音研究》的结论，从《翻译老乞大》（16 世纪）注音中可以看出，当时微母与喻母还处于混用阶段。而到《译语类解》（17 世纪）中，微母字已经都变成相应的零声母字。这与王力所说时间非常吻合。说明朝鲜音微母变零声母的进程与北方音同步，就东北方言语音系统而言，微母在更长的时间内保留了[v]的读音，在这个问题上，朝鲜文献的对音材料即使最能体现东北方言语音特色的《你呢贵姓》都没有充分的反映。

（2）见晓系颚化问题

近代汉语与现代汉语相比较，最大区别在于舌面音[tɕ、tɕʰ、ɕ]的产生。

王力先生在《汉语史稿》认为：现代北京话 tɕ、tɕʰ、ɕ 有两个来源：（甲）来自齐撮呼的 k、kʰ、x；（乙）来自齐撮呼 ts、tsʰ、s。舌根破裂、舌根摩擦、舌尖破裂摩擦、舌尖摩擦都由于受舌面前元音（i，y）的影响，而变为舌面前辅音（tɕ、tɕʰ、ɕ）。这是语音学上所谓同化作用②。

近代汉语的声母颚化起源问题，目前学术界众说纷纭，莫衷一是，这个问题当然也涉及到东北方言音系，利用朝鲜对音文献证明此问题，也是不错的选择。

---

① 蔡瑛纯：《李朝朝汉对音研究》，北京大学出版社 2002 年版，第 79—80 页。该著作有韵摄齐全的表，这里删除与微母无关的韵摄。北京大学出版社 2002 年 12 月。

② 王力：《汉语史稿》，中华书局 2002 年版，第 122 页。

　　王力先生《汉语语音史》：清乾隆年间无名氏《圆音正考》说："试取三十六字母审之，隶见溪群晓匣五母者属团，隶精清从心邪者属尖。"由此看来，似乎清初见系已经分化出 tɕ、tɕʰ、ɕ。明隆庆年间本《韵略易通》说："见溪若无精清取，审心不见晓匣跟。"由此看来，似乎明隆庆年间（1567—1572）见系已经分化出 tɕ、tɕʰ、ɕ。但是，《五方元音》以"京坚根干"同隶见母，显然见系在清代前期还没有分化为[k、kʰ、x]、[tɕ、tɕʰ、ɕ]两套。可以设想，见系的分化在某些方言里先走一步，在北京话里则是清代后期的事情。①冯蒸先生认为《圆音正考》（1743 年）反映了当时北京话，不分尖团，即精组和见组的细音已经变成舌面音[tɕ、tɕʰ、ɕ]，和今天的北京话一样。②近年来，一些学者又利用一些新材料，特别是朝鲜韵书的材料，重新探讨舌面音[tɕ、tɕʰ、ɕ]的形成。

　　早期朝鲜的汉文教科书，如《老乞大》、《朴通事》等书中，已经出现见晓组字颚化，不过数量很少。但是到了 19 世纪的《华音启蒙》，特别是附在李应宪《华音启蒙》一书卷后《华音正俗变异》的正音和俗音的对比表。而《华音正俗变异》中的这些字都是从千字文、百家姓中抽出的有古今正俗音字，每字下用朝鲜语字母注两种音，右边是正音，左边是俗音。李得春先生认为"正音是一种当代的规范音，俗音是规范音中发生变化了的'时音'。"

　　通过对《华音正俗变异》中，正音俗音的对比研究，我们发现其最显著的语音变化是见晓组字已经全部颚化。看《华音正俗变异》所列例字及其拟音（例字多者，随机选二字，拟音从李得春先生（2002）《朝鲜对音文献标音手册》）：

[k]组字：[kĭɤ→tɕĭɤi]結；[kĭao→tɕao]交

　　　　 [kɤn→tɕĭan]坚；[kĭao→tɕʻĭao]巧

　　　　 [kĭuĭɤ→tɕʻĭuĭɤĭ]厥；[ki→tɕʻi]冀

　　　　 [kɤi→tɕĭɤi]解；[kĭɤi→tɕĭɤi]皆诫

　　　　 [kĭɤi→tɕĭɤi]洁；[kĭu→tɕĭu]九

　　　　 [kĭaŋ→tɕĭaŋ]姜、江；[kĭun→tɕĭun]君、军

　　　　 [kĭn→tɕĭn]谨、巾；[kĭɤn→tɕĭan]简、见

　　　　 [kĭa→tɕĭa]稼、佳；[kĭu→tɕĭui]惧、居

---

　　① 王力：《汉语语音史》，中国社会科学出版社 1998 年版，第 394 页。

　　② 冯蒸：《尖团字与满汉对音》，载《汉语音韵学论文集》，首都师范大学出版社 1997 年版，第296 页。

[kiɦ→tɕĭɦ]景、经；[ki→tɕi]鸡、基

[k']组字：[k'iu→tɕĭui]瞿；[k'iu→tɕĭu]渠

[k'iu→tɕĭu]曲；[k'iu→tə'ui]屈

[k'ĭ→tɕ'ui]却；[k'ĭun→tɕ'iun]群

[k'ĭaɦ→tɕ'ĭaɦ]强；[k'i→tɕi]启稽

[k'ĭao→tɕ'ĭao]乔、桥；[k'ĭɣn→tɕ'ĭɣn]谦、遣

[k'ĭu→tɕ'ĭui]驱、鞠；[k'ĭn→tɕ'ĭn]禽、琴

[k'ĭuĭɣn→tɕ'ĭuĭɣn]劝、权；[k'ĭɦ→tɕ'ĭɦ]庆、轻

[k'iu→tɕ'iu]求、仇；[k'ĭ→tɕ'i]岂、溪

[X]组字：[xĭaɦ→ɕĭaaɦ]项；[xĭo→ɕĭao]学

[xĭun→ɕĭun]训；[xĭuɦ→ɕĭuɦ]兄

[xia→ɕĭa]夏、遐；[xi→ɕi]奚、曦

[xĭuĭɣn→ɕĭuĭɣn]玄、轩；[xĭao→ɕĭao]效、孝

[xĭɣn→ɕĭɣn]贤、闲；[xĭɦ→ɕĭɦ]形、兴

这些例字清楚地表明，《华音启蒙谚解》、《你呢贵姓》、《华音正俗变异》等教科书中，我们可以看出见晓系颚化情况是明显的，也就是[k][k'][x]变为[tɕ][tɕ'][ɕ]。从这些情况，我们可以看到北方话的颚化，完成时间比较晚，到 19 世纪末才全面完成，由此可以证明《黄钟通韵》记录语音的时期，颚化尚未完成，该书韵图不分尖团音的结论是正确的。

（3）全浊声母清音化

近代汉语声母系统简化的一个重要原因就是由于浊音的清化。最早记录全浊音字清化的韵书是元代周德清的《中原音韵》。在《中原音韵》里，中古全浊音字已经普遍与清音字相混，据此似乎可以认为中古全浊声母已经不独立存在了。王力先生的《汉语语音史》里认为宋代音系全浊声母已经全部消失，其依据主要是朱熹《诗集传》和《楚辞集注》的反切。问题不这样简单，浊音消失是否意味着近代语音全浊声母是否完全消失呢？龙果夫、罗常培认为《中原音韵》浊音已经清化，但元代仍保留着全套的浊声母，只是用于官方音，或者是读书音。这样，他们就认为当时存在两套语音系统，即读书音和口语音。真实的情况究竟如何？求证于朝鲜对音材料：蔡瑛纯教授《李朝朝汉对音研究》认为，15 世纪朝鲜语音资料中所有的中古浊声母保存其音，把《洪武正韵》译出朝鲜语音的学者们虽然能正确地感觉当时的中国北方音，但是却无法果敢地摆脱钦定韵书《洪武正韵》的范围。16 世纪开始到 19 世纪资料中，全部的中古平声字变化成次清音，仄声字变化成全清音。

崔世珍在《翻译老乞大朴通事》的注音中，左音维持来自《洪武正韵》

译音体系的浊音标记，右音则严格按照实际变化，取消了浊音标记。他在《翻译老乞大朴通事》"谚音条"中，对此进行了详尽的分析和说明。他对全浊声母的处理方法是："今之反译，全浊初声皆用次清为初声，旁加两点，而存浊音之呼逝，而明其为全浊之声。"尽管崔世珍在韵书《通解》里保留了全浊声母，但是根据他的"清浊声势之变"的分析，可以知道当时汉语的全浊声母塞音、塞擦音平声字读送气音，仄声字读不送气音，即全浊音已经清化①。

在《华音启蒙谚解》和《你呢贵姓》两书中，通过分析同音替代现象，我们发现其浊音轻化确已完成。见表：

表三十二　同音替代显示浊音轻化表

书中字	使	生	之	上	三等	开
被替代字	是	常	支	上	三等	开
书中字	边	帮	先	平	四等	开
被替代字	便	並	仙	平	三等	开
书中字	罢	並	佳	上	二等	开
被替代字	霸	帮	麻	去	二等	开
书中字	戋	从	寒	平	一等	开
被替代字	钱	精	仙	上	三等	开
书中字	哺	並	模	去	一等	开
被替代字	铺	滂	模	去	一等	开

据此，说明浊音清化在这两部书中，是不用争辩的事实。这个结论的意义还在于说明东北方音无浊声母，也说明运用对音文献得出的结论是可信的。

（4）日母字变化为零声母字问题

日母字变化为零声母字主要是在《华音正俗变异》一书中体现得比较明显。这说明这部书里的日母字只读做零声母而音节的开头不再有轻微摩擦辅音。早期的朝鲜文献《老乞大》、《相通事》中，这一现象还不明显。到 18 世纪《朴通事新释谚解》中的日母字变为零声母字现象已经有所体现。而在《华音正俗变异》中，所有日母字都已经变化为零声母字。参照《〈华音正俗变异〉声母系统特点》②的列表来看这种情况：

---

① 金基石：《近代音的热点问题与汉朝对音文献的价值》，《延边大学学报》2004 年第 2 期。

② 同上。

表三十三　日母字读音变化表

汉字	音韵地位	正音	俗音
染	日琰开三上咸	ǐan	ǐɣn
若	日药开三入宕	ǐo	ǐao
弱	日药开三入宕	ǐo	ǐuǐɣ
入	日缉开三入深	ǐu	ǐuiɣ
辱	日烛合三入通	ǐu	ǐui
茹	日鱼开三平通	ǐu	ǐui
而	日之开三平止	ə	ɣl
二	日至开三去止	ə	ɣl
儿	日支开三平止	ə	ɣl
耳	日止开三上止	ə	ɣl
迩	日纸开三上止	ə	i
闰	日稕合三去臻	ǐun	in
冉	日琰开三上咸	ɣn	iɣn
芮	日祭合三去蟹	ui	nɣi

我们注意到，中古日母字到现代汉语分化为两个不同的音，止摄日母三等字"儿、而、耳"等字转入影母变为零声母，其他日母字"日、人、然"等变为卷舌音。至于止摄三等字以外的其他摄的日母字不与现代普通话一致，而都变为零声母，对于这一现象，李得春先生（1998）认为：当时朝鲜人陆路来往于北京和汉城之间，必经辽东。辽东与朝鲜接壤，朝鲜人和辽东人交往频繁。而且，早在世宗时期，世宗大王非常注重汉学，他计划向中国派留学生，以壮大中国语翻译力量，但后来由于大臣的反对而未成行。但世宗十六年春天，他派遣李边和金何到辽东跟许福、刘进等学习直解小学。这说明早在世宗时代，辽东语音就已经对朝鲜语产生重要影响。考虑到这些情况，序文中虽然说"用燕京话译之"，但在实际记音中掺杂着方音。沈阳人把"人日热如软"等字念成[in][i][ie][y][yan]，这正与《变异》一致。所以，我们可以初步估计，《变异》中的日母对音是北京次方言辽东话的真实记录。①需要对李先生的结论稍有补足：这种现象是东北方音普遍存在的，是不是都源于辽东话？又如地处辽东半岛东南的长海县县政府所在地的大长山方言，其声母一个很重要的特点就是，古日母字除"扔、仍"外，均为零声母。如"人"[in]、日[i²¹³]②。山东境内东潍片的即墨县方

---

① 李得春：《韩文与中国音韵》，黑龙江朝鲜民族出版社 1998 年版，第 137 页。

② 王霜：《大长山方言研究》，辽宁师范大学硕士论文，2004 年，第 31、32 页。

言属于北方方言的胶辽官话，据《即墨方言志》记载，即墨方言音节结构的特点之一就是零声母音节较多。普通话绝大多数的 ʐ 声母字和少数的 n 声母字，即墨方言是零声母，例如，热人、逆凝。①"热"[iə²¹³]、"人"[iə⁴²]、"仁"[iər⁴²]。而日本川濑侍郎在《满洲土语研究》中也谈到了这样的语言现象，如"成人工"中"人"的注音为[iěn]，"绕脖子"中的"绕"注音为[iao⁴]；"热火罐抱子"中的"热"注音为[ie⁴]；"染人"的注音为[yěn iěn]、"肉頭"的注音为[iou⁴tou²]②。这样看来，胶辽话跟辽东话有没有关系？是什么关系？辽东话是不是北京次方言？这些问题还得讨论。

综观日母字的发展历程，北方汉语日母的演变一般遵循的原则是鼻音弱化为零声母的音变，即"ȵ→ø"音变过程，这与李得春先生的结论基本相同。有研究表明北方方言日母的弱化并没有导致日母和影组的合并，例如《中原音韵》里日母字和影组字存在对立。③据我们的考察，从清代初期开始，东北方言的日母字跟泥母、疑母合流以后，进一步与影母合流而变化为零声母（参见本文 3.2）。

（5）平舌、翘舌音不分

《华音启蒙》、《你呢贵姓》中出现了一些平、翘舌不分的情况，在 5.2.1 里有所分析。例如，我急忙到那裏冒一夜，找多大的罪。（遭罪→找罪，z[ts]→zh[tʃ]，《华音启蒙谚解》）；沿道开店的，吃客穿客，所以不打客身上增錢就打那裏来使用的呢？（挣钱→增錢 zh[ts]→z[ts]，《华音启蒙谚解》）。

另一类例子见于《你呢贵姓》：例一，说的ム（啥）？例二，你姓ム（啥）？例三，为ム（啥）不吃？例四，這ム（啥）的。例五，由（有）ム（啥）吃ム（啥）。以上五例为 sh→s（ʂ→s），有疑问句也有陈述句，"啥"的对音，不仅反映了平、翘舌不分的东北方音的特征，也由此表现出该书的基础音系是东北方言这一特点。

从上面的例子来看，出现平、翘舌不分的情况，这跟东北方音有直接的关系，也就是李得春先生所说的辽东话。就现代东北方言来观察：在当今北京话读[tʂ tʂʰ ʂ]声母的字，吉沈片的通溪小片读[ts tsʰ s]，蛟宁小片为[tʂ tʂʰ ʂ]或[ts tsʰ s]自由变读，通常以[tʂ tʂʰ ʂ]为多，跟通溪小片相区别；延吉小片读音分歧较大，有的全读[ts tsʰ s]，有的全读[tʂ tʂʰ ʂ]，有的是[ts tsʰ s]或[tʂ tʂʰ ʂ]自由变读，没有一定的规律。哈阜片的肇扶小片读[tʂ tʂʰ ʂ]，长锦小片

---

① 赵日新、沈明、崑长举：《即墨方言志》，语文出版社 1991 年版，第 10 页。

② 川濑侍郎識：《满洲土语研究》，见于六角恒广《中国语教本类集成》，东京：不二出版社 1995 年版。该书注音中的右上角标的 1、2、3、4，分别指阴平；阳平；上声；去声四个声调。

③ 项梦冰：《客家话古日母字的今读——兼论切韵日母的音值及北方方言日母的音变历程》，《广西师范学院学报》2006 年第 1 期。

为[ts tsʰ s]或[tʂ tʂʰ ʂ]自由变读，通常多读[ts tsʰ s]，跟肇扶不片相区别。黑松片的嫩克小片读[tʂ tʂʰ ʂ]，佳富小片多读[ts tsʰ s]，跟嫩克小片相区别。①

　　由此可知，在东北方音区，平翘舌不分的情况在很多地方存在。而在北京话不存在这一情况。

6.3　清代朝鲜文献所见韵母系统与东北方音韵母考论

6.3.1　李朝时期朝鲜文献中韵母系统

　　关于李朝时期朝鲜文献中韵母系统的具体情况，先看蔡瑛纯教授《李朝朝汉对音研究》②一书的揭示，然后再加以讨论：

表三十四　朝鲜文献汉语韵母演变表

				15C	16C	17C	18C	19C
通	屋	合一	足	uʔ	u		u	u
		合三	六		u	iu	iu	iu
梗	陌	开二	摘		ai	Ø	ai	Ai
曾	德	开一	贼		ii	ii	ii	ii
江	觉	开二	角		io	io	io	iao
宕	铎	开一	薄		o	o	ao	ao
	药	开三	鹊		iao	iao		iao
臻	质	开三	笔		i	i	i	i
	物	合三	不		u	u	u	u
深	缉	开三	入	iuʔ	iu	iu		iui
山	鎋	开二	辖	iaʔ		ia		
咸	叶	开三	叶	iəʔ	iə	iə	iə	iəi
止	知	开三	治	iẓ	i	i	i	i
	精		子	iẓ	ʌ	ɨ	ɨ	ɨ
	清		次	iẓ	ʌ	ɨ	ɨ	ɨ
	心		四	iẓ	ʌ	ɨ	ɨ	ɨ
	照		支	iẓ	ʌ	ɨ	ɨ	ɨ
	审		试	iẓ	ʌ	ɨ	ɨ	ɨ
	禅		匙	iẓ	ʌ	ɨ	ɨ	ɨ

---

① 张志敏：《东北官话的分区》，《方言》2005 年第 2 期。

② 蔡瑛纯：《李朝朝汉对音研究》，北京大学出版社 2002 年版，第 344 页。

				15C	16C	17C	18C	19C
		日	儿	iʑ̩	ʌ|	ʌ|	ɨ|	ə|
			二	iʑ̩	ʌ|	ɨ|	ɨ|	ə|
			耳		ʌ|	ʌ|	ɨ|	ə|
			饵		ʌ|	ʌ|		ui
深	侵		吟	in	in	in		
咸	谈		蓝	an	an	an	an	an
	鹽		鹽	iən	iən	iən		iən
	凡		犯		an	an	an	an
山	二山	生	产		an	an	an	an
咸	二咸	知	站		an	an	an	An
曾	一德	从	贼		ïi	ïi	ïi	ïi
		影	黑		ə	ə	ïi	ïi
蟹	一泰	帮	贝			ï	ïi	ïi
效	三宵	心	小		iao	iao	iao	iao
	四萧	定	调		iao	iao	iao	iao
止	三脂	並	鼻		i	i	i	i
蟹	三祭	精	祭			i	i	i
曾	一德	见	国		uə		uə	uə
宕	一铎	见	郭			uə	uə	uə
蟹	二夬	匣	话		ua	ua	ua	ua
臻	三术	见	橘		iu		iu	iui
	三物	影	熨			iu		Iu
山	三月	疑	月		iuiə	iuiə	iuiə	iuiə
	四屑	见	譎			iuiə		uəi
通	三烛	疑	玉		iu	iu	iui	iui

　　上表全面地反映了五百年间李朝朝鲜文献中的韵母系统，其变化一目了然。总的看来，朝鲜文献中的韵母的变化与同时期汉语韵母的变化是十分接近的。跟我们要讨论的内容密切相关的是上图"18C"和"19C"两列的韵母，其他列的韵母只作为讨论整体演变的参考，"18C"和"19C"相当于明清时期，这个时期汉语的韵母系统，宏观上看，变化不大。特别是朝

鲜的汉语对音文献记录的一般为北方汉语，其韵母系统的变化就更加细微了。应裕康先生对明清反映汉语"北音"的十七种韵图进行对比研究，关于韵母的结论是："十六种韵图，分韵大致相近，而与今国语音系之韵母甚为接近。故各图所示，盖为当时北音之实况。"引文里作"十六种"是因为"林本裕声位之分韵，全袭马自援等音"，所以只看作是十六种韵图。这个结论可以支持我们对上表分析的结果，在此基础上，进行关于本文所用朝鲜文献的韵母的考论。

6.3.2　清代朝鲜文献所见韵母与东北方音韵母考论

（1）入声韵的消失

入声韵的消失由来已久，但对其消失年代也争论不休。王力《汉语史稿》中认为：《中原音韵》书中所谓"入声作平声"，"入声作去声"等，只是指传统上的入声已经和当时的平上去三声混合了，不能认为当时还有区别入声。由此看来，十四世纪（或更早）北京话里，尾-p，-t，-k 就已经消失了，这种观点是一种权威的主流观点。当然，也有学者认为"入派三声"是为了"广其押韵"而人为地"派"入三声而已，并不是语言中已经"变"为三声。这方面以李新魁先生为代表，李先生认为："入派三声"确是像周氏自己所说的那样——"以广其押韵，为作词而设"，而他据以编撰此书的"中原之音"的"呼吸言语之间，还有入声之别"。各方面的语音资料证明了周氏的说法是可靠的。"汉语共同语入声的真正消失，时代不会太早。直至明代中叶以后，北京音是早一些消失了入声，而中原共同语入声的消失，恐怕要到清代才发生。"[①]在朝鲜韵书中，入声韵的情况又表现如何？朝鲜学者申叔舟把当时（我国明朝）北方话的入声字发音描述为一个比平上去短促的声调，因此用喉塞音[ʔ]做韵尾，说明当时的俗音里还保存着入声的残余音。[②]《洪武正韵译训》俗音和《翻译老乞大、朴通事》的左音代表 15 世纪的汉语北方音，因此当时口语里存在一种喉塞音韵尾是可以肯定的。《翻译老乞大、朴通事》右音（16 世纪北方话时音）开始，朝鲜谚解书里再也没有出现过喉塞音韵尾，证明当时北方口语里的入声韵尾已经完全消失。这跟徐孝（1573-1619）《司马温公等韵图》的著录是相吻合的。[③]

崔世珍对汉语入声字的观察和描绘也非常细致，在《翻译老乞大、朴通事》、《洪武正韵通解》凡例中都有所涉及。其认为，当时入声字的发音

---

① 李新魁：《再论〈中原音韵〉的"入派三声"》，载《中原音韵新论》，北京大学出版社 1991 年版，第 64—85 页。

② 金基石：《朝鲜韵书与明清音系》，黑龙江朝鲜民族出版社 2003 年版，第 193 页。

③ 同上书，第 194 页。

如阳平而促急，但随其声调的不同，有时变为平声浊音，或上声，或去声。这是跟《中原音韵》"入派三声"是相一致的。不过，在《翻译老乞大、朴通事》的实际注音中崔世珍却把入声字只派入阳平和去声，基本上没有派入上声。①这是跟《中原音韵》"入派三声"最大的不一致。

对此，金基石先生认为《中原音韵》对"入作上声"的处理上是有一定的问题的，问题出在入声分派的规律性不强，这很可能就是周德清本人主观归派所造成的失误。而崔世珍认为"其声直而高，呼如去声"的"入声一"的音值（54）与去声（52）相近，降度略短一些；"如平声浊音之呼而促急""少以平声浊音之呼"的"入声二"的音值（23）与阳平（24）相近，长度略短一些。因此，可以说崔世珍把入声派入平、去二声，是以对现实语言的细致观察为基础的。通过对《华音启蒙谚解》《你呢贵姓》的考察，对音材料里看不到清塞音韵尾，也就说明入声已经不存在了，也看不到中古入声的分派跟崔氏所论有过多的例外，这跟朝鲜语没有声调的特点是有直接关系的。由此可以印证《黄钟通韵》所列入声在现实语言中是不存在的。

（2）[-m]尾韵在北方话里消失

中古汉语[-m]尾韵的消失也是近代汉语音系的显著特征之一，但是[-m]尾韵在北方话里的消失年代至今没有定论。罗常培先生根据《中原音韵·正语作词体例》分辨[-m]尾字与[-n]尾字的例子，认为"闭口韵的消变由来已久"，"到了《韵略汇通》（1642 年），就毫不客气地把侵寻并入真寻，缄咸并入山寒，廉纤并入先全。从此以后，在这一系韵书里就找不着闭口韵的踪影了。"②王力先生也在《汉语史稿》中注意到《中原音韵》唇音-m 尾变成-n 尾的现象。王力先生认为"韵尾-m 在北方话里的变为-n 尾，比韵尾-p，-t，-k 的消失晚些。""在北方话里，-m 的全部消失，不能晚于十六世纪，因为十七世纪初叶的《西儒耳目资》里已经不再有-m 尾的韵了。"③杨耐思先生（1981）在《近代汉语-m 的转化》一文里谈到：《中原音韵》的三个"闭口韵"，都收-m，计有五个韵类。他认为：《中原音韵》保留三个"闭口韵"，反映了当时实际语音是无可怀疑的。④宁继福先生（1985）《中原音韵表稿》里仍保留四个[-m]尾韵母，按内部证明法，"深有申"的存在，证明当时[-m]尾与[-n]对应存在，宁老师思考缜密，所论不可置疑。问题的分歧求证于朝

---

① 金基石：《朝鲜韵书与明清音系》，黑龙江朝鲜民族出版社 2003 年版，第 195 页。

② 罗常培：《京剧中的几个音韵问题》，《东方杂志》第 33 卷第 1 号，1936 年。

③ 王力：《汉语史稿》，中华书局 1980 年版，第 135 页。

④ 详见杨耐思论文集《近代汉语音论》，商务印书馆 1997 年版。

鲜对音材料，金基石先生利用明清时代朝鲜的各类韵书及谚解书等，考察了[-m]韵的演变过程，得出的结论：[-m]尾韵早在《四声通考》（1445 年）时期以前在北方话中开始消失，到《翻老朴》（16 世纪初）时期完全变为[-m]尾。[-m]韵尾的消失应该在 16 世纪之前。查考《华音启蒙谚解》、《华音正俗变异》、《你呢贵姓》等朝鲜汉语教科书，通过对其韵尾分析，[-m]尾韵早已被[-n]尾韵所代替。这个结论说明十九世纪的东北方音里没有了[-m]尾韵母，这个意义不大，汉语语音史早有明证，考察这个问题在四种朝鲜文献中的状况的意义在于说明这些书中的对音，忠实地记录了鲜活的东北方言音，而且克服了母语的影响。因为朝鲜语里至今也还是有[-m]收尾的词语的。

（3）存在儿化韵和轻声

"儿化"是汉语中的一种语音简缩现象。赵元任先生（1979）给出"儿化"音最权威的定性，他首先给官话的语音系统中加了一个-r 韵尾，说"官话里只有-n，-ng 和-r 这几个韵尾。"[1]李思敬先生（1994）明确说"儿韵"和"儿化韵"是复韵母和复合元音，即一个元音加一个舌尖后元音的[ɚ]韵尾构成。[2]汉语里出现"儿化韵"是一件大事，对此，朝鲜对音文献一定有所反映。金基石先生（2003）发现：1677 年刊行的《朴通事谚解》已经有儿系列字，对音显示读作[ɚ]。蔡瑛纯教授（2002）关于"儿化韵"在朝鲜对音文献出现时间的结论与金先生相同，同时蔡教授说："中国资料中《西儒耳目资》（十七世纪）已开始出现这种现象。"早在 1994 年麦耘先生明确说明：《西儒耳目资》没有儿化音的记录。[3]问题还是比较复杂的，已有的研究表明"儿化"音与"儿"音发音是相同的，"儿"音与"儿化"音一样有两种属于个人特点或习惯的发音，没有功能的意义，对于这个结论的不同理解，容易产生理解的分歧，因此，我们考察《华音启蒙》、《你呢贵姓》等文献的"儿化韵"和儿字系列的用法，注意到了韵母与用字的区别。

轻声作为普通话语音的重要特点之一，越来越被学术界所重视。赵元任先生（1922）《国语罗马字研究》认为：轻音永远是轻读的。现行高校诸种《现代汉语》教科书给轻声的定义一般认为：所谓轻声并不是四声之外的第五种声调，而是四声的一种特殊音变，即在一定的条件下读得又轻又短的调子。也认为轻音与轻声是不同的，轻声是属于声调范畴，而轻音是由音量的强度决定的。轻声的作用很大，轻声可以使词性、词义发生变

---

① 赵元任：《汉语口语语法》，商务印书馆 1979 年版，第 33 页。

② 李思敬：《汉语儿[ɚ]音史研究》（修订本），商务印书馆 1994 年版，第 99—133 页。

③ 麦耘：《〈西儒耳目资〉没有儿化音的记录》，《语文研究》1994 年第 4 期。

化，也能区别词和词组。《华音启蒙》、《你呢贵姓》等文献对轻声有明确的反映。

以下例子是《华音启蒙谚解》和《你呢贵姓》中常见的：

《华音启蒙谚解》："时候儿"；"一候儿"；"那屋里住的客人是那塊（块）儿来的？""哥儿们三个，我是老大咧"；"老爷们是往哪里去呢？都在一内算起来，"句中"有个四十多口人"的"个"应为轻声。

《你呢贵姓》："咱们哥儿开头里交成生意"；"样儿"；"点点数儿起票来"句中"点点"的前一个"点"字应为轻声。

对儿化、轻声的记录，反映的是当时的口语，其方言特征是包括东北方音在内的，但不能看成反映的仅仅是东北方音，因为儿化、轻声在北方方言里广泛存在。

6.4　清代朝鲜文献所见声母系统和韵母系统

总之对于近代中国音韵史所反映的北音的语音演变特征，朝鲜朝各种对译汉音资料均有充分的反映。十九世纪的《华音启蒙》、《你呢贵姓》等四种教科书所用的语音系统更具有与时俱进记录方言时音的优点。《华音启蒙》尹泰骏序云："旧有《老乞大》《朴通事》《译语类解》等书，而华语之各省或异，古今变殊，使骤看者转相讹误，恐不无鼠？之混、烛盘之谬矣。今李知枢应宪，取常行实用之语，略加编辑，名之曰《华音启蒙》；若千字文、百家姓，并用燕京话，译之以东谚，开卷瞭然，如置庄嶽而求齐语。"虽然序中明确提及"并用燕京话"，通过对两书的语音进行分析，我们发现《华音启蒙》、《你呢贵姓》中在体现北京音的同时，也有很多方面反映了当时的东北方言音。比如，岳辉博士（2008）揭示：从《翻译老乞大》、《翻译朴通事》→《朴通事新释谚解》→《重刊老乞大谚解》→《华音启蒙谚解》，我们摸索到了日母字不断增加，甚至完全变为零声母的变化轨迹。这样的发展态势告诉我们，朝鲜时代的汉语官话教科书在汉语北方方言的基础上，不断增加了东北官话的成分。①所以，运用这些汉语教材证明或验证清代东北方言音系的一些重要变化和特征是可靠的。

据此，总结出来（以国际音标书写）的声母系统是：[p]、[pʰ]、[m]、[f]、[t]、[tʰ]、[n]、[l]、[k]、[kʰ]、[x]、[tɕ]、[tɕʰ]、[ɕ]、[tʂ]、[tʂʰ]、[ʂ]、[ø]、[ts]、[tsʰ]、[s]。其中[tʂ][tʂʰ][ʂ]与[ts][tsʰ][s]存在自由对应变换。

韵母系统是：[a]、[o]、[ə]、[ɚ]、[ai]、[ei]、[au]、[ou]、[an]、[ən]、[aŋ]、

① 岳辉：《朝鲜时代汉语官话教科书研究》，吉林大学博士论文，2008 年。

[əŋ]、[oŋ]、[i]、[ʅ]、[ɿ]、[ia]、[iə]、[iɛ]、[iau]、[iou]、[iɛn]、[in]、[iaŋ]、[iŋ]、[ioŋ]、[u]、[ua]、[uə]、[uai]、[uei]、[uan]、[uən]、[uaŋ]、[uəŋ]、[y]、[yə]、[yan]、[yn]。其中，[o]与[ə]对音中有混用现象；[ʅ]与[ɿ]存在与声母相关对应的自由变换。

第7章　日本文献两种所见音系与
清代东北方音考论

7.1　日本汉语教科书及其研究状况简述

在清代同期的日本，为开展汉语教育或为其他目的而出现了一大批汉语教科书，其中有一些日本汉语教科书是直接以汉语东北方言为内容的，这些书为研究者留下了比较丰厚的语言材料，对其进行深入的研究可以探求其中潜藏着的清代汉语东北方言的语音系统特征，从而为目前研究尚不充分的清代汉语东北方言音系提供一些可借鉴的参考。笔者在此以清代末期至民国初期的《支那语讲义》和《满洲土语研究》两本书作为研究对象，给书中的语音注释部分建立了语料库，对其进行分析、整理、归纳，来发现两书反映出来的东北方言语音系统的特征，并且以此验证已有结论的正误，兼顾观察清代东北方音近 200 年间的变化和发展。

对于日本汉语教科书的研究，目前研究的成果主要集中在对近代日本的汉语教育史进行研究、对近代日本时期的汉语教材详尽收录、对近代日本时期的汉语教材简单介绍及书目整理、对近代日本汉语名师进行介绍等等。其中涉及到语音研究的成果主要有：王澧华《日编汉语读本〈官话指南〉的取材与编排》；张美兰《清末民初北京口语中的话题标记——以 100 多年前几部域外汉语教材为例》；《明治期间日本汉语教科书中的北京话口语词》；《〈语言自迩集〉中的清末北京话口语词及其贡献》；李无未、陈珊珊《日本明治时期的北京官话"会话"课本》；李无未《日本明治时期北京官话教科书研究的基本问题》；李无未、邸宏香《日本明治时期北京官话语音课本和工具书》；陈珊珊《〈亚细亚言语集〉与十九世纪日本中国语教育》；吴菲《〈日汉英语言合璧〉语音教学研究》等。①但对于涉及方言尤其是方

① 王澧华：《日编汉语读本〈官话指南〉的取材与编排》，《上海师范大学学报》（哲学社会科学版）2006 年第 3 期；张美兰：《清末民初北京口语中的话题标记——以 100 多年前几部域外汉语教材为例》，《世界汉语教学》2006 年第 2 期；张美兰：《明治期间日本汉语教科书中的北京话口语词》，《南（续下页）

言语音系统的研究，除李无未师有专论外，专门利用日本汉语教科书来研究方言语音的成果尚不多见。

7.2　《支那语讲义》研究与东北方音考论

《支那语讲义》收录于六角恒广编·解题《中国语教本类集成第二集·第二卷》中，作者青砥头夫，1910 年 5 月由大连小林又七支店发行。17.5 厘米×8.7 厘米，共 212 页。全书由三部分组成：发音编、语法编、异同辨，此外，该书中附"北京音与满洲音比较"。由于本文侧重于研究语音，因此笔者仅把该书发音编及所附的"北京音与满洲音比较"作为研究的对象。

发音编的内容为：第一，我们说的支那语必须是真正的北京官话；第二，为什么需要四声；一直到第八，都与一般教科书的发音解说不太一样。该书认为：在诸类支那语中，最上品而且实际通用范围广的是北京官话。这种说法是比较早认定北京官话的最高地位的。该书作者还发现："近来在满洲一带的日本人说的支那语，随便夹杂着方言土音者甚多……"①青砥头夫认为日本人学习汉语，必须学习北京话，而对于住在东北的日本人来说，学习北京话首先要知道北京话跟汉语东北方言的区别。出于上述目的，《支那语讲义》比较完整地记录了当时的东北方言。

7.2.1　《支那语讲义》"发音编"的研究

笔者对该书"发音编"进行了语音部分的整理与归纳，该书所举例字都有用日语音注明的"满洲"读音，通过给这些例字的日语音注标出现代汉语普通话国际音标进行对音之间的比较，挖掘出来隐藏其中的东北方音的语音特征。

该书在开篇便通过三点说明了学习"支那语"语音要注意的问题：首先强调说汉语时必须使用正规的北京官话。曾经到过满洲的日本人介绍的支那语都带有地方音色，日本人根本不会使用这种土话，例如，"苦力""你呀"音重的日本东北话。然后讲为什么需要掌握四声声调，其中谈到因为

（接上页）京师范大学文学院学报》2007 年第 2 期；张美兰：《〈语言自迩集〉中的清末北京话口语词及其贡献》，《北京社会科学》2007 年第 5 期；李无未，陈珊珊：《日本明治时期的北京官话"会话"课本》，《世界汉语教学》2006 年第 4 期；李无未：《日本明治时期北京官话教科书研究的基本问题》，《吉林师范大学学报》（人文社会科学版）2007 年第 1 期；李无未，邸宏香：《日本明治时期北京官话语音课本和工具书》，《汉语学习》2007 年第 6 期；陈珊珊：《〈亚细亚言语集〉与十九世纪日本中国语教育》，《汉语学习》2005 年第 6 期；吴菲：《日汉英语言合璧》，《语音教学研究》吉林大学博士论文，2007 年。

①　[日] 六角恒广：《日本中国语教学书志》，王顺洪译，北京语言文化大学出版社 2000 年版，第 81 页。

汉字约有二万七千个，字音种类仅四百二十种，所以必须用声调来区别意义，因此声调具有表达意义的作用，而学习声调对于日本人来说是困难的。接下来举出例字，用日语语音注出例字的北京音，清晰区分相似的发音。下表是该书列举的字例，用以区分相似发音，我们对此进行了国际音标的标音，以探寻其中的语音特征，具体如下。

第一项，送气音与不送气音的区别

声母對比	例字	声母	例字	声母
[k']—[k]	開	[k'ai]	該	[kai]
[k']—[k]	咳	[k'e]	閣	[ke]
[k']—[k]	苦	[k'u]	古	[ku]
[k']—[k]	快	[k'uai]	怪	[kuai]
[t']—[t]	他	[t'a]	答	[ta]
[tɕ']—[tɕ]	奇	[tɕ'i]	吉	[tɕi]
[tɕ']—[ts]	草	[tɕ'au]	早	[tsau]
[t']—[t]	剃	[t'i]	弟	[ti]
[p']—[p]	磅	[p'aŋ]	幫	[paŋ]
[p']—[p]	皮	[p'i]	鼻	[pi]
[p']—[p]	普	[p'u]	補	[pu]
[p']—[p]	破	[p'o]	舶	[po]

注：表中"磅"是多音字，声母分别为"[p']"和[p]"，但因为此表是为了区别送气与不送气的，所以推知此处采用的是声母为"[p']"的读音。就此表的语音特征而论，日本语对音表明当时的北京音与现代普通话语音基本无别，仅有[e]与[ə]舌位的细微差别，而且这个差别还不能排除不同语言之间的差异以及作者辨音能力问题。

第二项，齿音与舌音的区别

声母对比	例字	国际音标	例字	国际音标
[tɕ]—[tʂ]	加	[tɕia]	扎	[tʂa]
[tɕ']—[tʂ']	全	[tɕ'uan]	船	[tʂ'uan]
[ɕ]—[ʂ]	小	[ɕiɑu]	少	[ʂɑu]
[ɕ]—[ʂ]	袖	[ɕiou]	樹	[ʂu]
[tɕ]—[tʂ]	機	[tɕi]	知	[tʂʅ]
[tɕ]—[tʂ']	幾	[tɕi]	尺	[tʂ'ʅ]

续表

声母对比	例字	国际音标	例字	国际音标
[ɕ]—[ʂ]	喜	[ɕi]	史	[ʂʅ]
[l]—[z̩]	亮	[liɑŋ]	然	[ʐan]
[l]—[z̩]	利	[li]	日	[ʐʅ]
[l]—[z̩]	路	[lu]	入	[ʐu]
[l]—[z̩]	连	[liæn]	人	[ʐən]
[l]—[z̩]	楼	[lou]	肉	[ʐou]

由上表可见，该书中的"齿音与舌音"是对应三十六字母里的齿音与舌音的。具体是指[tɕ]—[tʂ]、[tɕ']—[tʂ']、[ɕ]—[ʂ]、[tɕ]—[tʂ']，还包括来母与日母[l]—[z̩]的区别；对应于国际音标为[tɕ]—[tʂ]、[tɕ']—[tʂ']、[ɕ]—[ʂ]是舌面音与舌尖后音的对应，且按照清音对应清音，送气对应送气，不送气对应不送气，擦音对应擦音；[tɕ]—[tʂ']是舌面不送气清塞擦音对应舌尖后音送气清塞擦音；[l]—[z̩]是舌尖浊边音对应舌尖后浊擦音（三十六字母中半齿音对应半舌音）。刻意区别这些音，说明即使在北京音系，这些音仍然是容易混淆的。

第三项，宽音 ŋ 与窄音 n 韵尾的区别

韵尾对比	字	国际音标	字	国际音标
[ŋ]—[n]	京	[tɕiŋ]	金	[tɕin]
	行	[ɕiŋ]	寒	[xan]
	往	[waŋ]	晚	[wan]
	應	[jiŋ]	印	[jin]
	光	[kuaŋ]	官	[kuan]
	明	[miŋ]	民	[min]
	場	[tʂ'ɑŋ]	產	[tʂ'an]
	浪	[lɑŋ]	爛	[lan]

第三项的日语音注引起我们注意的是：應[jiŋ]、印[jin]，作者在区分韵尾时，忘记了声母，不经意中选择用来做音注的声母[j]，反映出来的却是东北方音的特点，因为零声母字读作[j]，肯定不是北京音。

第四项，开口、合口、撮口等韵母的区别

声母对比	例字	国际音标	例字	国际音标
[ɣ]—[o]	餓	[ɣ]	窩	[uo]
[ɣ]—[ou]	餓	[ɣ]	歐	[ou]
[a]—[ɣ]	蛤	[xa]	河	[xɣ]
[ou]—[u]	后	[xou]	湖	[xu]
[ɣ]—[uo]	河	[xɣ]	活	[xuo]
[ɣ]—[uo]	樂	[lɣ]	駱	[luo]
[uo]—[ou]	駱	[luo]	漏	[lou]
[ɣ]—[uo]	熱	[zɣ]	若	[zuo]
[uo]—[ou]	若	[zuo]	肉	[zou]
[uo]—[ou]	懦	[nuo]	耨	[nou]
[o]—[ou]	抹	[mo]	某	[mou]
[e]—[uo]	客	[k'e]	扣	[k'uo]
[e]—[uo]	客	[k'e]	闊	[k'uo]
[e]—[uo]	德	[te]	夺	[tuo]
[uo]—[ou]	夺	[tuo]	豆	[tou]
[ou]—[u]	豆	[tou]	肚	[tu]
[ɣ]—[uo]	責	[tsɣ]	昨	[tsuo]
[uo]—[ou]	昨	[tsuo]	走	[tsou]
[u]—[ɿ]	祖	[tsu]	子	[tsɿ]
[u]—[i]	苏	[su]	私	[si]
[ɣ]—[uo]	色	[sɣ]	唆	[suo]
[uo]—[ou]	唆	[suo]	搜	[sou]
[ou]—[u]	搜	[sou]	蘇	[su]
[a]—[ɣ]	砂	[ʂa]	賒	[ʂɣ]
[ou]—[u]	收	[ʂou]	書	[ʂu]
[u]—[uo]	書	[ʂu]	說	[ʂuo]
[ɣ]—[uo]	車	[tʂ'ɣ]	卓	[tʂuo]
[uo]—[ou]	卓	[tʂuo]	粥	[tʂou]
[o]—[u]	佛	[fo]	浮	[fu]
[ɑŋ]—[ən]	昂	[ɑŋ]	恩	[ən]
[an]—[ən]	喊	[xan]	很	[xən]

声母对比	例字	国际音标	例字	国际音标
[ɑŋ]—[əŋ]	浪	[lɑŋ]	冷	[ləŋ]
[əŋ]—[uŋ]	冷	[ləŋ]	聾	[luŋ]
[ən]—[uŋ]	仁	[zən]	榮	[zuŋ]
[əŋ]—[uŋ]	能	[nəŋ]	弄	[nuŋ]
[ɑŋ]—[ən]	忙	[mɑŋ]	門	[mən]
[an]—[ən]	砍	[kʻan]	肯	[kʻən]
[ɑŋ]—[əŋ]	當	[tɑŋ]	等	[təŋ]
[əŋ]—[uŋ]	等	[təŋ]	懂	[tuŋ]
[əŋ]—[uŋ]	層	[tɕʻəŋ]	從	[tɕʻuŋ]
[ən]—[uŋ]	森	[sən]	松	[suŋ]
[ɑŋ]—[əŋ]	商	[ʂɑŋ]	省	[ʂəŋ]
[an]—[ən]	產	[tʂʻan]	真	[tʂən]
[an]—[ən]	犯	[fan]	分	[fən]

由上表可见，[ɣ]—[o][a][ou][uo]、[o]—[ou][u]、[u]—[i][ɿ][uo][ou]、[an]—[ən]、[ɑŋ]—[əŋ]、[ən]—[uŋ]、[əŋ]—[uŋ]、[ou]—[uo]易出现混淆现象。

第五项，该教材指出汉语有无意义地增加文字的现象。第一，无意义的"子儿头"词缀，例如：海边儿=滨；鸡子儿=卵；第二，同一字重叠，例如：妈妈、姐姐等。由此，我们可以从语音方面了解到儿化韵和叠音造词。

第六项，该教材指出汉语里"一个字可以有二个或两个以上的音并存"，即多音字现象。一音二声字：例如：那、会、为、少、把、假、倒、分、中、看、结、重、应、数、种、兴、强、溜、隔、场；一音三声字：例如：当、累、指；二音一声字（即二字音同一个声调）：例如：么、行、着、还、学、三、差、大、乐、乱、落；二音二声字：例如：了、百、和、得、长、便、恶、重、石、觉、傅、提。

第七项，该教材说明汉语声音的变化，从例子看，实际说的是变调，着重说明的是上声跟上声连读前一个字的声调变阳平。至此，该教材谈论的都是北京音系，也是我们利用此文献讨论东北方音的出发点。接下来该教材的第八项就是：北京音与满洲音比较。

7.2.2 《支那语讲义》北京音与满洲音比较的研究

作者青砥头夫认为，"满洲音其实可以看作是山东话，很多满洲的支那人是山东、山西、直棣各省的移民者，三省所讲的话与北京音差异最多的属山东话最为明显。所以山东音直接代表满洲音就是这个理由。"用山东话代表东北话，事实上只能说明这两种方言有历史渊源且关系密切，完全替代是荒唐的，即使是山东话，也还有其内部的差别，山东话到了东北，不出三代，一定会失去本色。据我们考察，他用来跟北京话进行对比的，绝大部分内容还是东北话。下文行文暂且还按青砥头夫所谓"山东话"来讨论。

青砥头夫总结出来山東音與北京音異同點大概有七個方面。

第一，舌尖音チ chi 與キ ki 的不同；

第二，卷舌音チ chi 與ツ tsu 的不同；

第三，卷舌音シ shi 與サ sa、ス su、セ se、ソ so 的 s 的不同；

第四，卷舌音ラ ra リ ri ル ru レ re ロ ro 與ヤ ya イ i ユ yu エ e ヨ yo 的不同；

第五，ツ tsu 与ツ" zu 相似；

第六，短促音与拨音的类似；

第七，卷舌音与舌尖音发音相似。

分析：第一、二、三，表明东北方音平翘舌不分现象；第四，表明东北方音里日母变为零声母的问题；第五，表明东北方音里[ts]、[ts']、[s]與[tɕ]、[tɕ']、[ɕ]的变化，即照组与精组混淆问题，也即腭化音[tɕ]、[tɕ']、[ɕ]产生的问题；第六，日語里指 n 尾韻字含入声[p]韵尾，这个特点是跟山东方言有关系的，只是我们还不能知道青砥头夫所谓山东话所指的具体方言。第七，把卷舌音发成舌尖音的现象仍属于东北话的"平翘舌不分"现象。

由于该书给出了北京音与满洲音进行比较的字例，笔者对其进行了语料整理。具体做法是通过对书中字例采用黑本式罗马字拼字法进行对片假名转写、并标出对应的现代汉语普通话中的读音的国际音标，通过分析，归纳出北京音与满洲音的差异。以下行文为与原文保持一致，所谓"满洲音"即指东北方音，据前所述的原因，"山东音"也视为东北方音，除特别需要不再做术语的说明。又，日文音注采用的是类似"反切"的方法，本文完全按照原文转写，不做拼合加工。

山东音与北京音异同点一：下表为舌尖音チ chi 與キ ki 的不同：

	片假名	左：山东音	片假名	右：北京音	现代汉语普通话国际音标
机	キ	ki	チ	chi	[tɕi]
价	キヤ	ki ya	チヤ	chi ya	[tɕia]
结	キエ	ki e	チエ	chi e	[tɕiɛ]
见	キエヌ	ki e nu	チエヌ	chi e nu	[tɕian]
今	キヌ	ki nu	チヌ	chi nu	[tɕin]
京	キン	ki n	チン	chi n	[tɕiŋ]
究	キユ	ki yu	チユ	chi yu	[tɕiəu]
江	キヤン	ki ya n	チヤン	chi ya n	[tɕiɑŋ]
交	キヤヲ	ki ya o	チヤヲ	chi ya o	[tɕiɑu]
拘	キユイ	ki yu i	チユイ	chi yu i	[tɕy]
决	キユエ	ki yu e	チユエ	chi yu e	[tɕyɛ]
军	キユイヌ	ki yu i nu	チユイヌ	chi yu i nu	[tɕi]
卷	キユワヌ	ki yu wa nu	チユワヌ	chi yu wa nu	[tɕyan]
气	キ	ki	チ	chi	[tɕʻi]
穷	キユン	ki yu n	チユン	chi yu n	[tɕʻiuŋ]
庆	キン	ki n	チン	chi n	[tɕʻiŋ]
铅	キエヌ	ki e nu	チエヌ	chi e nu	[tɕʻiæn]
求	キユ	ki yu	チユ	chi yu	[tɕʻiou]
强	キヤン	ki ya n	チヤン	chi ya n	[tɕʻiaŋ]
巧	キヤヲ	ki ya o	チヤヲ	chi ya o	[tɕʻiau]
去	キユイ	ki yu i	チユイ	chi yu i	[tɕʻy]
缺	キユエ	ki yu e	チユエ	chi yu e	[tɕʻyɛ]
劝	キユワヌ	ki yu wa nu	チユワヌ	chi yu wa nu	[tɕʻuan]

上表音注反映见组细音跟精照组细音的对立，这种情况在东北地区是存在的，但是并不普遍。

山东音与北京音异同点二，卷舌音チ chi 與ツ tsu 的不同：

	片假名	左：山东音	片假名	右：北京音	现代汉语普通话国际音标
竹	ツ	tsu	チユ	chi yu	[tʂu]
中	ツヨン	tsu yo n	チヨン	chi yo n	[tʂuŋ]
追	ツヨイ	tsu yo i	チヨイ	chi yo i	[tʂuei]
站	ツヤヌ	tsu ya nu	チヤヌ	chi ya nu	[tʂan]
朝	ツヤヲ	tsu ya o	チヤヲ	chi ya o	[tʂau]

续表

	片假名	左：山东音	片假名	右：北京音	现代汉语普通话国际音标
茶	ツヤ	tsu ya	チヤ	chi ya	[tʂʻa]
虫	ツヨン	tsu yo n	チヨン	chi yo n	[tʂʻuŋ]
吹	ツヨイ	tsu yo i	チヨイ	chi yo i	[tʂʻuei]
支	ツ	tsu	チ	chi	[tʂʅ]
诈	ツヤ	tsu ya	チヤ	chi ya	[tʂa]
准	ツヌ	tsu nu	チユヌ	chi yu nu	[tʂuən]
斋	ツヤイ	tsu ya i	チヤイ	chi ya i	[tʂai]
抓	ツヨワ	tsu yo wa	チヨワ	chi yo wa	[tʂua]
砖	ツヨワヌ	tsu yo wa nu	チヨワヌ	chi yo wa nu	[tʂuan]
状	ツヨワン	tsu yo wa n	チヨワン	chi yo wa n	[tʂuaŋ]
差	ツイ	tsu i	チヤイ	chi ya i	[tʂʻai]
产	ツヤヌ	tsu ya nu	チヤヌ	chi ya nu	[tʂʻan]
船	ツヨワヌ	tsu yo wa nu	チヨワヌ	chi yo wa nu	[tʂʻuan]
穿	ツヨワン	tsu yo wa n	ツヨワン	chi yo wa n	[tʂuan]

　　从上表看，作者认为北京音的卷舌音，在山东音里都读作平舌音。反映的实际是东北方音的不区分平翘舌音的现象。

　　山东音与北京音异同点三，卷舌音シ shi 與 サ sa、ス su、セ se、ソ so 的不同：

	片假名	左：山东音	片假名	右：北京音	现代汉语普通话国际音标
杀	サ	sa	シヤ	shi ya	[ʂa]
晒	サイ	sa i	シヤイ	shi ya i	[ʂai]
山	サヌ	sa nu	シヤヌ	shi ya nu	[ʂan]
事	ス	su	シ	shi	[ʂʅ]
数	ス	su	シユ	shi yu	[ʂu]
水	スイ	su i	シユイ	shi yu i	[ʂuei]
扇	セヌ	se nu	シヤヌ	shi ya nu	[ʂan]
刷	ソワ	so wa	シヨワ	shi yo wa	[ʂua]
衰	ソワイ	so wa i	シヨワイ	shi yo wa i	[ʂuai]
栓	ソワヌ	so wa nu	シヨワヌ	shi yo wa nu	[ʂuan]
爽	ソワン	so wa n	シヨワン	shi yo wa n	[ʂuɑŋ]
生	ソン	so n	シヨン	shi yo n	[ʂəŋ]

此表反映的仍然是东北方音的不区分平翘舌音的现象。

山东音与北京音异同点四，卷舌音ラ ra リ ri ル ru レ re ロ ro 與ヤ ya
イ i ユ yu エ e ヨ yo 的不同：

	片假名	左：山东音	片假名	右：北京音	现代汉语普通话国际音标
扰	ヤヲ	ya o	ラヲ	ra o	[ẓau]
让	ヤン	ya n	ラン	ra n	[ẓaŋ]
日	イ	i	リ	ri	[ẓ̩]
热	イエ	i e	ロ	ro	[ẓɤ]
人	イヌ	i nu	レヌ	re nu	[ẓən]
肉	ユ	yu	ロ	ro	[ẓou]
入	ユ	yu	ル	ru	[ẓu]
润	ユヌ	yu nu	ルヌ	ru nu	[ẓuən]
然	エヌ	yu nu	ラヌ	ra nu	[ẓan]
弱	ヨ	yo	ロ	ro	[ẓuo]
软	ヨワヌ	yo wa nu	ロワヌ	ro wa nu	[ẓuan]
容	ヨン	yo n	ロン	ro n	[ẓuŋ]

此表反映的是东北方音里日母变成零声母的现象。

山东音与北京音异同点五，ツ tsu 与ツ゛zu 相似：

	片假名	左：山东音	片假名	右：北京音	现代汉语普通话国际音标
杂	ツ゛ヤ	zu ya	ツヤ	tsu ya	[tsA̱]
再	ツ゛ヤイ	zu ya i	ツヤイ	tsu ya	[tsai]
咱	ツ゛ヤヌ	zu ya nu	ツヤヌ	tsu nu	[tsan]
脏	ツ゛ヤン	zu ya n	ツヤン	tsu n	[tsɑŋ]
早	ツ゛ヤヲ	zu ya o	ツヤヲ	tsu o	[tsɑu]
怎	ツ゛エヌ	zu e nu	ツエヌ	tsu e nu	[tsən]

此表反映的是[ts]、[ts']、[s]与[tɕ]、[tɕ']、[ɕ]的变化，即照组与精组混
淆问题，也涉及到腭化音[tɕ]、[tɕ']、[ɕ]产生的问题。

山东音与北京音异同点六，短促音与拨音的类似：

	片假名	左：山东音	片假名	右：北京音	现代汉语普通话国际音标
身	シヌ	shi nu	シエヌ	shi e nu	[ʂən]
胜	シン	shi n	シエン	shi e n	[ʂəŋ]
真	チヌ	chi nu	チエヌ	chi e nu	[tʂən]
臣	チヌ	chi nu	チエヌ	chi e nu	[tʂʻən]
正	チン	chi n	チエン	chi e n	[tʂəŋ]
成	チン	chi n	チエン	chi e n	[tʂʻəŋ]
问	ウヌ	u nu	ウエヌ	u e nu	[uən]
翁	ウン	u n	ウエン	u e n	[uəŋ]
小	シヲ	shi o	シヤヲ	shi ya o	[ɕiau]
黑	ホ	huo	ヘイ	hei	[xei]
短	タヌ	ta nu	タワヌ	ta wa nu	[tuan]
算	サヌ	sa nu	ソワヌ	so wa nu	[suan]

关于"短促音与拨音"，日语里指 n 收尾的音节与含入声韵尾像[p]尾发音相似的现象。分析上表例字，发现作者要说明的是韵母问题，包括下列现象："身、胜、真、臣、正、成、小"等例字的韵腹为[i]或[ʅ]；"问、翁"失去韵腹；"短、算"失去 u 介音；"黑"的特殊读音。这些现象在东北方音里多有遗存。

山东音与北京音异同点七，卷舌音与舌尖音发音相似：

	片假名	左：山东音	片假名	右：北京音	现代汉语普通话国际音标
知	チイ	chi i	チ	chi	[tʂʅ]
吃	チイ	chi i	チ	chi	[tʂʻʅ]
十	シイ	shi i	シ	shi	[ʂʅ]
这	チイエ	chi i e	チエ	chi e	[tsɣ]
车	チイエ	chi i e	チエ	chi e	[tsʻɣ]
舌	シイヲ	shi i o	シヲ	shi o	[sɣ]
说	シイヲ	shi i o	シヲ	shi o	[ʂuo]
棹	チイヲ	chi i o	チヲ	chi o	[tʂuo]
处	チイユ	chi i yu	チユ	chi yu	[tʂʻu]
诸	チイユ	chi i yu	チユ	chi yu	[tʂu]
书	シイユ	shi i yu	シユ	shi yu	[ʂu]

续表

	片假名	左：山东音	片假名	右：北京音	现代汉语普通话国际音标
臭	チイユ	chi i yu	チユ	chi yu	[tʂʻou]
周	チイユ	chi i yu	チユ	chi yu	[tʂou]
手	シイヲ	shi i o	シヲ	shi o	[ʂou]
章	チイヤン	chi i ya n	チヤン	chi ya n	[tʂaŋ]
唱	チイヤン	chi i ya n	チヤン	chi ya n	[tʂʻaŋ]
招	チイヤヲ	chi i ya o	チヤヲ	chi ya o	[tʂau]
吵	チイヤヲ	chi i ya o	チヤヲ	chi ya o	[tʂʻau]
裳	シイヤン	shi i ya n	シヤン	shi ya n	[ʂaŋ]
烧	シイヤヲ	shi i ya o	シヤヲ	shi ya o	[ʂau]
顺	シイユイヌ	shi i yu i nu	シユイヌ	shi u yu i nu	[ʂuən]

本表意在说明山东音有卷舌音发成舌尖音的现象，实际是说东北方音里，对[i]与[ʅ]是不加以区分的。

以下是该书所举"有时在北京音里的一个音在山东音里有两个音"的例字：

		北京音		山东音	国际音标
知	チ	Chi	チイ	chi i	[tʂʅ]
支			ツ	tsu	

		北京音		山东音	国际音标
气	チイ	chi i	キイ	ki i	[tɕʻi]
七			チイ	Chi	

		北京音		山东音	国际音标
喜	シイ	shi i	ヒ	hi	[çi]
细			シイ	shi i	

		北京音		山东音	国际音标
山	シヤヌ	shi ya nu	サヌ	sa nu	[ʂan]
扇			セヌ	se nu	

		北京音		山东音	国际音标
京	チン	chi n	キン	ki n	[tɕiŋ]
井			チン	chi n	

		北京音		山东音	国际音标
庆	チン	chi n	キン	ki n	[tɕʻiŋ]
请			チン	chi n	

		北京音		山东音	国际音标
结	チイエ	chi i e	キイエ	ki i e	[tɕie]
借			チイエ	chi i e	

		北京音		山东音	国际音标
谦	チイエヌ	chi i e nu	ケヌ	ke nu	[tɕʻiæn]
千			チイエヌ	chi i e nu	

		北京音		山东音	国际音标
江	チイヤン	chi i ya n	キイヤン	ki i ya n	[tɕiɑŋ]
酱			チイヤン	chi i ya n	

		北京音		山东音	国际音标
究	チイユ	chi i yu	キイユ	ki i yu	[tɕiou]
就			チイユ	chi i yu	

		北京音		山东音	国际音标
求	チイユ	chi i yu	キイユ	ki i yu	[tɕʻiou]
秋			チイユ	chi i yu	

		北京音		山东音	国际音标
居	チイユイ	chi i yu i	キイユイ	ki i yu i	[tɕy]
聚			チイユイ	chi i yu i	

		北京音		山东音	国际音标
去	チイユイ	chi i yu i	キイユイ	ki i yu i	[tɕ'y]
取			チイユイ	chi i yu i	

		北京音		山东音	国际音标
胜	シヨン	shi yo n	シン	shi n	[ʂən]
生			ソン	so n	

		北京音		山东音	国际音标
竹	チユ	chi yu	ツ	tsu	[tʂu]
诸			チイユ	chi i yu	

		北京音		山东音	国际音标
数	シユ	shi yu	ス	su	[ʂu]
书			シイユ	shi i yu	

以下例字是在北京音里两个读音而在山东音里混为一个读音：

		北京音		山东音	国际音标
札	チヤ	chi ya	ツヤ	tsu ya	[tʂa]
杂	ツヤ	tsu ya			[tsa]

		北京音		山东音	国际音标
差	チヤ	chi ya	ツヤ	tsu ya	[tʂ'a]
擦	ツヤ	tsu ya			[ts'a]

		北京音		山东音	国际音标
斋	チヤイ	chi ya i	ツヤイ	tsu ya i	[tʂai]
灾	ツヤイ	tsu ya i			[tsai]

		北京音		山东音	国际音标
差	チヤイ	chi ya i	ツヤイ	tsu ya i	[tʂ'ai]
猜	ツヤイ	tsu ya i			[ts'ai]

		北京音		山东音	国际音标
杀	シヤ	shi ya	サ	sa	[ʂa]
撒	サ	sa			[sa]

		北京音		山东音	国际音标
晒	シヤイ	shi ya i	サイ	sa i	[ʂai]
塞	サイ	sa i			[sai]

		北京音		山东音	国际音标
山	シヤヌ	shi ya nu	サヌ	sa nu	[ʂan]
散	サヌ	sa nu			[san]

		北京音		山东音	国际音标
产	チヤヌ	chi ya nu	ツヤヌ	tsu ya nu	[tʂʻan]
惨	ツヤヌ	tsu ya nu			[tsʻan]

		北京音		山东音	国际音标
妻	チイ	chi i	チイ	chi i	[tɕʻi]
赤	チ	chi			[tʂʻʅ]

		北京音		山东音	国际音标
支	チ	chi	ツ	tsu	[tʂʅ]
资	ツ	Tsu			[tsʅ]

		北京音		山东音	国际音标
周	チヲ	chi o	チイユ	chi i yu	[tʂou]
就	チイユ	chi i yu			[tɕiou]

		北京音		山东音	国际音标
臭	チヲ	chi o	チイユ	chi i yu	[tʂʻou]
秋	チイユ	chi i yu			[tɕʻiou]

		北京音		山东音	国际音标
冲	チヲン	chi o n	ツヲン	tsu o n	[tʂʻuŋ]
听	ツヲン	tsu o n			[tʻiŋ]

		北京音		山东音	国际音标
终	チヲン	chi o n	ツヲン	tsu o n	[tʂuŋ]
宗	ツヲン	tsu o n			[tsuŋ]

		北京音		山东音	国际音标
收	シヲ	shi o	シイユ	shi i yu	[ʂou]
修	シイユ	shi i yu			[ɕiou]

		北京音		山东音	国际音标
章	チヤン	chi ya n	チイヤン	chi i ya n	[tʂaŋ]
酱	チイヤン	chi i ya n			[tɕiaŋ]

		北京音		山东音	国际音标
裳	シヤン	shi ya n	シイヤン	shi i ya n	[ʂaŋ]
相	シイヤン	shi i ya n			[ɕiaŋ]

		北京音		山东音	国际音标
身	シエヌ	shi e nu	シヌ	shi nu	[ʂən]
心	シヌ	shi nu			[ɕin]

		北京音		山东音	国际音标
失	シ	shi	シイ	shi i	[ʂʅ]
细	シイ	shi i			[ɕi]

		北京音		山东音	国际音标
胜	シエン	shi e n	シン	shi n	[ʂəŋ]
星	シン	shi n			[ɕiŋ]

		北京音		山东音	国际音标
时	シ	shi		su	[ʂ<u>ɿ</u>]
私	ス	su	ス	su	[s<u>ɿ</u>]

		北京音		山东音	国际音标
说	シヲ	shi o		shi i e	[ʂuo]
舌	シイエ	shi i e	シイエ	shi i e	[ʂɤ]

		北京音		山东音	国际音标
水	シユイ	shi yu i		su i	[ʂuei]
随	ソイ	so i	スイ	su i	[suei]

		北京音		山东音	国际音标
专	チヨワヌ	chi yo wa nu		tsu yo wa nu	[tʂuan]
钻	ツヨワヌ	tsu yo wa nu	ツヨワヌ	tsu yo wa nu	[tsuan]

		北京音		山东音	国际音标
川	チヨワヌ	chi yo wa nu		tsu yo wa nu	[tʂ'uan]
攒	ツヨワヌ	tsu yo wa nu	ツヨワヌ	tsu yo wa nu	[tsan]

		北京音		山东音	国际音标
搜	ソウ	so u		su	[sou]
苏	スウ	su nu	ス	su	[su]

		北京音		山东音	国际音标
短	トワヌ	to wa nu		ta nu	[tuan]
单	タヌ	ta nu	タヌ	ta nu	[tan]

		北京音		山东音	国际音标
让	ラン	ra n		ya n	[z̺aŋ]
羊	ヤン	ya ŋ	ヤン	ya n	[jaŋ]

		北京音		山东音	国际音标
扰	ラヲ	ra o	ヤヲ	ya o	[ẓau]
腰	ヤヲ	ya o			[iau]

		北京音		山东音	国际音标
衣	イ	i	イ	i	[i]
日	リ	ri			[ẓ̩]

		北京音		山东音	国际音标
人	レヌ	re nu	イヌ	i nu	[ẓən]
印	イヌ	i nu			[jin]

		北京音		山东音	国际音标
柔	ロ	ro	ユ	yu	[ẓou]
由	ユ	yu			[iou]

		北京音		山东音	国际音标
如	ル	ru	ユイ	yu i	[ẓu]
鱼	ユイ	yu i			[y]

		北京音		山东音	国际音标
融	ロン	ro n	ヨン	yo n	[ẓuŋ]
用	ヨン	yo n			[iuŋ]

　　以上"在北京音里的一个音在山东音里有两个音"与"在北京音里两个读音而在山东音里混为一个读音"两表，前者说明山东音存在的异读或又音；后者表现出山东音声韵混淆的语音事实，诸如平翘舌不分造成了声母混读，遗失介音造成韵母混同。

　　对于《支那语讲义》反映的语音特点，作者青砥头夫总结说："通过以上说明不难看出山东音与北京音（学习时）最困难的是不分卷舌音。山东音与日本音关系最为密切，跟北京音相比，山东音更有鲜明特色。"这段奇谈怪论，有三点是有启发意义的：山东音与日本音关系最为密切；山东音更有鲜明特色；山东音不分卷舌音。这些结论关涉其他研究领域，仅作提示。

附：日语对音标准。

ア a	イ i	ウ u	エ e	オ o
カ ka	キ ki	ク ku	ケ ke	コ ko
サ sa	シ tsu	ス su	セ se	ソ so
タ ta	チ chi	ツ tsu	テ te	ト to
ナ na	ニ ni	ヌ nu	ネ ne	ノ no
ハ ha	ヒ hi	フ fu	ヘ he	ホ ho
マ ma	ミ mi	ム mu	メ me	モ mo
ヤ ya		ユ yu		ヨ yo
ラ ra	リ ri	ル ru	レ re	ロ ro
ワ wa				ヲ o
ン n				

7.3 《满洲土语研究》音系与东北方音考论

《满洲土语研究》收录于六角恒广编·解题《中国语教本类集成第十集·第一卷》中，作者川濑侍郎，成书于 1936 年 11 月，伪满洲国军政部军事调查部（长春）出版。该作者还于 1937 年出版了《必擒 满洲土语解说》。《满洲土语研究》一书收录了 154 条满洲土语，每条土语带有例句、注。土语及例句为汉语，且均带有相应的日文解释，注采用日文。土语词条带有语音标注，采用了威妥玛式罗马字（ウェ-ド式ロ-ヶ字）的注音符号，[1]对语声调采用了两种方式，一种为在威妥玛式拼音的右上角标注数字 1、2、3、4 的方法来区别声调；另一种是使用在汉字的四方施以圈点来标记声调的方法，是对传统四角圈点法的继承和发展。"关于古代的调类，传统上有个标法，即以手指调平仄，其方法是用左手拇指点食指根是平声，食指头是上声，无名指头是去声，无名指根是入声，这叫做'四角标圈法'"。[2]同时，该书在为汉字标音采用"四角标圈法"的时候，体现出了"送气音"的标记符号。即如果该字为送气音时，相应的把标注声调的小圈儿（"。"）变成

---

① [日]六角恒广：《中国语教本类集成》（第九集·第三卷），东京：不二出版社 1997 年版，第 185、79 页；[日]六角恒广：《中国语教本类集成》（第九集·第二卷），东京：不二出版社 1997 年版，第 213 页。

② 唐作藩：《音韵学教程》，北京大学出版社 2002 年版，第 59 页。

了小点儿（"·"），如"汽"、"车"。

7.3.1 《满洲土语研究》声母分类

通过对该书中汉字的语音标注建立语料库，整理得出满洲土语的声母的分类如下表：基于汉语拼音方案与原书采用的威妥玛式罗马字标音而制成对照表，在下表中方括号内表示的是威妥玛式罗马字标音，方括号外为汉语拼音：

发音部位 发音方法			双唇	唇齿	舌尖	舌根	舌面	舌尖后	舌尖前
塞音	清	不送气	b[p]		d[t]	g[k]			
		送气	p[p']		t[t']	k[k']			
塞擦音	浊	不送气					j[ch]	zh[ch]	z[ts][tz]
		送气					q[ch']	ch[ch']	c[ts'][tz']
擦音	清			f[f]		h[h]	x[hs]	sh[sh]	s[s][ss]
	浊							r[j]	
鼻音	浊		m[m]		n[n]				
边音	浊				l[l]				

从上表可知，满洲土语里一共有十九个辅音，此外还有两个零声母 w 和 y。全部声母根据发音部位可以分成七类：双唇音、唇齿音、舌尖音、舌根音、舌面音、舌尖后音、舌尖后音；根据发音方法可以分为塞音、塞擦音、擦音、鼻音、边音。从而可以知道，该书体现的声母系统的二十一个辅音与现代汉语普通话的二十一个辅音基本相同，舌面浊音 j[ch] 和 q[ch'] 与舌尖后音 zh[ch] 和 ch[ch'] 在该书中威妥玛罗马字标音里形式上是相同的。经过与现代汉语普通话对音，可以推断出凡后加 i 和 ü 的则为舌面音。则可见威妥玛式罗马字标音体现了音位互补的原则。也可知威妥玛式标音如同大多数拉丁化方案一样，把舌面音跟舌根音或舌尖音归并在一起。同时，从该书中的标音可以发现，其中 tz、tz、'ss 是专为"资次思"这类音节的声母而设，以配合韵母 ǔ（即"资次思"的韵母[1]）的"特殊音色"[1]；例如：取[ch'ü³]樂[lo⁴]子[tzu¹]（转写成汉语拼音：zi¹）、含[han²]忽[hu¹]大[ta⁴]疵[tz'u¹]（转写成汉语拼音：ci¹）、死[ssu³]（转写成汉语拼音：si³）熊[hsiung²]、死[ssu³]（转写成汉语拼音：si³）麵[mien⁴]兒[rh¹]的[ti¹]人[jen²]。

---

① 张卫东：《威妥玛氏〈语言自迩集〉所记的北京音系》，《北京大学学报（哲学社会科学版）》1998 年第 4 期。

该书中将"爱饿"标音为[ai⁴ê⁴-ngai⁴ê⁴]，体现"后鼻音声母 ng，实际上是开口韵零声母的自由变体"①。（说明：本节以及本节之后，为行文的便利，关于声调，都以右上标 1、2、3、4 代表阴平、阳平、上声、去声。）

7.3.2 《满洲土语研究》韵母分类

通过对该书中汉字的语音标注建立语料库，整理得出满洲土语的韵母的分类如下表：基于汉语拼音方案与威妥玛式罗马字标音制成对照表，在下表中括号内表示的是威妥玛式马字标音，方括号外为汉语拼音：

	开口呼	齐齿呼	合口呼	撮口呼
单韵母	i[ih/u] a[a] o[o] e[e/ê/eh] er[erh/êrh]	i[i] ia[ia] ie[ieh]	u[u] ua[ua] uo[uo]	ü[ü]
复韵母	ai[ai] ei[ei] ao[ao] ou[ou/au]	iao[iao] iu[iu]	uai[uai] ui（uei） [uei/ui]	üe[üe]
鼻韵母	an[an] en[en/ên] ang[ang] eng[êng]	ian[ien] in[in] iang[iang] ing[ing]	uan[uan] un[un] uang[uang] ueng[ueng] ong[ung]	üan[üan] ün[ün] iong[iung]

从上表可知，根据《满洲土语研究》一书中的语音标注情况可归纳出满洲土语中韵母有三类，单韵母、复韵母、鼻韵母。单韵母七个：i、a、o、e、er、u、ü；复元音韵母有前响复韵母 ai、ei、ao、ou，后响复韵母 ia、ie、ua、uo，中响复韵母 iao、iu、uai、ui（uei），总计十二个；鼻音韵母分为二类，舌尖鼻音韵母有 an、ian、uan、üan、en、in、un、ün，舌根鼻音韵母 ang、iang、uang、eng、ing、ong、iong，总计十五个。从而可知，该书体现的语音系统中韵母和现代汉语普通话的韵母相比较，基本一致，缺少复韵母 üe 和舌根鼻音韵母 ueng。

7.3.3 《满洲土语研究》声韵拼合情况

声母与四呼间拼合情况：

---

① 张卫东：《威妥玛氏〈语言自迩集〉所记的北京音系》，《北京大学学报（哲学社会科学版）》1998年第 4 期。

声母＼四呼	开	齐	合	撮
bp	+	+	（u）	
m	+	+		
f	+		（u）	
dt	+	+	+	
n	+	+		
l	+	+	+	
Ø（w）	+	+	+	
Ø（y）	+	+	+	+
gkh	+		+	
zhchsh	+		+	
r	+			
zcs	+		+	
jqx		+		+

从上表可以看出，声母 b、p、f、d、t、y、g、k、h、zh、ch、sh、z、c、s、j、q、x 与开齐合撮四呼的拼合关系是与普通话相同的，其他的 m、n、l、w、r 表现出来的与普通话的不同之处在于有些拼合没有表现出来，由于该书标音汉字数量有限，所以可以说不能很好的说明该书所在时代的汉语语音的声母与四呼的拼合情况，只能依语料分析出不同之处。

	bpm	f	非唇音声母
o	+	+	n[n]、l[l]、w[w]、h[h]、z[ts]、c[ts']
uo	O	O	k[k']、h[h]
e	O	O	zh[ch]、ch[ch']、d[t]、g[k]、k[k']、r[j]、s[s]、z[ts]

在该书中汉字标音中存在的与 o 相拼的非唇音声母的情况如下：

- n[n]：额（另音）no² （娘 niang²）、娜 no³ 娜 no¹（滿族里母親之意）
- l[l]：（取 ch′ü³）樂 lo⁴（子 tzu¹）、（逗 tou⁴）樂 lo⁴（子 tzu¹）
- w[w]：窝 wo¹（擺 pai³）
- h[h]：（不 pu⁴）合 ho²（群 chün²）
- z[ts]：做 tso⁴（小 hsiao³ 的 ti¹）、（抗 k′ang⁴ 年 nien²）做 tso⁴、坐 tso⁴

（人 jên²)、坐 tso⁴（爛 la⁴)、坐 tso⁴ 窝 wo¹

● c[ts']：奏 ts'o⁴（趣 ts'o⁴ 兒 rh¹)、(半 pan⁴ 瓶 p'ing²) 錯 ts'o⁴、(不 pu²)
錯 tsó⁴、(屯 t'un² 不 pu²) 錯 ts'o⁴

对于上述汉字进行对音可知其中韵母的变化：n、l、w、h、z、c

《满洲土语研究》中汉字标音及其韵母			现代普通话中韵母
娜 no³ 娜 no¹（滿族里母親之意）	n	o¹	e
額（另音）no²（娘 niang²)	n	o	e
（取 ch'ü³）樂 lo⁴（子 tzu¹)	l	o	e
（逗 tou⁴ 樂 lo⁴（子 tzu¹)	l	o	e
（坐 tso⁴）窝 wo¹	w	o	o
窝 wo¹（擺 pai³)	w	o	o
（不 pu⁴）合 ho²（群 chün²)	h	o	e
（抗 k'ang⁴ 年 nien²）做 tso⁴	z	o	uo
做 tso⁴（小 hsiao³ 的 ti¹)	z	o	uo
坐 tso⁴（人 jên²)	z	o	uo
坐 tso⁴（爛 la⁴)	z	o	uo
坐 tso⁴（窝 wo¹)	z	o	uo
奏 ts'o⁴（趣 ts'o⁴ 兒 rh¹)	c	o	ou
（屯 t'un² 不 pu²）錯 ts'o⁴	c	o	uo
（半 pan⁴ 瓶 p'ing²）錯 ts'o⁴	c	o	uo
（不 pu²）錯 tsó⁴	c	o	uo

从上表的对音结果可以发现，在该书中"o"是与现代汉语普通话中的
"e""uo""o"相混的。即：当声母是 n、l、h 时，该书表现为 e 读作 o，
即 e 与 o 相混；当声母是 z 的时候，复合韵母 uo 读成单韵母 o，即 uo 与 o
相混；当声母为 c 时 ou 或 uo 都混读为 o，即 ou、uo 与 o 相混。为什么会
产生这种变化呢？应该是跟作者的母语影响以及审音能力有密切关系。如
果把相混的"o"转换成对应的韵母后会发现声韵相配的情况变为卜表：

	bpm	f	非唇音声母
o	+	+	O
uo	O	O	+
e	O	O	+

	舌尖前音	舌尖后音	其他声母
-i[ɿ]	+	O	O

	舌尖前音	舌尖后音	其他声母
-i[ʅ]	O	+	O
I[i]	O	O	+

ong 拼合情况：

	零声母	其他声母
ong	O	d[t]、 g[k]、 k[k']

7.3.4 声调与声母、韵母的配合关系

（1）普通话 m、n、l、r 四个浊音声母的字很少有读阴平调的。以韵母 u 为例：

	m	n	l	r	其他声母
阴平	O	O	O	O	夫、初
阳平	模	奴	卢	如	扶、除
上声	母	努	鲁	汝	府、楚
去声	木	怒	路	入	富、处

（2）b、d、g、j、zh、z 六个不送气塞音和塞擦音声母同鼻音韵母配合情况，以鼻音韵母 an、ian、uan 为例：

	b	d	g	j	zh	z	其他声母
阴平	班	O	O	O	妆	O	贪、欢
阳平	O	O	O	O	O	O	含、玩
上声	O	坦担	干赶	简	O	O	染、脸
去声	半	淡蛋	干	O	转	O	乱、慢
	an	an	an	ian	uan	uan	an、uan

由表中可见，虽然"z"字在上表中没有相应的字，推测是限于该书篇幅有限没有涉及"z"与鼻韵母相配合的字，但亦显现了不送气塞音和塞擦音声母同鼻音韵母配合时没有阳平调字，这一点同普通话基本是一致的。

（3）b、d、g、j、zh、z 六个不送气塞音和塞擦音声母同非鼻音韵母配合情况：

	b	d	g	j	zh	z
阴平	巴八扒	达	O	O	札着	O
阳平	别	打	隔	结	着	O
上声	把	打、倒	往	O	O	O
去声	霸豹暴	大倒道	各	界	O	O
	a、ie	uo、a	e、a	ie	ao	uo

由表中可见，虽然"z"字在上表中没有相应的字，但猜测是限于该书篇幅有限没有涉及"z"与鼻韵母相配合的字，但亦显现了不送气塞音和塞擦音声母同非鼻音韵母配合时可以有阳平调字，这一点同普通话也是基本是一致的。

7.3.5　一字多音情况

该书中存在一字多音的现象，可分为如下几类。

连读变调字：

● 不：

"不"字的读音	接字声调情况	基于方言词的例字
[pu⁴]	阴平	冷[lêng³]不[pu⁴]丁[ting¹] 不[pu⁴]舒[shu¹]坦[tan³] 不[pu⁴]着[chao²]调[tiao⁴] 实[shih²]不[pu⁴]相[hsiang¹]瞒[man³]
[pu⁴]	阳平	不[pu⁴]合[ho²]群[chü´n²] 不[pu⁴]离[li²] 不[pu⁴]含[han²]糊[hu²]
[pu⁴]	上声	窝[wa¹]不[pu⁴]摆[pai³] 卷[chüan³]不[pu⁴]了[liao³]
[pu²]	去声	不[pu²]系[hsi⁴]外[wai⁴] 不[pu²]向[hsiang⁴]外[wai⁴] 不[pu²]客[k´ê⁴]气[ch´i⁴] 不[pu²]是[shih⁴]玩[wan²]意[ying⁴]儿[rh¹] 不[pu²]错[tsó⁴] 不[pu²]大[ta⁴]离[li²]

续表

"不"字的读音	接字声调情况	基于方言词的例字
[pu²]	去声	不[pu²]善[shan⁴] 不[pu²]愈[yü⁴]着[chê¹] 不[pu²]配[p′ei⁴] 不[pu²]代[tai⁴]劲[chin⁴] 屯[tún²]不[pu²]错[ts′o⁴]
[pu⁴]		不[pu⁴]顺[shun⁴]序[hsü¹]

从上表可见，"不"字的读音与现代普通话相比存在着差异，在该书中存在一个特例"不[pu⁴]顺[shun⁴]序[hsü¹]"，即"不"字在"去声"字前读为去声音。

- 打：

[ta²]	打[ta²]野[yeh³]妓[chi¹]
[ta³]	打[ta³]幺[yao¹] 打[ta³]平[pi′ng²]伙[huo³] 打[ta³]霸[pa⁴]刀[tao¹]
[ta⁴]	打[ta⁴]哈[ha¹]哈[ha¹]

从上表可见，"打"在该书中有三种读音"[ta²]、[ta³]、[ta⁴]"对应现代汉语拼音只有阳平和阴平，该书中出现了一个特殊读音"去声"（例：打[ta⁴]哈[ha¹]哈[ha¹]）。但同时发现，该字的阳平音（例：打[ta²]野[yeh³]妓[chi¹]）表示的意思与今天"上声"表示的意思"获取"是有差别的，似俗语。

- 得：

[tê²]	到[tao⁴]得[tê²]去[ch′ü⁴]
[te²]	到[tao⁴]得[te²]了[liao³]

从上表可见，"得"在该书中存在两种读音，一种与现代普通话相同，另一种是半开口音"ê"，推测是因为在词中受后一个字的声母开口大小影响所致，"得"字在现代汉语还有两个读音上声的"dei"和轻声的"de"，在该书中没有出现。

● 的：

[ti¹]	化[hua⁴]化[hua⁴]的[ti¹]下[hsia⁴]
	虎[hu³]的[ti¹]老[lao³]
	做[tso⁴]小[hsiao³]的[ti¹]
	细[hsi⁴]零[ling²]细[hsi⁴]零[ling²]的[ti¹]下[hsia⁴]
	叩[koú⁴]头[toú²]的[ti¹]
	换[huan⁴]谱[pú³]的[ti¹]
	鬼[kuei³]头[toú²]蛤[ha²]蟆[ma¹]眼[yen²]的[ti¹]
	扣[k´ou⁴]扣[k´ou⁴]搜[sou¹]搜[sou¹]的[ti¹]
	老[lao³]实[shih⁴]把[pa³]交[chiao¹]的[ti¹]
	漏[lou⁴]空[kung¹]的[ti¹]
	冷[lêng³]丁[ting¹]的[ti¹]
	慢[man⁴]灯[têng¹]小[hsiao²]稳[wên³]的[ti¹]
	蒙[mêng²]头[ta´u²]转[chuan⁴]向[hsiang⁴]的[ti¹]
	死[ssu³]面[mien⁴]儿[rh¹]的[ti¹]人[jen²]
[ti]	虎[hu³]拉[la¹]八[pa¹]几[chi³]的[ti]唯一没标音调的字

● 额：

| [ê²] | 额[ê²]娘[niang²] |
| [no²] | 额[no²]娘[niang²] |

● 儿：

[rh¹]	奏[ts´o⁴]趣[ch´ü⁴]儿[rh¹]
	玩[wan²]儿[rh¹]
	掌[chang³]班[pan¹]儿[rh¹]
	串[chu´an⁴]门[mên²]儿[rh¹]
	伙[huo²]友[yu³]儿[rh¹]
	虎[hu³]劲[chin⁴]儿[rh¹]
	下[hsia⁴]晌[shang³]儿[rh¹]
	哥[kê¹]们[mên²]儿[rh¹]
	跑[pa´o²]腿[túi³]儿[rh¹]
	半[pan⁴]拉[la¹]儿[rh¹]
	别[pieh¹]象[hsiang⁴]眼[yen²]儿[rh¹]
	不[pu⁴]是[shih⁴]玩[wan²]意[ying⁴]儿[rh¹]
	死[ssu³]面[mien⁴]儿[rh¹]的[ti¹]人[jen²]
	爷[yeh²]们[men²]儿[rh¹]
	娘[niang²]们[mên²]儿[rh¹]
	窑[yao²]子[tzu¹]娘[niang²]们[mên²]儿[rh¹]
[erh¹]	滑[hua²]稽[chi¹]盘[pa´n²]儿[erh¹]

从上表来看，作者似用阳平来表现代的轻声。

● 乫：

[ka²]	乫[ka²]骨[ku³]
[ka³]	乫[ka³]、乫[ka³]瞎[hsia¹]

现代汉语普通话只有一个上声音，且"乫[ka²]骨[ku³]"音为"găgu"，后面一个字为轻音，而该书中当时标音为"骨"字的本音上声，"乫[ka²]骨[ku³]"这个读音，与东北方音是一致的。

● 干：

[kan³]	简[chien³]直[chih²]干[kan³]
[kan⁴]	干[kan⁴]架[chia⁴]

"简[chien³]直[chih²]干[kan³]"的"干[kan³]"，在东北方音里就是上声儿化音，一般写作"杆儿"，至今东北方言词语："简直杆儿"还在使用着。作者对"儿化音"的处理是不够严谨的。"干[kan⁴]架[chia⁴]"一词，东北话又作"干仗"，声母的差异隐约透露出见组跟精组的纠葛。

● 公：

[kung¹]	乱[lan⁴]荡[tang⁴]公[kung¹]子[tzu¹]
[kʻung¹]	阔[kuʻo⁴]公[kʻung¹]子[tzu¹]

● 鬼：

发音（威妥玛标音）	例字
[kuei²]	鬼[kuei³]头[toú²]鬼[kuei²]脑[nao³]
[kuei³]	鬼[kuei³]头[toú²]鬼[kuei²]脑[nao³] 鬼[kuei³]头[toú²]蛤[ha²]蟆[ma¹]眼[yen²]的[ti¹] 鬼[kuei³]鬼[kuei³]祟[sui⁴]祟[sui⁴]

● 好：

发音（威妥玛标音）	例字
[hao³]	大[ta⁴]老[lao²]好[hao³]
[hao⁴]	嗜[shih⁴]好[hao⁴]

● 伙：

发音（威妥玛标音）	例字
[huo²]	伙[huo²]友[yu³]儿[rh¹]
[huo³]	打[ta³]平[piˊng²]伙[huo³]

● 结：

发音（威妥玛标音）	例字
[ka²]	结[ka²]亲[chiˊn¹]
[chieh²]	结[chieh²]

现 jie1、jie2

● 客：

发音（威妥玛标音）	例字
[kˊe⁴]	客[kˊe⁴]气[chˊi⁴]
[kˊê⁴]	不[pu²]客[kˊê⁴]气[chˊi⁴]
[chˊieh³]	（拉）客[chˊieh³]

● 老：

发音（威妥玛标音）	例字
[lao³]	老[lao³]娘[niang²]们[mên²] 虎[hu³]的[ti¹]老[lao³] 小[hsiao²]老[lao³]婆[pˊo²] 老[lao³]实[shih²]把[pa³]交[chiao¹]的[ti¹] 老[lao³]伴[pan⁴] 老[lao³]鼻[pi²]子[tzu¹] 养[yang³]汉[han⁴]老[lao³]婆[pˊo²]
[lao²]	大[ta⁴]老[lao²]好[hao³] 老[lao²]赶[kan³]

● 乱：

发音（威妥玛标音）	例字
[lan⁴]	乱[lan⁴]荡[tang⁴]公[kung¹]子[tzu¹] 无[wu²]乱[lan⁴]忧[yu¹]
[luan⁴]	乱[luan⁴]调[tiao⁴]力[li⁴]

● 娜：

发音（威妥玛标音）	例字
[no³]	娜[no³]（娜[no¹]）
[no¹]	（娜[no³]）娜[no¹]

● 扭：扭[niu²]扭[niu³]蹑[nieh⁴]蹑[nieh⁴]
● 圈：

发音（威妥玛标音）	例字
[ch´üan¹]	画[hua⁴]圈[ch´üan¹]
[ch´üan⁴]	花[hua¹]眼[yen²]圈[ch´üan⁴]

● 染：

发音（威妥玛标音）	例字
[yên³]	染[yên³]人[jên²]
[jan³]	染[jan³]

● 人：

发音（威妥玛标音）	例字
[jên²]	成[ch´êng²]人[jên²]工[kung¹]
	坐[tso⁴]人[jên²]
	胎[tai´¹]人[jên²]
	染[yên³]人[jên²]
[jen²]	死[ssu³]面[mien⁴]儿[rh¹]的[ti¹]人[jen²]

● 头：

发音（威妥玛标音）	例字
[ta´u²]	蒙[mêng²]头[ta´u²]转[chuan⁴]向[hsiang⁴]的[ti¹]
[t´ou²]	肉[jou⁴]头[t´ou²]
	叩[kou⁴]头[t´ou²]的[ti¹]
	鬼[kuei³]头[t´ou²]鬼[kuei³]脑[nao³]
	鬼[kuei³]头[t´ou²]蛤[ha²]蟆[ma¹]眼[yen²]的[ti¹]

● 窝：

发音（威妥玛标音）	例字
[wa¹]	窝[wa¹]不[pu⁴]摆[pai³]
[wo¹]	坐[tso⁴]窝[wo¹] 窝[wo¹]摆[pai³]

● 小：

发音（威妥玛标音）	例字
[hsiao²]	小[hsiao²]老[lao³]婆[p´o²] 慢[man⁴]灯[têng¹]小[hsiao²]稳[wên³]的[ti¹]
[hsiao³]	做[tso⁴]小[hsiao³]的[ti¹] 小[hsiao³]份[fen⁴]子[tzu¹]

● 着：

发音（威妥玛标音）	例字
	不[pu²]愈[yü⁴]着[chê¹]
	不[pu⁴]着[chao²]调[tiao⁴]

7.3.6 与现代汉语普通话标音进行对音的情况

声母差异

	现代汉语普通话	《满洲土语研究》中威妥玛标音 转写的汉语拼音
s 被读成 sh	粧 zhuang¹ 蒜 suan⁴	粧 zhuan1 蒜 shan⁴
ch 被读成 j	吃 chi¹ 嚼 jiao² 咕 gu⁰	吃 qi¹ 嚼 jiao² 咕 gu¹
zh 被读成 j	簡 jian³ 直 zhi² 杆 gan³	簡 jien³ 直 ji² 杆 gan³
zh 被读成 z	胡 hu² 謅 zhou¹	胡 hu² 謅 zou¹

韵母差异

	现代汉语普通话	《满洲土语研究》中威妥玛标音 转写的汉语拼音
uang 被读成 uan	粧 zhuang¹ 蒜 suan⁴	粧 zhuan¹ 蒜 shan⁴
u 被写成 ü	取 qu³ 樂 le⁴ 子 zi⁰	取 qü³ 樂 lo⁴ 子 zi¹

续表

	现代汉语普通话	《满洲土语研究》中威妥玛标音 转写的汉语拼音
e 被读成 o	取 qu^3 樂 le^4 子 zi^0	取 $qü^3$ 樂 lo^4 子 zi^1
e 被读成 o	逗 dou^4 樂 le^4 子 zi^0	逗 dou^4 樂 lo^4 子 zi^1
ou 被读成 o	凑 cou^4 奏 zou^4 趣 qu^4 兒 r^0	奏 co^4 奏 co^4 趣 $qü^4$ 兒 r^1
ou 被读成 o	凑 cou^4 奏 zou^4 趣 qu^4 兒 r^0	奏 co^4 奏 co^4 趣 $qü^4$ 兒 r^1
u 被写成 ü	凑 cou^4 奏 zou^4 趣 qu^4 兒 r^0	奏 co^4 奏 co^4 趣 $qü^4$ 兒 r^1
ou 被读成 u	遊 you^2 戲 xi^4	遊 yu^2 戲 xi^4
ou 被读成 u	夥 huo^3 友 you^3 兒 r^0	夥 huo^2 友 yu^3 兒 r^1
uo 被读成 o	做 zuo^4 小 $xiao^3$ 的 di^0	做 zo^4 小 $xiao^2$ 的 di^1
uo 被读成 o	抗 $kang^4$ 年 $nian^2$ 做 zuo^4	抗 $kang^4$ 年 $nian^2$ 做 zo^4
uan 被读成 an	亂 $luan^4$ 蕩 $dang^4$ 公 $gong^1$ 子 zi^0	亂 lan^4 蕩 $dang^4$ 公 $gong^1$ 子 zi^1
r 被写成 er	滑 hua^2 稽 ji^1 盤 pan^2 兒 r^0	滑 hua^2 稽 ji^1 盤 pan^2 兒 er^1
iao 被读成 ao	潦 $liao^4$ 科 ke^1	潦 lao^4 科 ke^1
ou 被读成 au	蒙 $meng^2$ 頭 tou^2 轉 $zhuan^4$ 向 $xiang^4$ 的 di^0	蒙 $meng^2$ 頭 tau^2 轉 $zhuan^4$ 向 $xiang^4$ 的 di^1
a 被读成 o	娜 na^1 娜 na^3	娜 no^1 娜 no^3
uo 被读成 o	半 ban^4 瓶 $ping^2$ 錯 cuo^4	半 ban^4 瓶 $ping^2$ 錯 co^4
u 被写成 ü	彆 bie^4 屈 qu^1	彆 bie^4 屈 $qü^1$
i 被读成 ing	不 bu^2 是 shi^4 玩 wan^2 意 yi^4 兒 r^0	不 bu^2 是 shi^4 玩 wan^2 意 $ying^4$ 兒 r^1
uo 被读成 o	不 bu^2 錯 cuo^4	不 bu^2 錯 co^4
uo 被读成 o	坐 zuo^4 爛 la^4	坐 zo^4 爛 la^4
uo 被读成 o	屯 tun^2 不 bu^2 錯 cuo^4	屯 tun^2 不 bu^2 錯 co^4
uan 被写成 üan	捲 $juan^3$ 言 yan^2 子 zi^0	捲 $jüan^3$ 言 yen^2 子 zi^1
uan 被写成 üan	捲 $juan^3$ 不 bu^4 了 $liao^3$ 言 yan^2 子 zi^0	捲 $jüan^3$ 不 bu^4 了 $liao^3$ 言 yan^2 子 zi^1
o 被读成 a	窩 wo^1 不 bu^4 擺 bai^3	窩 wa^1 不 bu^4 擺 bai^3
uan 被读成 an	無 wu^2 亂 $luan^4$ 憂 you^1	無 wu^2 亂 lan^4 憂 yu^1
ou 被读成 u	無 wu^2 亂 $luan^4$ 憂 you^1	無 wu^2 亂 lan^4 憂 yu^1
e 被读成 o	額（另音）ne^2	額（另音）no^2

由上表可以发现，韵母对音后表现的差异为以下几个。

（1）a 被读成 o

（2）e 被读成 o

（3）i 被读成 ing

（4）iao 被读成 ao

（5）o 被读成 a

（6）ou 被读成 au、o、u

（7）u 被写成 ü

（8）uo 被读成 o

（9）uan 被读成 an、被写成 üan

（10）uang 被读成 uan

可以归为几类：

A. 介音消失类：如（4）（8）以及（6）中的 ou 被读成、（9）uan 被读成 an 时；

B. 开口度变化类：如（1）、（2）、（5）、（6）ou 被读成 au 时；

C. 韵尾脱落类：如（6）ou 被读成 o 时、（10）uang 被读成 uan 时；

D. 单元音变复合鼻韵母类：如（3）i 被读成 ing；

E. 威妥玛标音与汉语拼音标音的差异：汉语拼音遇到声母 j、q、x 时 ü 上写作 u，而威妥玛标音中仍然写作 ü；（11）r 被写成 er，汉语拼音遇到儿化韵时，将"r"连写在前一个字的韵母后表卷舌动作。

音调差异

	现代汉语普通话	《满洲土语研究》中威妥玛标音转写的汉语拼音
轻声标成去声/本声	客 ke⁴ 氣 qi⁰	客 ke⁴ 氣 qi⁴
轻声标成阴平	僵 jiang¹ 眼 yan³ 子 zi⁰	僵 jiang¹ 眼 yen² 子 zi¹
轻声标成阴平/本声	吃 chi¹ 嚼 jiao² 咕 gu⁰	吃 qih¹ 嚼 jiao² 咕 gu¹
轻声标成阴平	取 qu³ 樂 le⁴ 子 zi⁰	取 qü³ 樂 lo⁴ 子 zi¹
轻声标成阴平	逗 dou⁴ 樂 le⁴ 子 zi⁰	逗 dou⁴ 樂 lo⁴ 子 zi¹
轻声标成阴平	奏 zou⁴ 趣 qu⁴ 兒 r⁰	奏 co⁴ 趣 qü⁴ 兒 r¹
轻声标成阴平	玩 wan² 兒 r⁰	玩 wan² 兒 r¹
阴平标成去声	禁 jin¹ 餓 ê⁴	禁 jin⁴ 餓 ê⁴
阳平标成阴平	札 zha² 顧 gu⁴	札 zha¹ 顧 gu⁴
阳平标成阴平	積 ji¹ 拉 la¹ 攔 gê¹ 碴 la²	積 ji¹ 拉 la¹ 攔 gê¹ 碴 la¹
轻声标成阴平	串 chuan⁴ 門 mên² 兒 r⁰	串 chuan⁴ 門 mên² 兒 r¹
阴平标成上声	虎 hu³ 拉 la¹ 八 ba¹ 幾 ji¹ 的 di	虎 hu³ 拉 la¹ 八 ba¹ 幾 ji³ 的 di

续表

	现代汉语普通话	《满洲土语研究》中威妥玛标音转写的汉语拼音
轻声标成本声	老 lao³ 娘 niang² 們 mên⁰	老 lao³ 娘 niang² 們 mên²
上声标成阳平	花 hua¹ 眼 yan³ 圈 qüan¹	花 hua¹ 眼 yen² 圈 qüan⁴
阴平标成去声	花 hua¹ 眼 yan³ 圈 qüan¹	花 hua¹ 眼 yen² 圈 qüan⁴
轻声标成阴平	繞 rao⁴ 脖 bo² 子 zi⁰	繞 rao⁴ 脖 bo² 子 zi¹
轻声标成阴平/本声	含 han² 大 da⁴ 忽 hu¹ 疵 ci⁰	含 han² 大 da⁴ 忽 hu¹ 疵 ci¹
轻声标成阴平	化 hua⁴ 化 hua⁴ 的 di⁰ 下 xia⁴	化 hua⁴ 化 hua⁴ 的 di¹ 下 xia⁴
上声标成阳平	夥 huo³ 友 you³ 兒 r⁰	夥 huo² 友 yu³ 兒 r¹
轻声标成阴平	夥 huo³ 友 you³ 兒 r⁰	夥 huo² 友 yu³ 兒 r¹
轻声标成阴平	虎 hu³ 的 di⁰ 老 lao⁰	虎 hu³ 的 di¹ 老 lao³
轻声标成本声	虎 hu³ 的 di⁰ 老 lao⁰	虎 hu³ 的 di¹ 老 lao³
轻声标成阴平	虎 hu³ 劲 jin⁴ 兒 r⁰	虎 hu³ 劲 jin⁴ 兒 r¹
上声标成阳平	小 xiao³ 老 lao³ 婆 po²	小 xiao² 老 lao³ 婆 po²
轻声标成阴平	做 zuo⁴ 小 xiao³ 的 di⁰	做 zo⁴ 小 xiao³ 的 di¹
轻声标成阴平/本声	謝 xie⁴ 劲 jin⁴ 啦 la⁰	謝 xie⁴ 劲 jin⁴ 啦 la¹
轻声标成阴平	小 xiao³ 份 fen⁴ 子 zi⁰	小 xiao³ 份 fen⁴ 子 zi¹
轻声标成阴平/本声	攢 zan³ 梯 ti¹ 希 xi⁰	攢 zan³ 梯 ti¹ 希 xi¹
轻声标成阴平	下 xia⁴ 晌 shang³ 兒 r⁰	下 xia⁴ 晌 shang³ 兒 r¹
阴平标成上声	一 1¹ 擔 dan¹ 挑 diao¹	一 1¹ 擔 dan³ 挑 diao¹
轻声标成本声	肉 rou⁴ 頭 tou⁰	肉 rou⁴ 頭 tou²
去声标成阴平	熱 re⁴ 火 hu³ 罐 guan⁴ 抱 bao⁴ 子 zi⁰	熱 re⁴ 火 hu³ 罐 guan⁴ 抱 bao¹ 子 zi¹
轻声标成阴平	熱 re⁴ 火 hu³ 罐 guan⁴ 抱 bao⁴ 子 zi⁰	熱 re⁴ 火 hu³ 罐 guan⁴ 抱 bao¹ 子 zi¹
轻声标成阴平	街 jie¹ 溜 liu¹ 子 zi⁰	街 gai¹ 溜 liu¹ 子 zi¹
上声标成阳平	乇 ga³ 骨 gu³	乇 ga² 骨 gu³
轻声标成阴平/本声	力 li⁴ 巴 ba⁰	力 li⁴ 巴 ba¹
轻声标成阴平	各 ge⁴ 楞 lêng² 子 zi⁰	各 ge⁴ 楞 lêng² 子 zi¹
上声标成阳平	各 gê⁴ 眼 yan³	各 gê⁴ 眼 yen²
去声标成阴平	勾 gou⁴ 當 dang⁴	勾 gou¹ 當 dang¹
轻声标成本声	哥 gê¹ 們 mên⁰ 兒 r⁰	哥 gê¹ 們 mên² 兒 r¹
轻声标成阴平	哥 gê¹ 們 mên⁰ 兒 r⁰	哥 gê¹ 們 mên² 兒 r¹

	现代汉语普通话	《满洲土语研究》中威妥玛标音转写的汉语拼音
轻声标成阴平	叩 kou⁴ 頭 tou² 的 di⁰	叩 kou⁴ 頭 tou² 的 di¹
轻声标成阴平	换 huan⁴ 譜 pu³ 的 di⁰	换 huan⁴ 譜 pu³ 的 di¹
轻声标成阴平	光 guang¹ 棍 gun⁴ 子 zi⁰	光 guang¹ 棍 gun⁴ 子 zi¹
上声标成阳平	跑 pao³ 腿 tui³ 兒 r⁰	跑 pao² 腿 tui³ 兒 r¹
轻声标成阴平	跑 pao³ 腿 tui³ 兒 r⁰	跑 pao² 腿 tui³ 兒 r¹
轻声标成阴平	沒 mei² 套 tao⁴ 子 zi⁰	沒 mei² 套 tao⁴ 子 zi¹
上声标成阳平	鬼 guei³ 頭 tou² 鬼 guei³ 腦 nao³	鬼 guei³ 頭 tou² 鬼 guei² 腦 nao³
上声标成阳平	鬼 guei³ 頭 tou² 蛤 ha² 蟆 ma⁰ 眼 yan³ 的 di⁰	鬼 guei³ 頭 tou² 蛤 ha² 蟆 ma¹ 眼 yen² 的 di¹
轻声标成阴平/本声	鬼 guei³ 頭 tou² 蛤 ha² 蟆 ma⁰ 眼 yan³ 的 di⁰	鬼 guei³ 頭 tou² 蛤 ha² 蟆 ma¹ 眼 yen² 的 di¹
轻声标成阴平	鬼 guei³ 頭 tou² 蛤 ha² 蟆 ma⁰ 眼 yan³ 的 di⁰	鬼 guei³ 頭 tou² 蛤 ha² 蟆 ma¹ 眼 yen² 的 di¹
轻声标成阴平	各 gê⁴ 雜 za² 子 zi⁰	各 gê⁴ 雜 za² 子 zi¹
轻声标成阴平	扣 kou⁴ 扣 kou⁴ 搜 sou¹ 搜 sou¹ 的 di⁰	扣 kou⁴ 扣 kou⁴ 搜 sou¹ 搜 sou¹ 的 di¹
去声标成阳平	觳 gou⁴ 呛 qiang⁴	觳 gou⁴ 強 qiang²
轻声标成阴平	靠 kao⁴ 門 men² 子 zi⁰	靠 kao⁴ 門 men² 子 zi¹
轻声标成阴平	老 lao³ 實 shi³ 把 ba³ 交 jiao¹ 的 di⁰	老 lao³ 實 shi² 把 ba³ 交 jiao¹ 的 di¹
上声标成阳平	老 lao³ 趕 gan³	老 lao² 趕 gan³
轻声标成阴平	土 tu³ 豹 bao⁴ 子 zi⁰	土 tu³ 豹 bao⁴ 子 zi¹
轻声标成阴平	老 lao³ 鼻 bi² 子 zi⁰	老 lao³ 鼻 bi² 子 zi¹
阳平标成去声	潦 lao² 倒 dao³ 棒 bang⁴ 子 zi⁰	潦 lao⁴ 倒 dao³ 棒 bang⁴ 子 zi¹
轻声标成阴平	潦 lao² 倒 dao³ 棒 bang⁴ 子 zi⁰	潦 lao⁴ 倒 dao³ 棒 bang⁴ 子 zi¹
上声标成阴平	亂 luan⁴ 蕩 dang⁴ 公 gong¹ 子 zi³	亂 lan⁴ 蕩 dang⁴ 公 gong¹ 子 zi¹
轻声标成阴平	滑 hua² 稽 ji¹ 盤 pan² 兒 r⁰	滑 hua² 稽 ji¹ 盤 pan² 兒 er¹
阴平标成去声	撩 liao¹	撩 liao⁴
阴平标成去声	邋 la¹ 遢 ta¹	邋 la⁴ 遢 ta¹
阴平标成去声	邋 la¹ 忽 hu¹	邋 la⁴ 忽 hu¹
轻声标成阴平	冷 lêng³ 丁 ding¹ 的 di⁰	冷 lêng³ 丁 ding¹ 的 di¹
上声标成阳平	慢 man⁴ 燈 dêng¹ 小 xiao³ 穩 wên³ 的 di⁰	慢 man⁴ 燈 dêng¹ 小 xiao² 穩 wên³ 的 di¹

续表

	现代汉语普通话	《满洲土语研究》中威妥玛标音转写的汉语拼音
轻声标成阴平	慢 man⁴ 燈 dêng¹ 小 xiao³ 穩 wên³ 的 di⁰	慢 man⁴ 燈 dêng¹ 小 xiao² 穩 wên³ 的 di¹
轻声标成阴平	蒙 mêng² 頭 tou² 轉 zhuan⁴ 向 xiang⁴ 的 di⁰	蒙 mêng² 頭 tau² 轉 zhuan⁴ 向 xiang⁴ 的 di¹
上声标成阴平	半 ban⁴ 拉 la³ 工 gong¹	半 ban⁴ 拉 la¹ 工 gong¹
轻声标成阴平	半 ban⁴ 拉 la¹ 子 zi⁰	半 ban⁴ 拉 la¹ 子 zi¹
上声标成阴平	半 ban⁴ 拉 la³ 兒 r⁰	半 ban⁴ 拉 la¹ 兒 r¹
轻声标成阴平	半 ban⁴ 拉 la³ 兒 r⁰	半 ban⁴ 拉 la¹ 兒 r¹
去声标成阴平	彆 bie⁴ 象 xiang⁴ 眼 yen³ 兒 r⁰	彆 bie¹ 象 xiang⁴ 眼 yen² 兒 r¹
上声标成阳平	彆 bie⁴ 象 xiang⁴ 眼 yen³ 兒 r⁰	彆 bie¹ 象 xiang⁴ 眼 yen² 兒 r¹
轻声标成阴平	彆 bie⁴ 象 xiang⁴ 眼 yen³ 兒 r⁰	彆 bie¹ 象 xiang⁴ 眼 yen² 兒 r¹
上声标成阳平	皮 pi² 麻 ma² 撒 sa¹ 眼 yen³ 兒 r⁰	皮 pi² 麻 ma² 撒 sa¹ 眼 yen² 兒 r¹
轻声标成阴平	皮 pi² 麻 ma² 撒 sa¹ 眼 yen³ 兒 r⁰	皮 pi² 麻 ma² 撒 sa¹ 眼 yen² 兒 r¹
轻声标成本声	含 han² 糊 hu⁰	含 han² 糊 hu²
轻声标成本声	麻 ma² 流 liu⁰	麻 ma² 流 liu²
阳平标成上声	實 shih² 不 bu⁴ 相 xiang¹ 瞞 man²	實 shih² 不 bu⁴ 相 xiang¹ 瞞 man³
轻声标成阴平	死 su³ 麵 mien⁴ 的 di⁰ 人 ren² 兒 r⁰	死 su³ 麵 mien⁴ 的 di¹ 人 ren² 兒 r¹
上声标成阳平	打 da³ 野 yeh³ 妓 ji⁴	打 da² 野 yeh³ 妓 ji¹
去声标成阴平	打 da³ 野 yeh³ 妓 ji⁴	打 da² 野 yeh³ 妓 ji¹
去声标成上声	客 ke⁴	客 qie³
上声标成去声	打 da³ 哈 ha¹ 哈 ha⁰	打 da⁴ 哈 ha¹ 哈 ha¹
轻声标成阴平/本声	打 da³ 哈 ha¹ 哈 ha⁰	打 da⁴ 哈 ha¹ 哈 ha¹
轻声标成阴平	玩 wan² 皮 pi² 子 zi⁰	玩 wan² 皮 pi² 子 zi¹
本声为阴平读成轻声标成阳平	出 chu¹ 息 xi¹ᐟ⁰	出 chu¹ 息 xi²
上声标成阳平	大 da⁴ 老 lao³ 好 hao³	大 da⁴ 老 lao² 好 hao³
阳平标成阴平	達 da² 連 lien² 話 hua⁴	達 da¹ 連 lien² 話 hua⁴
轻声标成阴平	犢 du² 子 zi⁰	犢 du² 子 zi¹
轻声标成阴平	捲 juan³ 言 yan² 子 zi⁰	捲 jüan³ 言 yen² 子 zi¹
轻声标成阴平	捲 juan³ 不 bu⁴ 了 liao³ 言 yan² 子 zi⁰	捲 jüan³ 不 bu⁴ 了 liao³ 言 yen² 子 zi¹

续表

	现代汉语普通话	《满洲土语研究》中威妥玛标音转写的汉语拼音
轻声标成本声	爺 yeh² 們 mên⁰ 兒 r⁰	爺 yeh² 們 men² 兒 r¹
轻声标成阴平	爺 yeh² 們 mên⁰ 兒 r⁰	爺 yeh² 們 men² 兒 r¹
轻声标成本声	娘 niang² 們 men⁰ 兒 r⁰	娘 niang² 們 mên² 兒 r¹
轻声标成阴平	娘 niang² 們 men⁰ 兒 r⁰	娘 niang² 們 mên² 兒 r¹
上声标成阴平	灛 kuo⁴ 公 kong¹ 子 zi³	灛 kuo⁴ 公 kong¹ 子 zi¹
轻声标成阴平	秧 yang¹ 子 zi⁰	秧 yang¹ 子 zi¹
轻声标成阴平	窰 yao² 子 zi⁰ 娘 niang² 們 mên⁰ 兒 r⁰	窰 yao² 子 zi¹ 娘 niang² 們 mên² 兒 r¹
轻声标成本声	窰 yao² 子 zi⁰ 娘 niang² 們 mên⁰ 兒 r⁰	窰 yao² 子 zi¹ 娘 niang² 們 mên² 兒 r¹
轻声标成阴平	窰 yao² 子 zi⁰ 娘 niang² 們 mên⁰ 兒 r⁰	窰 yao² 子 zi¹ 娘 niang² 們 mên² 兒 r¹
上声标成去声	搖 yao² 搖 yao² 幌 huang³ 幌 huang³	搖 yao² 搖 yao² 幌 huang⁴ 幌 huang⁴
上声标成阳平	扭 niu³ 扭 niu³ 躡 nieh⁴ 躡 nieh⁴	扭 niu³ 扭 niu³ 躡 nieh⁴ 躡 nieh⁴
去声标成阴平	雲 yün² 山 shan¹ 霧 wu⁴ 朝 zhao¹	雲 yün² 山 shan¹ 霧 wu⁴ 朝 zhao¹
去声标成阴平/字	雲 yün² 山 shan¹ 霧 wu⁴ 罩 zhao⁴	雲 yün² 山 shan¹ 霧 wu⁴ 朝 zhao¹

　　根据以上所列总结出下表：（表中简称："《满》"为《满洲土语研究》，"现汉"为现代汉语普通话）

现汉 ＼ 《满》	阴平	阳平	上声	去声	备注
阴平		息	担	圈撩邋邋禁	
阳平	札砝达		潦	潦	
上声	子（2个）拉（2个）	伙小生跑鬼老小打老扭眼（5个）		打幌	上声读成阳平的字中"伙小生跑鬼老小打老扭"体现了"上声+上声"变读为"阳平+上声"只是书中标出了变调后的音；"幌"推测应为"晃"
去声	抱勾当别妓雾朝强		客		依现汉推测"朝"应写为"罩"、"强"应写为"呛"
轻声	希巴啦哈疵咕蟆	們（5个）頭糊流	老	氣	书中标该字的本音
	子（10个）兒（8个）的（4个）				书中标阴平音

从以上音调差异情况可以发现在该书中轻声字多标以"阴平"也可以推知当时的满洲土语发轻音时近于"阴平"，且多以"子、儿、的"等多读轻声，这与现代汉语相同。

特殊情况的差异：

50	肉 rou⁴ 頭 tou⁰	肉 rou⁴ 頭 dou²
	客 ke⁴	客 qie³
54	街 jie¹ 溜 liu¹ 子 zi⁰	街 gai¹ 溜 liu¹ 子 zi¹
80	科 kê¹ 潦 liao ⁴	潦 lao ⁴ 科 kê¹
83	漏 lou⁴ 空 kong⁴ 的 di⁰	漏 lou⁴ 空 gong¹ 的 di¹
115	晌 shang³ 午 wu⁰ 歪 wai¹ 啦 la¹	晌 shang³ 午 wa¹ 歪 wai¹ 啦 la¹
126	怎 zen³ 整 zhêng³	怎 zê² 整 zhêng³
150	染 ran³ 人 rên²	染 yan³ 人 rên²
151	澗 kuo⁴ 公 kong¹ 子 zi³	澗 kuo⁴ 公 kong¹ 子 zi¹
154	雲 yun² 霧 wu⁴ 山 shan¹ 朝 zhao¹	朝 zhao¹ 山 shan¹ 霧 wu¹ 雲 yün²

综上，抛开作者写作此书的目的来看，1936 年的这份东北方言调查还是很细致的，给我们留下了较为丰富的材料。

结　　论

　　清代汉语东北方言语音系统的研究确实是个难题。广袤的白山黑水大东北，自古人烟稀少，很长的时期多民族共处，汉族居民绝大多数都是移民或流民而来，所以该地区汉语的形成与民族语、移民和流民的方言都密切相关。这些汉族人来自哪里？他们彼此之间以及跟其他民族之间的言语交际使用怎样的语言？他们使用的语言的语音是什么样式？怎样形成的？怎样变化发展的？在汉语语音史里有怎样的作用？产生了什么影响？讨论清代汉语东北方言是不可能避开上述难题的。难题也总得有人去解决，本文不顾力薄，在阅读数百种文献并且认真思考的基础上，得出一些结论。这些结论有的显得稚嫩，有的虽然带有原创性质但还需要推敲和验证。即使有了这些结论，但仍是这个研究领域的冰山之一角儿，是块儿引玉之砖头儿。

　　文献显示，清代初期的东北地区面积广大，幅员辽阔，南起今辽宁半岛，西接直隶、蒙古，北抵外兴安岭，东临北海、鄂霍次克海、东海、日本海，并与朝鲜接壤。这里先后设置了奉天、吉林、黑龙江三将军，统治当地的旗兵和旗民，对该地区居住的许多不入旗籍的汉族民户，则先后设置府、州、县进行管理。本文考证出来当时这一地区居民主要有：关内各省应官府招使或由军队掠夺而迁至东北的政策性移民和因灾荒而逃往东北的自发性移民；因过失、获罪而发配至东北的"流人"，而且"流人"人数众多，流放地域广泛而非限于某一地域，他们文化品位较高，常成为流放地的文化方面的核心人物并领文化之风骚，他们使用的语言也成为仿效的对象。跟清代东北移民、流人关系密切的是"官庄"和"八旗汉军"，官庄是一种类似于屯田、军垦性质的做法，是在抗击沙俄的入侵过程中，为解决军粮供给而设置的；"八旗汉军"是把东北汉族人编制成"八旗"建制，是清王朝"以汉治汉"方略与"恩养"制度的体现。官庄、八旗汉军的体制使汉族人聚集起来，形成体制内汉族人占绝大多数，满族人占少数的局面，这种局面使汉语与满语以及汉语各方言之间的语言接触进一步加深。以上是清代汉语东北方言形成、发展的基础。在此基础上影响清代东北方言构成的主要成分是：一是辽东话，汉民族大量进入东北始于宋、辽、金时期又大多定居生活在辽东地区，所操的汉语即为基于华北幽燕地区汉语方言而形成的"辽东语"；二是胶辽话。明代的辽宁大部分地区归山东按察使司管理，这些地区西起山海关，东至鸭绿江。这样，由于政区的隶属关系，决定了人际交往的对象和交往的频繁。山东胶东地区与东北地区的来往密切而频繁。所以辽东话和胶辽话对清代汉语东北方言的形成起到了重要作用。清代汉语东北方言的形成同时也受到原居地少数民族语的影响，阿尔泰语系的契丹语、鲜卑语、女真语、蒙古语都时间或长或短、程度或深或浅地与北方汉语发生过密切接触。这些情况也造成东北方言内部存在一些差异，即使如此，其语言特征一致性也是显而易见的。历史文献表明大批操东北方言的人因为清王室入驻北京而"从龙入关"，把东北方言带进了京城，这一大批人长期住在北京，其中有一些人因为无所事事而被迁移回东北，大多在今黑龙江、吉林两省定居，所以，这两省的汉语语音跟北京语音极为相似，换言之，东北方言语音系统是普通话语音系统的重要来源。

通过文献考察清代汉语东北方言语音系统的具体特征，首先是对研究对象的选择上很费思量，在多种文献里选定中国古代韵书两种、东北地方志一种、朝鲜王朝汉语教科书若干种、日本的中国东北方言文献两种作为研究对象，这些文献时间相距近二百年，在时间上几乎可以贯穿清王朝始终。在研究中，以中国古代韵书所见语音特征为主，以朝、日文献所见语音特征为辅；以前者立论，以后者验证并且兼顾发展变化的考察。由此得出声母、韵母、声调三方面的特征，并且尽可能地予以成因和发展演变的解释，以下为一些重要结论。

声母：

第一，所有文献都显示全浊声母已经消失。

第二，《黄钟通韵》韵图的"哦"母，揭示出东北方音里零声母的清代前期状态，"哦"母来自中古影母和疑母并混入一些喻母字，反映出影、疑合一，并进一步与喻母混淆。哦母所列的例字，或读为零声母；或读近似泥母（偶有地方读作疑母）；少数例字读作微母。哦母例字的主流是零声母，读作泥母是源自疑母的残留，读作微母是喻母的残留，是合口的圆唇音不圆造成的。朝、日文献对音里，日母字混做零声母，仍然体现东北方音特征，只是变化不同。

第三，精、见组是否颚化、何时颚化、是否分尖团问题，结论是《黄钟通韵》《音韵逢源》表现为没有颚化，也不分尖团音；朝、日文献表现为已经颚化，区分尖团。

第四，日母问题。文献显示日母在东北方音里清代前期变作一个有摩擦特性的半圆音，后来大多变作零声母。历时考察，变化更加明显。关于《黄钟通韵》多设立的日母问题，我们推测认为这个日母是为了遵循满汉对音的原则而设立，用来表示满文中的颤音，也是为了合乎律吕的数目。

第五，倭母问题。清代早期的倭母就是[v]声母，韵图例字大多来自中古微母，偶有来自中古影母的合口呼字、中古疑母的"外"字，尽管倭母所列例字中古来源有别，但在东北方音里的确是同一个声母的，结合实际语音状况来考察，在东北方音里仍然存在[v]声母。朝、日文献不仅没有此声母而且还显示微母消失。

第六，"平翘舌"问题。所有文献都显示东北方音的"平翘舌"不分现象，这里主要反映知、照、精组声母的大范围合并以及合流的不规则性。

韵母：

第一，《黄钟通韵》有［ie］韵母，反映的是东北方言音。

第二，清代前期就有儿化迹象，"而、尔、二"等字跟"悲、美"、"贝、配"这类字在韵图里列在同一韵母就是明证，后世文献才表明儿化的存在。

第三，东北方言语音系统，常常出现圆唇音变为不圆唇的舌位相近的音，圆唇介音也常常遗失，使合口呼字变读为开口呼字。

声调：

第一，入声消失，分派有别于北京音系。个别文献里设有入声，不代表现实语音里存在入声。

第二，东北方音里，中古全浊声母平声字不读阳平而读作阴平是常见的，文献对此多有反映。

第三，文献显示，中古平声字在东北方音里也可变读作上声。声调的不规则变化，能够充分反映出来方言特征。

以上是主要结论，正文里还有一些随文考证得出的结论。

参考文献

一、古籍文献

《钜宋广韵》，宋乾道五年黄三八郎本。

余迺永校注：《新校互注宋本广韵》，上海人民出版社 2008 年版。

《黄钟通韵》，翰林院笔帖式都保家藏本。

《音韵逢源》，清道光聚珍堂刻本。

《华音启蒙谚解》，韩国藏书阁所藏本。

《你呢贵姓》，朝鲜时代汉语教科书丛刊。

韩国崔世珍：《四声通解（原本影印）》，大提阁 1972 年版。

宋宇文懋昭、崔文印校证：《大金国志》，中华书局 1986 年版。

清曹廷杰等：《东北舆地释略；东北边防记要》，广文书局 1968 年版。

清屠寄：《黑龙江舆图说》，广文书局 1968 年版。

清杨同桂：《盛京疆域考》，广文书局 1968 年版。

李澍田主编：《清实录东北史料全辑（一）（二）（三）（四）》，吉林文史出版社 1988 年版。

金毓黻主编：《奉天通志》，辽海出版社 2003 年版。

汪维辉编：《朝鲜时代汉语教科书丛刊》，中华书局 2005 年版。

汪维辉编：《朝鲜时代汉语教科书丛刊续编》，中华书局 2011 年版。

李无未主编：《日本汉语教科书汇刊》，中华书局 2015 年版。

二、著作及论文（按作者姓氏拼音英文字母顺序排列）

A

爱新觉罗瀛生：《满语杂识》，学苑出版社 2004 年版。

艾永明：《清朝文官制度》，商务印书馆 2003 年版。

安奇燮：《从朝汉对音考察-m韵尾的转化》，《语言研究》1994 年第 2 期。

B

北京大学中国语言文学系语言学教研室：《汉语方音字汇》，语文出版社 2003 年版。

白维国：《近三十年日本对近代汉语的研究》，《国外语言学》1989 年第
3 期。

布龙菲尔德：《语言论》，商务印书馆 1980 年版。

C

蔡瑛纯：《试论朝鲜朝的对译汉音与中国官话方言之关系》，《语言研究》
1999 年第 1 期。

蔡瑛纯：《李朝朝汉对音研究》，北京大学出版社 2002 年版。

曹明国：《中国人口（吉林分册）》，中国财政经济出版社 1988 年版。

朝鲜史编修会：《朝鲜史料丛刊 通文馆志》，汉城正文社 1982 年版。

陈保亚：《20 世纪语言研究中的同质化运动》，《北京大学学报》1997
年第 2 期。

陈保亚：《语言接触导致汉语方言分化的两种模式》，《北京大学学报》
2005 年第 2 期。

陈保亚：《20 世纪中国语言学方法论》，山东教育出版社 1999 年版。

陈保亚：《论语言接触与语言联盟——汉越（侗台）语源关系的解释》，
语文出版社 1996 年版。

陈述：《辽金史论集》，上海古籍出版社 1987 年版。

陈立中，刘宇：《黑龙江站话的濒危性质及研究意义》，《文史博览》
2005 年第 20 期。

陈立中：《黑龙江站话研究》，中国社会科学出版社 2005 年版。

陈贵麟：《韵图与方言》，（台湾）沛革企业有限公司 1996 年版。

陈年高：《近代汉语音韵研究方法述评》，《淮阴师范学院学报》1999 年
第 3 期。

陈默：《从历史语言学的发展看汉语方言语音演变方式》，《临沂师范学
院学报》2005 年第 2 期。

陈章太，李行健：《普通话基础方言基本词汇集》，语文出版社 1996
年版。

重生：《辽宁方音正音表》，辽宁人民出版社 1960 年版。

D

刁书仁：《明清东北史研究论集》，吉林文史出版社 1995 年版。

刁书仁：《明清中朝日关系史研究》，吉林文史出版社 2001 年版。

丁崇明：《语言变异的部分原因及变异种类》，《北京师范大学学报》2000

年第 6 期。

丁邦新:《论官话方言研究的几个问题》,《(台湾)中研院史语所集刊》1987 年第 4 期。

丁邦新:《十七世纪以来北方官话之演变》,载《丁邦新语言学论文集》,中华书局 2008 年版。

丁邦新:《与〈中原音韵〉相关的几种方言现象》,载《丁邦新语言学论文集》,商务印书馆 1998 年版。

丁锋:《〈吾妻镜补·国语解〉对音汉字所反映的清代语音》,中国音韵学研究会第十四届学术研讨会暨汉语音韵学第九届学术研讨会,2006 年。

丁声树:《古今字音对照手册》,中华书局 1981 年版。

董冰华:《日本汉语教科书〈日清会话〉的语言特点》,《长春师范学院学报》2013 年第 1 期。

董同龢:《汉语音韵学》,文史哲出版社 1985 年版。

F

方环海:《国语运动与 20 世纪的近代音研究》,《汉字文化》2000 年第 4 期。

冯尔康:《清人社会生活》,沈阳出版社 2002 年版。

冯尔康:《生活在清明的人们》,中华书局 2005 年版。

傅力:《元、明、清三代的推普工作》,《语文建设》1991 年第 9 期。

傅为:《东北音和北京音的"儿化韵"》,《语文知识》1957 年第 4 期。

G

高本汉:《中国音韵学研究》,商务印书馆 2003 年版。

高路加:《中国北方民族史》,内蒙古文化出版社 1994 年版。

高明:《中国历代韵书的韵部分合》,《(台湾)华冈文科学报》1980 年第 12 期。

高晓虹:《〈音韵逢源〉的阴声韵母》,《古汉语研究》1999 年第 4 期。

葛兆光,曹树基:《中国移民史》,福建人民出版社 1997 年版。

耿振生:《近代官话语音研究》,语文出版社 2007 年版。

耿振生:《近代书面音系研究方法》,《古汉语研究》1993 年第 4 期。

耿振生:《明清语音学例说》,《古汉语研究》1989 年第 3 期。

耿振生:《再谈近代官话的"标准音"》,《古汉语研究》2007 年第 1 期。

耿振生:《20 世纪汉语音韵学方法论》,北京大学出版社 2004 年版。

耿振生:《明清等韵学通论》,语文出版社 1992 年版。

[日] 宫胁贤之介：《家庭支那语"满洲土语一斑"》，《中国语教本类集成》第 5 集第 4 卷，东京：不二出版 1995 年版。

郭力：《近代汉语后期几个字的声母演变》，《语苑撷英——庆祝唐作藩先生七十寿辰学术论文集》，北京语言文化大学出版社 1997 年版。

郭力：《重订司马温公等韵图经》的声母系统》，《古汉语研究》2004 年第 2 期。

郭力：《古汉语研究论稿》，北京语言大学出版社 2003 年版。

郭正彦：《黑龙江方言分区略说》，《方言》1986 年第 3 期。

H

郝天晓：《〈正音捃言〉研究》，吉林大学硕士论文，2006 年。

何炳棣：《明初以降人口及其相关问题》，生活·读书·新知三联书店 2000 年版。

何九盈：《中国古代语言学史》、《中国现代语言学史》，广东教育出版社 1997 年版。

何九盈：《汉语三论》，语文出版社 2007 年版。

何亚南、苏恩希：《试论〈你呢贵姓〉〈学清〉的语料价值》，《对外汉语教学与研究》2005 年第 2 期。

贺巍：《东北官话的分区（稿）》，《方言》1986 年第 3 期。

侯精：《现代汉语方言概论》，上海教育出版社 2002 年版。

胡安顺：《音韵学通论》，中华书局 2003 年版。

胡明扬：《〈老乞大谚解〉和〈朴通事谚解〉中所见的汉语、朝鲜语对音》，《中国语文》1963 年第 3 期。

黄锡惠：《汉语东北方言中的满语影响》，《语文研究》1997 年第 4 期。

J

季永海：《关于北京旗人话对北京话的影响》，《民族语文》2006 年第 3 期。

金基石：《朝鲜对音文献中的入声字及其归派》，《语文研究》1999 年第 4 期。

金基石：《汉语 y 韵母与朝鲜文献的对音》，《民族语文》2007 年第 1 期。

金基石：《朝鲜对音文献浅论》，《民族语文》1999 年第 5 期。

金基石：《近代汉语唇音合口问题与朝鲜对音文献的谚文注音》，《延边大学学报》1999 年第 2 期。

金基石：《尖团音问题与朝鲜文献的对音》，《语言文字学》2001 年第

7 期。

金基石：《朝鲜韵书与明清音系》，黑龙江朝鲜民族出版社 2003 年版。

金基石：《朝鲜翻译韵书中所反映的近代汉语/-m/尾韵消失的年代-兼论"怎"、"甚"两字的读音》，《延边大学学报》1997 年第 4 期。

金基石：《朝鲜对音文献中的微母字》，《语言研究》2000 年第 2 期。

金基石：《明清时期朝鲜韵书中的见晓精组字》，《民族语文》1998 年第 2 期。

金基石：《中古日母字的演变与朝鲜韵书的谚文对音》，《延边大学学报》1998 年第 2 期。

金基石：《近代音的热点问题与朝鲜对音文献的价值》，《语言文字学》2004 年第 9 期。

金基石：《近代汉语唇音合口问题与朝鲜对音文献的谚文注音》，《延边大学学报（哲社版）》1999 年第 2 期。

金有景、金欣欣：《20 世纪汉语方言研究述评》，《南阳师范学院学报》2002 年第 2 期。

江蓝生：《语言接触与元明时期的特殊判断句》，《语言学论丛》第二十八辑。

姜维公：《东北历史地理简论》，吉林文史出版社 1990 年版。

姜信沆：《李朝时代的译学政策和译学者》，韩国塔文化社 1978 年版。

姜信沆：《朝鲜馆译语的汉语字音特征》，《语言研究（增刊）》1994 年。

蒋冀骋：《论〈中原音韵〉中知照庄三系的分合》，《湖南师范大学社会科学学报》，1997 年第 6 期。

蒋冀骋：《近代汉语音韵研究》，湖南师范大学出版社 1997 年版。

蒋绍愚：《近代汉语研究概述》，《古汉语研究》1990 年第 2 期。

蒋绍愚：《近代汉语研究概况》，北京大学出版社 1994 年版。

蒋绍愚：《近代汉语研究概要》，北京大学出版社 2004 年版。

L

黎新第：《近代汉语共同语语音的构成、演进与量化分析》，《语言研究》1995 年第 2 期。

黎新第：《见精组声母合流已见于明清以前的方言口语》，中国音韵学研究会第十四届学术讨论会，2004 年。

黎新第：《百年来中国近代语音研究几个问题的认识与回顾》，《重庆师院学报》2003 年第 1 期。

黎新第：近百年来明代汉语共同语语音研究述略》，《重庆师范大学学报》2005 年第 5 期。

黎新第：《明清官话语音及其基础方言的定性与检测》，《语言科学》2003 年第 1 期。

李德滨，石方：《近代中国移民史要》，哈尔滨出版社 2002 年版。

李得春：《朝鲜对音文献标音手册》，黑龙江朝鲜民族出版社 2002 年版。

李得春：《介绍一份 19 世纪末的汉朝对音资料——〈华音启蒙〉卷后的〈华音正俗变异〉》，《东疆学刊》2000 年第 3 期。

李得春：《韩国汉字音声母系统的几个特征》，《延边大学学报》2003 年第 1 期。

李得春：《韩国汉字音韵母系统的几个特征》，《东疆学刊》2005 年第 1 期。

李得春：《近代朝鲜文献中的汉朝对音转写问题》，《民族语文》2001 年第 2 期。

李国华：《从两个韵图的对比中看明清时期的语音发展变化》，《云南民族学院学报》1984 年第 4 期。

李楠：《黑龙江方音辨正》，《黑龙江教育》1979 年第 11、12 期；1980 年第 2 期。

李思敬：《〈红楼梦〉所见十八世纪的轻音》，《语言研究（增刊）》1998 年。

李思敬：《汉语儿音史研究》，商务印书馆 1986 年版。

李启文：《近代汉语共同语入声字的演变》，《中国语文》1996 年第 1 期。

李荣：《音韵存稿》，商务印书馆 1982 年版。

李荣：《官话方言的分区》，《方言》1985 年第 1 期。

李如龙：《论汉语方言语音的演变》，《语言研究》1999 年第 1 期。

李泰洙：《〈老乞大〉四种版本语言研究》，语文出版社 2003 年版。

李新魁：《汉语等韵学》，中华书局 1983 年版。

李新魁：《近代汉语介音的发展》，《音韵学研究》1984 年第一辑。

李新魁：《近代汉语全浊声母的演变》，《李新魁音韵学论集》，大象出版社 1997 年版。

李新魁：《论近代汉语照系声母的音值》，《学术研究》1979 年第 6 期。

李新魁：《普通话语音发展述略》，《李新魁音韵学论集》，汕头大学出版社 1999 年版。

李兴盛：《东北流人史》，黑龙江人民出版社 1990 年版。

李无未：《日本学者汉满（女真）对音译音研究》，《延边大学学报》2005 年第 2 期。

李无未：《音韵文献与音韵学史》，吉林文史出版社 2005 年版。

李无未：《汉语音韵学通论》，高等教育出版社 2006 年版。

李无未：《日本学者对朝鲜汉字音的研究》，《民族语文》2004 年第 3 期。

李无未：《清末日本学者的北京官话"四声之辨"—以四种日本人学习汉语工具书与教科书为依据》，《日本文艺研究》2004 年第 9 期。

李无未：《音韵文献与音韵学史》，吉林文史出版社 2005 年版。

李无未，李红：《宋元吉安方音研究》，中华书局 2008 年版。

李无未：《日本汉语音韵学史》，商务印书馆 2011 年版。

李无未：《汉语史研究理论范畴纲要》，吉林人民出版社 2012 年版。

李无未：《东亚视阈汉语史论》，厦门大学出版社 2013 年版。

李无未：《日本明治时期北京官话课本语音研究》，商务印书馆 2014 年版。

李无未：《日本近现代汉语语法学史纲》，商务印书馆 2014 年版。

李珍华，周长楫：《汉字古今音表》，中华书局 1998 年版。

李治亭：《东北通史》，中州古籍出版社 2003 年版。

李钟九：《〈翻译老乞大·朴通事〉所反映的汉语声调调值》，《古汉语研究》1997 年第 4 期。

梁伍镇：《论元代汉语〈老乞大〉的语言特点》，《民族语文》2000 年第 6 期。

梁伍镇：《老乞大朴通事研究》，（韩国）太学社 1998 年版。

梁志忠：《清实录东北史料全辑》，吉林文史出版社 1998 年版。

辽宁大学中国语言文学系语言教研室：《辽宁语音说略》，《中国语文》1963 年第 2 期。

林焘：《从官话、国语到普通话》，《语文建设》1998 年第 10 期。

林焘：《北京官话溯源》，《中国语文》1987 年第 3 期。

林杏光：《简论世界汉语文化圈的语言变异研究》，《世界汉语教学》1997 年第 4 期。

刘坚：《〈训世评话〉中所见明代前期汉语的一些特点》，《中国语文》1992 年第 4 期。

刘勋宁：《中原官话与北方官话的区别及〈中原音韵〉的语言基础》，《中国语文》1998 年第 6 期。

刘志成：《汉语音韵学研究导论》，巴蜀书社 2004 年版。

［日］六角恒广：《日本中国语教育史研究》，王顺洪译，北京语言学院出版社 1992 年版。

［日］六角恒广：《中国语教本类集成·满洲土语研究》，东京：不二出版 1995 年版。

罗福腾:《从胶东话走向普通话》,山东大学出版社 1996 年版。

罗福腾:《胶辽官话研究》,山东大学出版社 1998 年版。

郎桂青:《通化地区汉语方音和标准音的对应规律》,《通化师院学报(哲社版)》1981 年第 2 期。

刘厚生,李乐营:《汉满词典》,民族出版社 2004 年版。

刘民钢:《清代今音学述略》,《古汉语研究》1994 年第 1 期。

刘小南:《黑龙江汉语方言词汇的特点》,《北方论丛》1991 年第 4 期。

刘晓梅:《期待绚烂绽放:百年东北官话研究述评》,《吉林大学学报》2008 年第 1 期。

刘勋宁:《文白异读与语音层次》,首届汉语语言学国际研讨会论文集,1998 年。

刘勋宁:《中原官话与北方官话的区别及〈中原音韵〉的语言基础》,《中国语文》1998 年第 6 期。

刘永发:《黑龙江方言土语例释》,《克山师专学报(哲社版)》1982 年第 2 期。

刘俐李:《20 世纪汉语声调演变研究综述》,《南京大学报》2003 年第 3 期。

刘镇发:《百年来汉语方言分区平议》,《学术研究》2004 年第 4 期。

刘涛:《新时期汉语方言分区理论的发展》,《五邑大学学报》2003 年第 5 期。

路遇,滕泽文:《中国人口史(上、下)》,山东人民出版社 2000 年版。

路遇:《清代和民国山东移民东北史略》,上海社会科学院出版社 1987 年版。

吕朋林:《普通话方言基础的再检讨》,《东北师大学报》1999 年第 1 期。

M

马思周、姜光辉:《东北方言词典》,吉林文史出版社 2005 年版。

麦耘:《正音嘬要》中的尖团音的分合》,《古汉语研究》2000 年第 1 期。

麦耘:《关于章组声母翘舌化的动因问题》,《古汉语研究》1994 年第 1 期。

[日] 满田新造:《〈中原音韵〉分韵の概说》,《艺文》1918 年第 12 期。

孟东风:《吉林近代史稿》,吉林文史出版社 1994 年版。

[日] 木津祐子:《新刻官话汇解便览》的音系初探——兼论明清正音书在日本的影响》,中国音韵学研究会第 11 届学术讨论会暨汉语音韵学第 6 届国际学术研讨会论文集,2000 年。

N

南广祐：《朝鲜（李朝）汉字音研究》，韩国一潮阁 1997 年版。

宁继福：《中原音韵表稿》，吉林文史出版社 1982 年版。

宁忌浮：《试谈近代汉语语音的下限》，《语言研究》1987 年第 2 期。

宁忌浮：《〈平水韵〉考辨》，《中国语言学报》1995 年第 7 期。

宁忌浮：《〈切韵指南〉的列字和空圈——〈切韵指南〉研究之一》，《吉林大学学报》1995 年第 4 期。

宁忌浮：《〈洪武正韵〉支微齐灰分并考》，《古汉语研究》1998 年第 3 期。

宁忌浮：《〈七音韵〉考索》，《语言研究（增刊）》1996 年。

宁忌浮：《〈增修互注礼部韵略〉研究》，《社会科学战线》1996 年第 2 期。

宁忌浮：《洪武正韵研究》，上海辞书出版社 2003 年版。

宁忌浮：《古今韵书举要及其相关韵书》，中华书局 1997 年版。

宁梦辰：《东北地方史》，辽宁大学出版社 1998 年版。

P

潘悟云：《汉语方言学与音韵学研究方向的前瞻》，《暨南学报》2005 年第 5 期。

彭嬿：《语言接触研究述评》，《新疆大学学报》2007 年第 3 期。

朴庆松：《韩语的元音和谐律与〈切韵〉音系四个"等"的转化规律》，《语言研究》1999 年第 1 期。

［日］平山久雄：《北京文言音基础方言里入声的情况》，《语言研究》1995 年第 1 期。

［日］平山久雄：《平山久雄语言学论文集》，商务印书馆 2005 年版。

［日］平田昌司：《清代鸿胪寺正音考》，《中国语文》2000 年第 6 期。

Q

钱曾怡：《谈谈音类和音值问题》，《语言教学与研究》2007 年第 1 期。

钱曾怡：《从汉语方言看汉语声调的发展》，《语言教学与研究》2000 年第 2 期。

钱曾怡：《汉语方言研究的方法与实践》，商务印书馆 2002 年版。

［日］桥本万太郎：《北方汉语的结构发展》，《语言研究》1983 年第 1 期。

［日］桥本万太郎：《语言地理类型学》，世界图书出版公司 2008 年版。

［日］庆谷寿信：《〈朴通事谚解〉索引》，采华书林 1976 年版。

秦海燕、曹凤霞：《东北方言的话语模式研究》，齐鲁书社 2008 年版。

S

萨丕尔：《语言论》，商务印书馆 1985 年版。

沈建民：《近代汉语梗摄二等开口喉牙音字的读音》，《语言研究（增刊）》1994 年。

司徒修.《早期官话、老北京话和〈中原音韵〉的韵类》，《徐州师范大学学报》1997 年第 2 期。

石汝杰：《近代汉语的唇音合口问题》，《语言研究（增刊）》1994 年。

史鉴：《清代的语音规范》，《语文建设》1995 年第 12 期。

侍建国：《官话德、陌、麦三韵入声字音变》，《方言》1996 年第 3 期。

宋基中：《朝鲜时代的女真学与清学》，《满语研究》2004 年第 2 期。

宋珉映：《〈等韵精要〉声母系统的特点》，《中国语文》1997 年第 2 期。

宋学：《辽宁（九个地区）与北京声调对应关系》，《方言与普通话集刊（第七本）》1959 年。

索绪尔：《普通语言学教程》，高名凯译，商务印书馆 1980 年版。

孙进已、张璇如等：《女真史》，吉林文史出版社 1987 年版。

孙维张、路野、李丽珍：《吉林方言分区略说》，《方言》1986 年第 1 期。

孙伯君：《〈女真译语〉中的遇摄三等字》，《民族语文》2001 年第 4 期。.

T

［日］太田辰夫：《中国语历史文法》，蒋绍愚、徐昌华译，北京大学出版社 1987 年版。

唐均：《略论满汉对音材料与近代官话音系研究》，近代汉语官话音系国际学术研讨会，2005 年。

陶娥、邹德文：《从移民状况考论东北汉语方言的形成》，《东北师大学报》2014 年第 3 期。

陶娥、邹德文：《论清代东北流人对东北方言特征形成的影响》，《社会科学战线》2014 年第 6 期。

田丽华、廖怀志：《清代三姓地方各民族的形成分布及融合》，《佳木斯大学社会科学学报》2008 年第 4 期。

W

汪维辉：《朝鲜时代汉语教科书丛刊》，中华书局 2005 年版。

汪银峰：《明末以来内丘、尧山语音的演变研究》，辽海出版社 2010 年版。

汪银峰：《论〈奉天通志〉对辽宁方言资料的保存》，《兰台世界》2012年第 25 期。

汪银峰，陶娥：《〈奉天通志〉所见清末民初奉天方言》，《古籍整理研究学刊》2013 年第 5 期。

汪银峰：《域外汉籍〈入沈记〉与清代盛京语音》，《满族研究》2013 年第 1 期。

汪银峰：《域外汉籍〈燕行录〉与东北方言研究》，《长春师范学院学报》2014 年第 1 期。

王博、王长元：《关东方言词汇》，吉林教育出版社 1991 年版。

王福堂：《文白异读中读书音的几个问题》，《语言文字学》2006 年第 9 期。

王福堂：《汉语方言语音的演变和层次》，语文出版社 1999 年版。

王洪君：《从开口一等重韵的现代反映形式看汉语方言的历史关系》，《语言研究》1999 年第 1 期。

王景泽：《清朝开国时期八旗研究》，吉林文史出版社 2002 年版。

王力：《汉语语音史》，山东教育出版社 1987 年版。

王力：《汉语史稿》，山东教育出版社 1988 年版。

王力：《中国语言学史》，山东教育出版社 1990 年版。

王平：《〈五方元音〉音系研究》，《山东师大学报》1989 年第 1 期。

王平：《从〈五方元音〉和〈中原音韵〉的差异看近代汉语语音的发展》，《语文研究》1989 年第 3 期。

王平：《〈五方元音〉韵部研究》，《郑州大学学报》1996 年第 5 期。

王庆丰：《满语研究》，民族出版社 2005 年版。

王霜：《大长山方言研究》，辽宁师范大学，2004 年。

王硕荃：《近代汉语零声母浅析》，《语言研究（增刊）》1996 年。

王硕荃：《古今韵会举要辨证》，河北教育出版社 2002 年版。

王松木：《歧舌国的不传之密—从〈李氏音鉴〉、〈镜花缘〉反思当前汉语音韵学的传播》，中国音韵学研究会第十四届学术研讨会暨汉语音韵学第九届国际学术研讨会，2006 年。

王为民，杨亦鸣：《〈音韵逢源〉氏毕胃三母的性质》，《民族语文》2004 年第 4 期。

王彦：《山东知系合口字读唇齿音现象初探》，《山东大学学报》2006 年第 2 期。

吴安其：《语言接触对语言演变的影响》，《民族语文》2004 年第 1 期。

吴安其：《历史语言学》，上海教育出版社 2006 年版。

吴圣雄：《〈同文韵统〉所反映的近代北方官话音》，《台湾师大国文学报》1986 年第 15 期。

X

［日］小仓进平：《增订朝鲜语学史》，刀江书院 1963 年版。

谢荣：《汉语方音辨正（东北方音）》，《汉语学习》1980 年第 1 期、第 2 期。

徐通锵：《历史语言学》，商务印书馆 1996 年版。

徐通锵：《语言变异的研究和语言研究方法论的转折》，《语文研究》1987 年第 4 期。

徐通锵：《历史上汉语和其他语言的融合问题说略》，《语文研究》1988 年第 1 期。

徐通锵：《汉语研究方法论初探》，商务印书馆 2004 年版。

徐正考、史维国：《语言的经济原则在汉语语法历时发展中的表现》，《语文研究》2008 年第 1 期。

许皓光、张大鸣：《简明东北方言词典》，辽宁人民出版社 1988 年版。

许金枝：《〈镜花缘〉字母图探微》，《（台湾）中正岭学术研究集刊》1990 年第 9 期。

薛才德：《语言接触与语言比较》，学林出版社 2007 年版。

薛凤生：《论入声字之演化规律》，载《屈万里先生七秩荣庆论文集》，联经出版事业公司 1978 年版。

Y

颜峰：《略论汉语方言儿化韵的历史演变》，《语言研究》2002 年第 1 期。

［日］岩田宪幸：论《正音咀华》音系》，（台湾）第二届国际暨第十届全国声韵学学术研讨会论文集，1992 年。

［日］岩田宪幸：《满文资料与汉语语音问题》，中国音韵学研究会第十三次学术讨论会暨汉语音韵学第八次国际学术研讨会，2004 年。

杨耐思：《汉民族共同语标准音问题试探》，中国音韵学研究会第十四次学术讨论会暨汉语音韵学第九次国际学术研讨会，2006 年。

杨耐思：《近代汉语音论》，商务印书馆 1997 年版。

杨剑桥：《汉语音韵学讲义》，复旦大学出版社 2005 年版。

杨雪丽：《新发现的一种韵图抄本—兼论与〈韵法直图〉〈五方元音〉的关系》，中国音韵学研究会第十三次学术讨论会暨汉语音韵学第八次国际学术研讨会，2004 年。

杨亚庚：《〈清实录〉所见清前期语言文字政策》，吉林大学硕士论文，2004 年。

杨亦鸣、王为民：《〈圆音正考〉与〈音韵逢源〉所记尖团音分合之比较研究》，中国人民大学复印资料《语言文字学》2003 年第 6 期。

叶宝奎：《〈音韵阐微〉音系初探》，《厦门大学学报》1999 年第 4 期。

叶宝奎：《〈四声通解〉今俗音与〈等韵图经〉音系》，中国音韵学会第十三次学术研讨会暨汉语音韵学第八次国际学术研讨会，2004 年。

叶宝奎：《关于汉语近代音的几个问题》，《古汉语研究》2000 年第 3 期。

叶宝奎：《明清官话音系》，厦门大学出版社 2001 年版。

叶荧光：《〈李氏音鉴〉北京音的文白异读—也谈〈李氏音鉴〉北京音系的性质》，中国音韵学研究会第十五次学术讨论会暨汉语音韵学第十次国际学术研讨会，2008 年。

应裕康：《清代韵图之研究》，弘道文化事业有限公司 1972 年版。

游汝杰：《汉语方言学教程》，上海教育出版社 2004 年版。

俞敏：《北京口语里的多音入声字》，《方言》1995 年第 1 期。

袁家骅：《汉语方言概要》，语文出版社 2001 年版。

远藤光晓：《〈翻译老乞大·朴通事〉里的汉语声调》，《语言学论丛》1984 年第 12 期。

岳辉：《〈华音启蒙谚解〉和〈你呢贵姓〉的语言基础》，《吉林大学学报》2006 年第 4 期。

岳辉：《朝鲜时代汉语官话教科书研究》，吉林大学博士论文，2008 年。

Z

詹伯慧：《汉语方言及方言调查》，湖北教育出版社 2000 年版。

张鸿魁：《明代山东韵书研究》，齐鲁书社 2005 年版。

张杰、张丹卉：《清代东北边疆的满族》，辽宁民族出版社 2005 年版。

张树铮：《山东方言的"日"母字研究》，《语言研究（增刊）》1994 年。

张树铮：《山东方言历史鸟瞰》（上、下），《古汉语研究》1996 年第 2、3 期。

张树铮：《清代山东方言语音研究》，山东大学出版社 2005 年版。

张美兰：《〈训世评话〉词语考释、校勘》，载《近代汉语语言研究》，天津教育出版社 2001 年版。

张清常：《张清常文集》，北京语言大学出版社 2006 年版。

张清常：《移民北京使北京音韵情况复杂化举例》，载《语言学论文集》2001 年第 1 期。

张卫东：《试论近代南方官话的形成及其地位》，《深圳大学学报》1998年第3期。

张卫东：《近代汉语语音史研究的现状与展望》，《语言科学》2003年第2期。

张相臣：《辽宁新民方音与北京语音的比较》，载《方言与普通话集刊》（第三本）1958年。

张涌泉：《汉语俗字汇考》，中华书局2000年版。

张玉来：《朝鲜时期所传习的明代汉语官话的语音性质》，《语言研究》2005年第2期。

张玉来：《近代汉语官话韵书音系复杂性成因分析》，《东师大学报》1999年第1期。

张玉来：《近代汉语共同语的构成特点及其发展》，《古汉语研究》2000年第2期。

张玉来：《近代汉语官话入声消亡的条件问题》，《古汉语研究》1996年第3期。

张玉来、郭成栋、柳丽：《从清代北京儿歌用韵看十三辙》，《山东师范大学学报（社科版）》1997年第1期。

张玉来：《韵略易通研究》，天津古籍出版社1999年版。

张志敏：《东北官话的分区》，《方言》2005年第2期。

赵长胜：《黑龙江方言中的某些字音的来历》，《牡丹江师院学报》1987年第1期。

赵荫棠：《等韵源流》，商务印书馆1957年版。

郑仁甲：《京满官话》，《语言研究（增刊）》1998年。

中文系方言调查小组：《通化音系》，《吉林大学学报》（人文版）1959年第4期。

朱晓农：《音韵研究》，商务印书馆2006年版。

朱晓农：《方法：语言学的灵魂》，北京大学出版社2008年版。

朱星一：《从〈翻译老乞大朴通事〉左侧音看近代汉语入声》，《古汉语研究》2000年第2期。

周孝若：《东北入声的演变》，《国语周刊》1932年第41期。

周振鹤：《中国历史文化区域研究》，复旦大学出版社1997年版。

周振鹤，游汝杰：《方言与中国文化》，上海人民出版社2006年版。

周祖庠：《新著汉语语音史》，上海辞书出版社2006年版。

邹德文：《黑龙江话中的亲属称谓系统》，《佳木斯师专学报》（社科版）1990年第1期。

邹德文：《清代汉语东北方言语音系统的传统文献考察》，中国音韵学研究会第十五届学术讨论会，2006 年。

邹德文：《〈黄钟通韵〉〈音韵逢源〉的东北方言语音特征》，《佳木斯大学社会科学学报》2008 年第 6 期。

邹德文：《汉语史分期研究分歧探因》，《吉林大学学报》2006 年第 2 期。

邹德文：《论〈元声韵学大成〉浊声母清化问题》，《北方论丛》2006 年第 4 期。

邹德文：《论〈黄钟通韵〉的潜在音系特征》，《广东技术师范学院学报》2006 年第 2 期。

邹德文：《近百年来汉语东北方言语音研究概述论》，《哈尔滨师范大学社会科学学报》2012 年第 8 期

邹德文：《朝鲜汉语文献四种所见韵母的清代东北方言特征》，《长春师范学院学报》2012 年第 10 期。

后　记

　　本书是在我的博士论文基础上，经过五年时间的沉淀、修改而成。修成此书要感谢 2010 年度教育部人文社科规划项目（10YJA740137）"清代汉语东北方言语音系统研究"的支持；要感谢 2012 年度国家社科基金项目（12BYY065）"清及民国东北方言与北京官话语音关系研究"的支持，要感谢长春师范大学出版基金的支持。

　　此时此刻，心中充盈着两种情绪：遗憾！感激！

　　我 17 岁从黑龙江边远的小县城外出求学，到博士毕业，求学生涯几近 23 年。人生的美好韶华在教与学的忙碌中已匆匆逝去。再回首，难忘求学之路幸遇众多师长，如果没有这份幸运，哪会有我学术生命中的充实和丰盈？这叫我如何不感激！1987 年起，告别新生的女儿，我三度问学于吉林大学长达九年，从助教班到硕士再到博士，必须感谢吉林大学对我的培养！这当中必须要由衷感激的是诸位吉大的恩师！恩师中最令我感动的是我的导师李无未先生。我攻读硕士、博士，导师都是李先生，自 1987 年跟先生在北京古汉语高级讲习班结识并且成为好朋友，至今也有二十余载，先生之于我，良师益友也！授我业、解我窘、慰我心、救我急、引我路，恩重如山！也是 1987 年，我以高校教师身份考入吉大古代汉语助教班，从许绍早先生、韩峥嵘先生、孙维张先生、李玉洁先生等学习硕士学位主要课程。那时，我刚刚从教两年，望见学术门墙而未入其内。那次为期一年的学习叩开了学术之门，洞见了学识之丰厚，使我受益颇多。此后，我跟几位先生问学不断，从而使当年远在边陲大学从教的我，在教学和研究方面还算小有收获。尤其是韩先生，敦厚长者，对我如父亲般的关怀、帮助和指导，终生难忘。也是 1987 年，我结识了两位年轻有为英俊潇洒的青年教师：徐正考先生、吕明臣先生，从前的朋友，后来的授业之师，两位先生指导学习、屡解急困，二十余年不辍，叫我怎能不感激！同样感激的还有我的授业之师：宁继福先生、柳英绿先生、刘富华先生、李守魁先生、陈恩林先生、吕绍刚先生、丛文俊先生、张固也先生、吴良宝先生以及其他文学院、古籍所的先生们，还有我旁听过精彩课程的哲学学院的老师们。老师们的恩情，对我来说都是一份厚重的财富，无比珍贵！

　　我能对汉语尤其是方言感兴趣，并结下不解之缘。当然要感激我大学时的恩师，郭正彦先生。1981年，我入哈尔滨师范大学中文系读本科，郭老做我们的班主任，郭先生用"以及人之幼"之情对我们耳提面命，他认为我对语音敏感，有悟性，就选中我参加他的国家课题，教我方言学并进行听音训练后，派我回家乡去调查佳木斯方言。从此开启了我在汉语领域学习、研究、教学活动，对方言学的热爱一直保持到今天。就我的知识的构成以及品行的养成，不能不感激哈尔滨师范大学的老师：他们是赵锐师、张国庆师、詹人凤师、李述之师、富金璧师、刘小南师、徐国庆师、李连元师、冯宇师、邹进先师、徐乃研师等，老师们不仅教我知识，也教我做人，对我的关怀，或似父子，或如兄长，往事历历，清晰如昨。

　　还要感谢我的同门师兄弟、师姐妹，还有我的家人，感谢你们对我一如既往的支持、鼓励和宽慰！

　　也很感激我工作单位长春师范大学的领导和同事对我的支持和帮助！

　　这是一本充满特殊符号、有着极多表格的书，编辑这样的书，是非常困难的！谢谢责任编辑任明先生和校对的先生！你们的耐心与高超的学识水平和高超的编辑水平，令人敬佩！

　　尽管一直在大学任教，问学不曾间断，然而学术建树差强人意，这是令人遗憾的，面对这份文稿，遗憾的感觉愈浓，如果把学术论文看做是艺术品，那这份论文端的是遗憾的范本。例如就研究对象而言，尚有未见之书，还有玩味不足之作；就本题目而论，彻底弄清楚清代东北方言语音问题，凭一己之力，殊难全面完成，必须组建学术团队，长时期精诚合作方能达到目的。目前，文章不够精深，责任都归本人，祈望本书多有知音，斧正指教。

　　以遗憾结尾可以使人奋进，求索之路正长。看东方，正是冉冉朝阳！

2015年7月16日